新工科专创融合教育

——大学生创新创业训练与实践

主　编　谢发之　丁　超　吴运法　陈广洲
副主编　张广斌　张　锐　宋妙君　李东海

科学出版社
北　京

内 容 简 介

本书根据当前我国大学生尤其是工科类大学生创新创业的实际情况和作者多年的教学经验编写而成，具有内容丰富、实用性强和角度多维的特点，符合大学生创新创业教育的要求。本书具体内容包括：工科专业与创新创业概述、创新创业技法训练、创业机会与创业项目识别训练、创业资源整合训练、工科大学生专业素质训练、大学生创新创业训练计划项目、创业计划书撰写及项目路演等，并附有大学生创新创业的相关案例以及大学生创新创业主要赛事介绍。

本书适合作为普通高等教育工科类相关专业学生创新创业教材，也可作为工程技术人员提升创新创业能力的自学参考用书。

图书在版编目（CIP）数据

新工科专创融合教育：大学生创新创业训练与实践 / 谢发之等主编. 北京：科学出版社, 2024. 6. -- ISBN 978-7-03-078941-9

Ⅰ. G647.38

中国国家版本馆 CIP 数据核字第 2024T4L610 号

责任编辑：蒋　芳　赵晶雪　曾佳佳 / 责任校对：郝璐璐
责任印制：张　伟 / 封面设计：许　瑞

科学出版社 出版
北京东黄城根北街 16 号
邮政编码：100717
http://www.sciencep.com
北京九州迅驰传媒文化有限公司印刷
科学出版社发行　各地新华书店经销

*

2024 年 6 月第　一　版　开本：787×1092　1/16
2025 年 1 月第二次印刷　印张：14
字数：332 000

定价：89.00 元

（如有印装质量问题，我社负责调换）

前　言

创业教育被联合国教育、科学及文化组织（UNESCO）称为教育的“第三本护照”，被赋予了与学术教育、职业教育同等重要的地位。创业离不开创新，创业教育往往与创新教育相伴相生。国际上一些发达国家对创新创业教育非常重视。例如，美国已将创业教育纳入国民教育体系之中，推动高校师生创业创新，成为有效服务国家创新发展战略的重要举措。在一系列政策的推动下，美国政府所属创新创业办公室直接与美国各大学进行对接，深度了解大学生的创新创业情况，共同开发具有市场经济价值的创新创业项目。美国大学中，有为本科生、研究生和博士后研究人员提供支持创业的课程和计划。学生可以跨学科进行学习，更好地理解创新和创业，并为创新创业奠定基础。在对政府机构进行改革之后，新组建的英国商业、创新和技能部制定了国家科技创新战略，投入巨资用于支持大众创业和发明创造，追求实现建立在知识产权基础上的世界领先技术水平。

随着我国经济发展进入新常态，创新创业已成为经济和社会发展新引擎。大学生作为一个特殊群体，是实施创新驱动发展战略和推进创新创业的生力军。创新创业对于缓解高校毕业生的就业压力和实现大学生个人价值具有重要作用，有助于推动经济提质增效，加快科技成果转化，实现产业转型升级，释放民智民力，增进大众福祉。中央和地方政府出台了一系列鼓励与扶持大学生创新创业的政策，各省市为其提供创业平台，推动大学生进行创业。这些强有力的政策措施表明大学生创新创业正迎来新的机遇。

我国的创新创业教育尚处于起步阶段，但发展迅速，目前全国各大高校普遍开设创新创业课程。从我国各大高校创新创业教育现状来看，还存在一些明显的问题，主要表现在以下几个方面。

（1）人才培养目标或模式不明确。从国家倡导大学生创新创业教育至今，高校虽然普遍开设创新创业课程，鼓励大学生参加创新创业竞赛活动等，但尚未有系统的创新创业人才培养模式。

（2）重理论轻实践指导。很多高校仅仅将创新创业教育作为一门课程，而没有将创新创业实践能力作为主要培养目标。在教材使用方面，很多高校的创新创业课程使用的是较为传统的理论教材，学生仅能学习创新创业的基础理论知识，缺乏创新创业的训练和实践指导，这与创新创业教育人才培养目标有较大偏差。几乎同一所大学的所有专业都使用同一本创新创业教材，没有针对具体专业的创新创业实践指导。虽然创新创业有很多共性的知识，但显而易见的是，不同专业大学生从事的创新创业活动呈现出较大的差别。大学生创新创业类的教材种类有很多，但是针对具体专业大类有针对性实践指导的教材相当稀少。

（3）缺乏环境氛围支持。目前，很多大学生尚能对创新活动表现出一定的积极性，但缺乏挑战精神，面对艰难复杂的创业活动表现出畏首畏尾的心态。并且大学生身边鲜有创业成功的案例，在这种氛围下，大学生创业的积极性普遍不高。

针对我国大学生创新创业的现状，出版有针对性地指导不同专业大学生的创新创业实践活动的教材，成为大学生创新创业教育的重要一环。基于此，我们组织了具有丰富教学经验、实践经验、创新创业大赛指导经验的一线教师，并联合部分创业成功人士，针对工科大学生的专业特点以及创新创业指导要求编写了本书，目的是帮助工科类大学生提高创新创业能力，有效规避创业风险，避免因准备不足而导致创业失败。

本书结合当前创新创业教育的基本要求和发展趋势，考虑工科类大学生的专业特点，以创新创业基础知识和技能训练为重点，将理论基础、专业技能、实践应用融为一体。全书内容分为四个部分。第一部分为工科大学生创新创业基础认知，主要介绍工科专业与创新创业的融合；第二部分为工科大学生创新创业能力培养，主要介绍创新创业技法训练、创业机会与创业项目识别训练、创业资源整合训练；第三部分为工科大学生创新创业实践，分别介绍了课内实践——工科大学生专业素质训练、校内实践——大学生创新创业训练计划项目、社会实践——创业计划书撰写及项目路演；第四部分为工科大学生创新创业综合实践案例，介绍了新工科专创融合教育的案例、创始人分享及专家点评。

本书具有以下 3 个特点。

（1）体例科学，栏目丰富。每章的开始分别设置“知识目标”和“能力目标”；正文中配有“案例”和“知识拓展”；通过“课堂讨论”和“训练与实践”来进行有针对性的实践指导。以上栏目的设置可以帮助读者明确知识目标，拓宽视野，增加必要的知识储备，并能进行系统、完整的学习与训练。

（2）注重创新创业实践能力培养。每章在介绍必要的理论知识的同时，通过“课堂讨论”和“训练与实践”两个栏目，检验学习效果，并通过大量的训练与实践，促进提高创新创业实践能力。

（3）针对性强。本书不仅有关于大学生创新创业的通识性理论和实践指导，而且在知识内容、所选案例和训练方面更针对工科类大学生，使创新创业实践指导更为具体和明确。

本书的编写得到了省级社会实践课程项目[工科大学生创新创业训练与实践（2022shsj003）]、校级教材建设项目[工科大学生创新创业训练与实践（2022xbjc09）]的支持，参考借鉴了同类著作的相关成果，并从公开发表的期刊论文和网站文献中选用了一定的案例和资料，同时获得了学校相关部门和兄弟高校创新创业学院的支持，在此谨向有关单位和作者表示深深的感谢。此外，本书在编写过程中，研究生和本科生晏子健、程钰峰、何凌峰、李雨遥、代雪松、黄叶晨、张信、聂子成、汪鼐、韩宇航、石晨晨、章陈瑾、肖康等参与了相关工作，在此一并表示感谢。

限于作者的编写水平，虽以科学、严谨的态度力求精益求精，但书中疏漏之处在所难免，恳请广大读者批评指正，以便于我们进一步完善。

作　者

2024 年 2 月 10 日

目　　录

第一篇　工科大学生创新创业基础认知

第 1 章　了解工科专业与创新创业

■　知识框架图

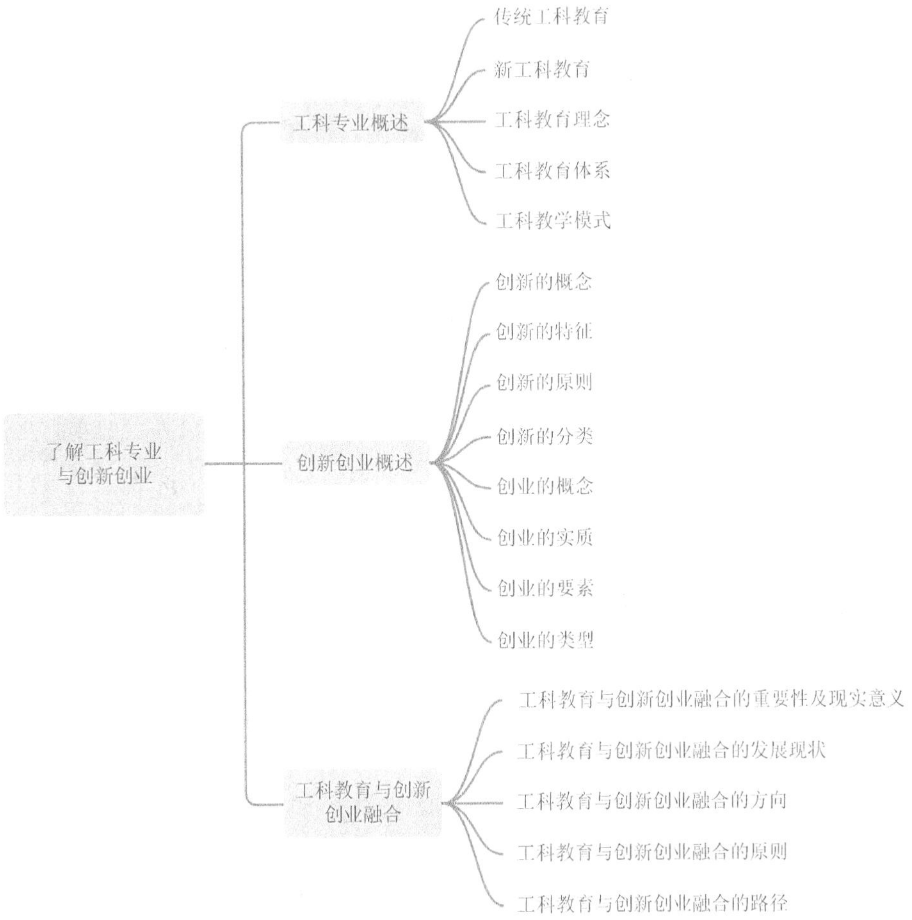

■　知识目标

了解传统工科教育与新工科教育的内涵以及两者的区别与联系；
掌握工科的教育理念、教育体系与教学模式；
了解创新的概念、特征、原则和分类；
了解创业的概念、实质、要素和类型；
掌握工科教育与创新创业融合的重要性及其现实意义；
了解工科教育与创新创业融合的发展现状；
把握工科教育与创新创业融合的方向与路径。

■ 能力目标

对工科类专业和创新创业有正确的认识，能够将自身专业与创新创业融合。

1.1 工科专业概述

1.1.1 传统工科教育

传统工科教育是指文、理、工分制条件下的工科高校为社会培养工科专业技术人才的教育，其基础和生长点是社会产业结构及其需求。从 1952 年开始，我国沿袭苏联教育体制，按产业部门来划分高校院系和专业，这种工科教育虽为当时的社会培养了许多专家和技术人才，但在新科学技术革命和社会现代化飞速发展的今天，却面对严峻的挑战。

传统工科教育的缺陷通常表现在学生缺乏知识应用能力、学生主动性思维偏弱、先进技术操作与认知缺陷 3 个方面，具体表现如下。

1. 学生缺乏知识应用能力

知识应用能力是指人在面对某一问题时能够将理论知识代入问题中，并得出相应解决方法的能力，在这一能力表现良好的条件下，人才能真正发挥知识的作用。相应地，在新工科背景下，高校工程教育理应对学生的知识应用能力进行培养，但实际来看大多数教育活动都未能培养学生该项能力，导致学生普遍缺乏知识应用能力。

2. 学生主动性思维偏弱

思维对人的行为表现有重大影响，主动性思维就是激发人做出主动性行为的关键因素，在具备良好主动性思维的条件下，人在面对问题时会主动思考、主动验证，这些表现在新工科背景下受到行业的高度重视，因此高校工程教育理应培养学生的主动性思维。但实际上在很多高校的工程教育中，学生的思维与行为都需要教师来安排，学生处于被动学习与探究状态，使学生主动性思维偏弱。

3. 先进技术操作与认知缺陷

当前，大多数工程企业都引入了先进的行业技术，如人工智能技术等，这些技术在一定程度上取代了传统人工作业模式，工人在工作中只需要对这些技术进行操作即可，所以企业在招收人才时会提出“应具备一定先进技术操作水平、技术认知”的要求。而反观高校工程教育现状，虽然很多学生通过教育具备了良好的专业素养，但对先进技术还是不够了解，存在先进技术操作与认知的缺陷。

1.1.2 新工科教育

为加快适应新一轮新科学技术革命和产业变革的紧迫需求，工程教育改革的力度更大了、速度更快了、抓手更实了、综合性更高了、系统性更强了，我们称本轮工程教育范式为“新工科范式”。新工科范式实际上是工程教育的范式变革与迭代，是在高等工程教育环境、条件、需求，特别是时代发生重大变化的背景下，积极主动探索工程教育的新路子、新模式、新形式，在工程教育教学的内容上实现更新换代，在流程和机制上实现再造。

新工科教育是指在 2016 年 6 月中国正式成为《华盛顿协议》成员后，于 2017 年启动新工科建设的新时代中国高等工程教育，主要内容是学科交叉融合，理工结合、工工交叉、工文渗透，孕育产生交叉专业，跨院系、跨学科、跨专业培养工程人才的教育模式。

新工科是以立德树人为引领，以应对变化、塑造未来为建设理念，以继承与创新、交叉与融合、协调与共享为主要途径，培养未来多元化、创新型卓越工程人才。新工科教育是面向国家和产业的重大需求与科技重大需求问题而提出的人才培养新战略，是对“互联网+”等的积极响应。自 2017 年 2 月以来，教育部积极推进新工科建设，先后形成“复旦共识”、“天大行动”和“北京指南”，并发布了《关于开展新工科研究与实践的通知》《关于推荐第二批新工科研究与实践项目的通知》，以期形成领跑全球工程教育的中国模式、中国经验，助力高等教育强国建设。我国“新工科”专业大类目录如表 1-1 所示。

表 1-1　“新工科”专业大类目录

序号	类别	序号	类别	序号	类别
1	人工智能类	8	航空航天、交通运输类	15	生物、医药类
2	大数据类	9	矿业、地质、测绘类	16	数学、物理、化学、力学类
3	智能制造类	10	材料、化工与制药类	17	安全、公安、兵器类
4	计算机和软件工程类	11	土木、建筑、水利、海洋类	18	医工结合类
5	电子信息、仪器类	12	能源、电气、核工程类	19	工科与人文社科交叉类
6	机械类	13	食品、农林类		
7	自动化类	14	环境、纺织、轻工类		

资料来源：教育部办公厅《关于公布首批“新工科”研究与实践项目的通知》。

✧　课堂讨论【1-1】

新工科教育相对于传统工科教育，“新”在哪里？

1.1.3　工科教育理念

工科教育注重全面贯彻落实“学生中心、产出导向、持续改进”的先进理念；面向全体学生，关注学习成效，建设质量文化，持续提升工程人才培养水平；树立创新型、综合化、全周期工程教育理念，优化人才培养全过程、各环节，培养学生对产品和系统的创新设计、建造、运行和服务能力；着力提升学生解决复杂工程问题的能力，加大课程整合力度，推广实施案例教学、项目式教学等研究型教学方法，注重综合性项目训练；强化学生工程伦理意识与职业道德，融入教学环节，注重文化熏陶，培养以造福人类和可持续发展为理念的现代工程师。

在“以学生成长为中心”的理念下，学生主体以外的其他主体必须转换角色，由主导者转向引导者，由控制者转向服务者，这是服务型高校管理体制改革所必需的；另外，在评估指标中，学生心理素质及其社会责任感是需要强化的指标。

1.1.4　工科教育体系

工科教育体系在于推动创新创业教育与专业教育紧密结合，注重培养工科学生设计思维、工程思维、批判性思维和数字化思维，提升创新精神、创业意识和创新创业能力。深入实施大学生创新创业训练计划，努力使 50%以上的工科学生在校期间参与一项训练项目或赛事活动。高校要整合校内外实践资源，激发工科学生技术创新潜能，为学生创新创业提供创客空间、孵化基地等条件，建立健全帮扶体系，积极引入创业导师、创投资金等社会资源，搭建大学生创新创业项目与社会对接平台，营造创新创业良好氛围。

1.1.5　工科教学模式

工科教学模式的育人机制为推进产教融合、校企合作的机制创新，深化产学研合作办学、合作育人、合作就业、合作发展。我国探索实施工科大学生实习“百万计划”，认定一批工程实践教育基地，布局建设一批集教育、培训及研究为一体的共享型人才培养实践平台，拓展实习实践资源；实施产学合作协同育人项目三级实施体系，搭建校企对接平台，以产业和技术发展的最新需求推动人才培养改革。

传统工科教育大多会导致学生出现缺乏知识应用能力、主动性思维偏弱、先进技术操作与认知缺陷等问题，而新工科教育所采取的模式能避免这些问题的出现，从而提高学生的实践与思考能力。

1. 引导式教学模式应用

针对传统教学模式的不足，建议现代高校工程教育采用引导式教学模式来进行改革。引导式教学模式主要将学生放在教学主导地位，教师作为引导者展开教学工作，教学过程当中学生面对问题时需要主动思考、主动验证，这可以培养学生的主动性思维，同时因为教师的引导作用，学生在思考过程中不会偏离主题，所以不用担心学生学习脱离正轨的问题发生。此外，在引导式教学模式中，因为学生占据主导地位，所以其在学习过程中不会有压迫感，这种教学模式可以给学生带来良好的学习体验，有利于学生提升学习兴趣，避免出现负面心理。

2. 校企合作模式应用

针对教育实践性不足的问题，建议高校采用校企合作模式进行工程实践教育。该模式可以对学生的知识应用能力、主动性思维进行培养，提升学生的实践素质，通过企业工程项目中真正的实践工作来锻炼学生的实践能力。

3. 跨学科教育模式应用

考虑到先进技术与现代工程行业运作之间的关系，我们在工程教育中不能只关注学生的专业水平，还需要注重培养学生的综合素质。在此基础上，高校可以通过跨学科教育模式对工程教育进行创新，该模式是一种将多学科体系进行联系，对学生开展多元化教育的模式，有利于学生综合素质提升。例如，在某高校工程教育中，教师将计算机学科与工程设计学科联系在一起，重点讲述了如何利用计算机操作建筑信息模型（building information modeling，BIM）技术进行工程设计的方法、BIM 技术的基本原理等知识，由此使学生在工程设计实操中具备操作 BIM 技术的能力。

➢ 知识拓展【1-1】

我国工科教育中出现的问题及解决措施

工科教育中主要需要注意定位需求的响应度、供给侧与需求侧的匹配度、目标效果的达成度、师资与教资的保障度等方面的问题。

1. 定位需求的响应度

人才培养目标与社会需求是否相适应，是工科教学首先要解决的问题。在新形势下，地方本科专业要形成办学特色，明确工程实践教育体系建设内涵，结合自身办学条件，确定与自身转型发展相匹配的人才培养目标，寻找突破口，通过改革实践教学体系，打造“做、学、研”相结合的实践教学模式，走地方大学特色化发展道路，从而解决专业定位需求的响应度问题。

2. 供给侧与需求侧的匹配度

高等教育就是解决培养人才的问题，社会对人才需求是多方位、复合性的。学生的能力水平是否得到用人方的认可，是衡量教育教学质量的关键。从有利于学生终身发展的角度出发，以行业对人才需求的态势为杠杆，通过建立多模式、多层次、多主体的“做、学、研”相结合的实践教学体系和教学内容，完成对学生的“个性化”培养，以项目带动学生自主研修能力，突出对学生创新实践能力的训练，保障学生“出口”顺畅，在“以学生为本”的思路下缩小供给侧与需求侧之间存在的差异，突出供给侧的特色化，解决供给侧与需求侧的匹配度问题。

3. 目标效果的达成度

教学质量的好坏是靠健全、科学的教学质量监控和评价指标体系来衡量的，是考核教学目标完成度的重要保障措施。通过建立质量监控机制，制定个性化培养阶段目标，强调“目标效果的达成度”，以定量与定性结合、定量为主的评价指标体系，对实践环节实行全过程管理，运用合理的监控措施保障实践教学环节有序实施，解决目标效果的达成度问题。

4. 师资与教资的保障度

建设高阶性的实践教学平台和师资队伍是实现教学目标的基础。通过校内–校际–校企联合共建高阶性、共享型、开放式的实践教学平台，打造区域人才孵化基地，为学生参与“做、学、研”活动提供机遇与条件；组建“校企联合”的指导教师团队，实行双导师制，建设稳定的“专兼结合”高水平实践教学师资队伍，形成跨校、跨企业教学团队，实现软硬件条件提升，整体提高区域教师教学与科研水平，解决师资与教资的保障度问题。

在新经济业态下，创新创业教育必然引领“新工科”建设，创新创业思维和能力的培养可以作为工程人才培养的“核心素养”。当今社会的不确定性给“新工科”的建设提出了新的挑战。新的时代有新的经济，孕育新的产业，催生一批创新型的企业，这就需要我们培养的学生具备创新创业思维与能力。而如何解决工科教育中出现的问题，也与提高学生的创新创业能力有着极大的联系，本书的 1.3 节中对工科教育与创新创业的融合有较深入的分析。

1.2　创新创业概述

1.2.1　创新的概念

创新是指人们为了满足自身的需要，不断拓展对客观世界及自身的认知与行为，从而产生有价值的新思想、新举措、新事物的实践活动。

创新往往突破常规和原有的思维定式，是一种新的变革，能够产生新的发明，带来新的改变。在创业过程中，创新可以是产品结构、性能、外部特征等方面的变革，也可以是造型设计、表现形式等方面的创造，还可以是业务内容方面的完善。

创新涵盖众多领域，包括政治、军事、经济、社会、文化、科技等领域。

创新突出体现在三大领域：学科领域——表现为知识创新；行业领域——表现为技术创新；职业领域——表现为制度创新。

1.2.2　创新的特征

创新的实质即改变旧事物，并将其更新为新的东西。创新具有以下几个方面的特征。

1. 独创性

独创性是创新最本质的特征。创新是突破原有的框架和束缚，力求探索新的思路，运用新的思维方法，更深入地揭示事物的本质属性，寻找新事物、新形态与旧事物、旧形态之间的差异，在“异中求同，同中求异”中产生新的质疑，找出新的发现，提出新的创见，实现新的突破，得出不同于以往和他人的、首次创造的且具有开拓性、崭新的结论和抉择。

2. 灵活性

创新所凭借的创新思维不囿于固定不变的思维模式和方法，所产生的创新实践不局限于某种现成的工作程序和方法，其思维框架、实践模式常变常新。创新的灵活性也带来风险性和突变性，其机制是突变论，以突变为机制的创新方法，是一切创新行为的基石。有效地运用以灵感思维为主要思维方法的突变，可以提高创新能力。

3. 目的性

任何创新活动都有一定的目的，这个特性贯穿于创新过程的始终。创新总是围绕解决某一问题而进行，总是与完成某一任务相联系。说到底，创新的最终目的就是不断满足人类自身生存发展的需要。

4. 变革性

创新是对已有事物的改革和更新，是一种深刻的变革。故步自封、安于现状、不想变革，就不会有创新。

5. 价值性

创新的成果必须具有明显的、具体的价值，而且必须能够满足人们的某种需要，能够对促进经济社会的发展具有一定的效益，否则，创新也就失去了意义。

6. 发展性

创新是一个不断发展的过程，是创造新知识、应用新知识并不断发展新知识的过程。

对知识创造、应用、再创造、再应用的循环往复是人类创新永无止境、无限发展的客观规律。在知识经济时代，创造知识和应用知识的能力与效率将成为影响一个国家综合国力和国际竞争力的重要因素。

1.2.3 创新的原则

创新的原则就是开展创新活动所依据的法则和判断创新构思所凭借的标准。

1. 遵守科学技术原理原则

创新必须遵循科学技术原理，不得有违科学发展规律，因为任何违背科学技术原理的创新都是不能成功的。例如，近百年来，许多才思卓越的人耗费心思，力图发明一种既不消耗任何能量又可源源不断地对外做功的“永动机”。但无论他们的构思如何巧妙，结果都逃不出失败的命运。其原因在于他们的“创新”违背了“能量守恒”的科学技术原理。

2. 社会评价原则

创新设想要获得最后的成果，必须经受走向社会的严峻考验。进行社会评价时把握住评价事物使用性能最基本的几个方面，然后在此基础上得出结论，主要包括：解决问题的迫切程度，功能结构的优化程度，使用操作的可靠程度，维修保养的方便程度，美化生活的美学程度。

强调创新的社会评价原则，不仅要求创新对社会有价值，更要求创新不能给社会带来负面影响甚至危害。只有经得起社会长期考验的创新，才是真正成功的创新。对于工科大学生来说，其创新更多地体现在科学技术的发明创造上，但要谨记“科学技术是一把双刃剑”，进行发明创造的同时，一定要考虑其环境影响和长久的社会效应。

3. 相对较优原则

创新不可盲目追求最优、最佳、最美、最先进，创新的产物不可能十全十美。创新过程中利用创造原理和方法，获得许多创新设想，且各有千秋，这时就需要人们按相对较优的原则，对设想进行判断选择。运用该原则应着重考虑以下几个方面：从创新技术先进性上进行比较选择；从创新经济合理性上进行比较选择；从创新整体效果上进行比较选择。

4. 机理简单原则

在现有科学水平和技术条件下，如果不限制实现创新方式和手段的复杂性，人们所付出的代价可能远远超出合理程度，使得创新的设想或结果毫无使用价值。在科技竞争日趋激烈的今天，结构复杂、功能冗余、使用烦琐已成为技术不成熟的标志。因此，创新的过程要始终贯彻机理简单原则。目前，我国大众使用较多的微信和支付宝等手机软件（application，APP），其使用操作均非常简便，这就是机理简单原则的一种体现。

5. 构思独特原则

我国古代军事家孙子在其名著《孙子兵法·势篇》中指出：“凡战者，以正合，以奇胜。故善出奇者，无穷如天地，不竭如江河。”所谓“奇”，就是“思维超常”和“构思独特”。创新贵在独特，创新也需要独特。在创新活动中，创新对象的构思是否独特，可以从以下几个方面来考察：创新构思的新颖性、创新构思的开创性、创新构思的特色性。

1.2.4 创新的分类

创新是一个内涵与外延十分丰富的概念。人类活动的领域及形式纷繁复杂，在其不断发展的过程中，创新必然是丰富多彩的。从不同的角度观察丰富多彩的创新活动，就会有不同的分类。

1. 按创新的影响程度分类

按创新的影响程度，创新可以分为突破性创新、渐进式创新和再运用式创新。

（1）突破性创新。突破性创新是指基于突破性技术的创新，其主要特征是打破陈规、改变传统和大步跃进。

（2）渐进式创新。渐进式创新是指通过不断的、渐进的、连续的小创新最后达到创新的目的，其特征是采取下一逻辑步骤，让事物越来越美好。例如，电视机从最初的黑白电视，发展到后来的彩色电视，再到现在的液晶电视，就是渐进式创新。

（3）再运用式创新。再运用式创新的主要特征是采用横向思维，以全新的方式应用原有事物。

2. 按创新的表现形式分类

按创新的表现形式，创新可以分为发现、发明和革新。

（1）发现。发现与科学相关联，是指通过观察事物而发现其原理或法则，即发现已经存在但不为人知的规律、法则或结构和功能。例如，牛顿提出的万有引力定律、爱因斯坦提出的相对论，就属于科学发现。再如，英国医生琴纳通过发现在养牛场挤牛奶而且手上有牛痘的女工从不感染天花这一现象，由此寻找到预防天花的办法，开辟了人工自动免疫法预防和根除传染病的正确途径，拯救了成千上万人的生命，使全人类彻底消灭了天花，这也是一个重要的发现。

（2）发明。发明与技术和工艺相关联，与发现密切相关。发现是通过观察事物而发现其原理；发明则是根据发现的原理进行制造或运用，产生出一种新的物质或行动。属于发明的例子比比皆是，人们能步入现代社会，享受科技发展带来的成果，很大程度上得益于创新发明。

（3）革新。革新即变革或改变原有的观念、制度、习俗，提出与前人不同的新思想、新学说、新观点，创造与前人不同的艺术形式等。

发现、发明、革新等创新形式对社会文化的发展变迁起着极为重要的作用。

3. 按创新活动中的创新对象分类

按创新活动中的创新对象，创新可以分为知识创新和技术创新。

（1）知识创新。知识创新是指通过科学研究获得新的基础科学知识和技术科学知识的过程。知识创新为认识世界、改造世界提供了新理论和新方法，为人类文明的进步和社会的发展提供了不竭动力。

（2）技术创新。技术创新是指企业应用新知识和新技术，采用新的生产方式和经营管理模式，提高产品质量，开发生产新的产品，提供新的服务，占据市场并实现市场价值的过程。

知识创新与技术创新作为人类创新活动的主要方面，其相互之间存在着复杂的交互作用。知识创新是技术创新的基础，技术创新是知识创新的应用和发展。

4. 按创新的应用分类

按创新的应用分类，创新可以分为产品创新、市场创新、商业模式创新和管理创新。

（1）产品创新。产品创新是指创造某种新产品或对某一新产品或老产品的功能进行创新。例如，近年来，对人们生活方式、交流方式和消费方式产生重大影响的智能手机，就属于产品创新。

（2）市场创新。市场创新是指从微观的角度促进市场构成的变动和市场机制的创造及伴随新产品的开发对新市场的开辟、占领，从而满足新需求的行为。例如，电子商务的出现改变了传统的购物方式，就属于市场创新。

（3）商业模式创新。商业模式创新是指企业价值创造提供基本逻辑的变化，即把新的商业模式引入社会生产体系，并为客户和自身创造价值。通俗地说，商业模式创新是指企业以新的有效方式赚钱。例如，近年来出现的共享单车，就属于典型的商业模式创新。

（4）管理创新。管理创新是指企业把新的管理要素（如新的管理方法、新的管理手段、新的管理模式等）或要素组合引入企业管理系统，以更有效地实现组织目标的创新活动。例如，我国多年来坚持的改革开放，就属于管理创新。

5. 按技术创新的来源分类

按照技术创新的来源分类，创新可以分为自主创新、模仿创新和引进创新。

（1）自主创新。自主创新是相对于技术模仿、引进而言的一种创造活动，是指通过拥有自主知识产权的、独特的核心技术及在此基础上实现新产品价值的过程。

（2）模仿创新。模仿创新即通过模仿而进行的创新活动，一般包括完全模仿创新和模仿后再创新两种模式。另外，模仿创新还有积极跟随性等特点。

（3）引进创新。引进创新是指企业通过逆向工程等手段，对引进的技术和产品进行消化、吸收、再创新的过程，包含着渐进的创新和对原设计的不断改进。从经济学的角度来看，这是一种更有效的创新。

1.2.5　创业的概念

创业是实现人生价值的一种方式，人们渴望有一份自己的事业进而实现人生的价值。但创业并非易事，只有对创业有了一定的认知，才能更好地实践创业，进而实现理想。

“创业”由“创”和“业”两部分组成。“创”作为动词具有始造的意思，即创建、创立，其在《辞海》中的解释为创立基业；“业”指事业的基础、根基。“创业”在古今中外有不同的定义，随着时代的发展，其又被赋予了多种含义。

创业有广义和狭义之分。广义上的创业是指人类的创举活动，或带有开辟、创新并具有积极意义的社会活动，是一种思考、推理和行为方式，这种行为方式是机会驱动、注重方法和领导相平衡。狭义上的创业是指在经济领域，个人或团体依法登记建立企业，以营利为目的而从事有偿经营的商业活动。通常所说的大学生创业就是指狭义上的创业。

创业的概念可以从以下几个方面来理解。

（1）创业是一个复杂的创造过程，其创造出某种有价值的新事物，这种新事物必须是有价值的，不仅对创业者本身有价值，而且对社会有价值。价值属性是创业的重要社会属性，同时也是创业活动的意义所在。

（2）创业必须花费必要的时间和大量的精力，并付出极大的努力。

（3）创业要承担多种风险。创业的风险可能有不同的形式，这取决于创业的领域和创业团队的资源。

（4）创业将给创业者带来回报。对于一个创业者而言，最重要的回报可能是从创业中获得的独立自主，及其带来的物质财富。

1.2.6 创业的实质

创业的实质是创造价值的过程、创建企业的过程和创造财富的过程。

1. 创业是创造价值的过程

创业活动的创造性体现在“实现潜在价值”的创造上。创业者通过发现和识别商业机会，组织各种资源提供产品或服务的过程，就是创造价值的过程。这一过程包括创业者、商业机会、组织和资源四种要素。

创业是创新的一种衍生产物，创新能够带来价值，可以解决具体的社会问题，使社会进步成为可能。

2. 创业是创建企业的过程

创业需要设立一个创业活动运作的实体，而这一实体就是企业组织。创业者依据所属国家及地区的有关法律法规办理企业的注册登记手续，这是创业过程中的一个重要环节。由此看来，创业是一种创建企业的过程，这也是创业与创新的一个重要区别，即创业有具体实施的企业实体，而创新只是一种活动；创业活动包括创新，但创新并不一定就是创业活动。

3. 创业是创造财富的过程

创业是创业者通过借鉴、模仿、学习他人的经验和方法，从头做起，独立、自主地创造和积累财富的过程。从广义层面来看，创业包括人类一切带有开拓意义的社会变革活动；从狭义层面来看，创业专指社会上的个人或群体所开展的以创造财富为目标的社会活动。因此，创业也可以定义为：社会上的个人或群体为了改变现状、造福下一代，依靠自己的艰苦奋斗而创造财富的过程。

综合以上的观点，创业的定义可以归纳为：创业者运用自己所掌握的知识和能力，利用现有的有限资源，发现和捕捉机会并由此创建企业，提供新的产品或服务，从而创造财富的过程。

➢ **知识拓展【1-2】**

创业的基本特征

具体而言，创业具有以下几个基本特征。

（1）求利性。创业是一个创造、积累财富的过程。尽管创业者会有各种不同的创业动机，但他们甘冒风险去创业，最原始、最直接的动力就是追求巨额财富。无论创业者采取什么手段或方式创业，其目的只有一个——利润的最大化。求利性是吸引人们创业的主要动机。

（2）风险性。创业是一个发现、创造和利用商业机会，组合生产要素并创造价值以获得商业成功的过程。虽然可以借鉴、模仿和学习前人的做法，但创业对于创业者来讲仍然面临很多的风险。创业者需要承担财务、技术、市场、精神及社会环境等多方面的风险。无论是在创业中，还是在普通的投资理财中，风险与收益是相生相伴的，并且大体呈正比例关系，即风险越大，收益也越大，风险越小，收益也就越小。风险性是导致很多人不敢尝试创业的重要原因，但是对于有意尝试创业的大学生来说，不能畏惧创业的潜在风险，要勇于迎难而上，但也要保持必要的理性。

（3）开创性。创业所创造的是新企业、新产品或新事物。对于创业者来说，其从事的是一项新的事业，必须从头做起。虽然创业者可以借鉴、模仿别人的经验和方法，吸取别人失败的教训，但也需要在别人的基础上有所创新，这就意味着创业应具有开创性。对于创造新产品和新商业模式的创业者来说，还要想别人不曾想到的问题，走别人没有走过的路，做前人没有做过的事，这就更具开创性。

（4）自主性。创业者是自己命运的主宰者，其所有的实践活动完全靠自己的自觉、自愿和自主行动来实现。在创业活动中，创业者综合运用自己的资本、知识与技能，独立自主地进行产品开发、生产或提供服务，创业的项目、计划、人员、资金、场地等相关因素均由创业者自己决定。

（5）实践性。创业不是纸上谈兵，不能仅仅停留在研讨和描述层面，实践性是创业活动的显著特征之一。只有将理论付诸实践，在科学的理论指导下进行实践操作，才能有效地创业。创业的最终目标要通过实际的操作和实践，经过社会风雨和市场竞争的洗礼来实现。

✧ 课堂讨论【1-2】

以下哪几种情况属于创业？

（1）某大学毕业生在大城市街头卖猪肉。

（2）李某从英国拿到工商管理硕士（MBA）学位后，进入一家制药企业，经过努力奋斗，成为该企业的总经理。

（3）王文作为王伟的儿子，接任了王伟计算机公司总裁的职位，管理王伟的计算机公司。

（4）比尔·盖茨创建了微软帝国。

1.2.7 创业的要素

创业者需要有捕捉机会、把握机会的眼光和方法，还需要具有创造性地整合各类资源并使企业快速发展的能力。创业者要懂得企业的运作，构建企业的框架，创建企业并为其提供新的规划和拓展新的发展空间。创业的要素主要包括创业者或创业团队、创业机会、创业环境、创业资源和创业项目等。

1. 创业者或创业团队

创业者作为创业过程中最关键、最具有能动性的因素，其能力和素质直接关系着创业活动的成败，即创业者的能力和素质对创业活动具有十分重要的意义。在创业活动开始之前，创业者必须了解成功创业者具备的素质及其共同特征，必须真实且认真地审视自己、评价自己是否具备创业素质和能力。我国为大众所熟知的创业者很多，如任正非、马化腾、俞敏洪、陶华碧等。

创业团队是由少数技能互补的创业者组成的群体，是为了实现共同的创业目标或能使他们彼此担负责任、共同为达成高品质的结果而努力的共同体。

创业者在决定创业和选定创业项目后，最重要的任务就是组建创业团队。创业者需要与志同道合的伙伴互相支持，分工合作。

2. 创业机会

创业机会主要是指具有较强吸引力的、较为持久的、有利于创业的商业机会。创业者据此可以为客户提供有价值的产品或服务，同时使自身获益。从创业者的角度来说，创业机会是创业的起点。创业过程是创业者围绕创业机会进行识别、开发和利用的过程。

创业机会的来源是多方面的。引发创业机会的因素很多，如科学技术的进步和对原有旧技术的替代、消费者偏好的变化、市场需求及其结构的变化、国家法律和政府政策的调整及国际环境的变化等。识别并把握创业机会是创业者走向成功的关键环节。

3. 创业环境

创业环境是指影响创业者进行创业活动的各种不可控制的因素和力量。创业环境是一种客观存在，创业者的创业活动总是在一定的创业环境中进行。

创业环境对创业活动具有双重影响：一方面，有利的创业环境能够支持和促进创业活动的进行；另一方面，不利的创业环境可能增加创业风险，使创业活动遭受挫折甚至失败。

4. 创业资源

创业资源是指能够支持创业者开展创业活动的相关要素。创业资源是成功创业的必备要素。创业成功的关键是具有资源的使用权并能控制或影响资源部署。资源整合能力的强弱不仅是衡量创业者、企业家能力的主要指标，更是直接关乎其所创办企业的成长及发展前景的主要因素。

创业所需的资源包括有形资源与无形资源，来源形式主要有自有资源和外部资源。创业者获取资源的战略通常包括依靠自有资源战略和整合他人资源战略两种。

5. 创业项目

创业项目是创业活动的具体内容，是创业者将创业机会与创业资源进行有效整合，指向特定生产服务领域的生产要素的具体组合形式。创业项目是创业活动的载体。创业者需要在识别创业机会后整合有关的创业资源，在具体的产业领域中进行生产、经营和管理。

1.2.8　创业的类型

人们的创业活动是多种多样的，对创业进行分类是比较复杂的。

1. 根据创业目标分类

根据创业目标的不同，创业可以分为三种类型：自主创业、脱胎创业和二次创业。

（1）自主创业。自主创业又称独立创业，是指创业者个人或创业团队白手起家进行创业。自主创业可能基于各种原因，如个人有了发明创造成果，并发现其商业价值；不愿为别人打工；有条件创业又抓住了创业机会；受其他人自主创业成功的影响等。自主创业获得成功的例子不胜枚举，一些赫赫有名的企业家都是白手起家发展起来的。

对于创业者来说，自主创业的道路是充满挑战的。在创业过程中，创业者的智商、情商和财商可以得到最大限度的发挥，其可以接触各类人物，从事各类工作，经历各种感受，而不是固定地、日复一日地从事单调乏味的工作。创业成功可以获得大量的财富，满足更高的需求，而不是在就业和择业的循环中消磨人生。独立创业的优势使许多人尝试自主创业。

但是自主创业的难度和风险较大，因为创业者往往缺乏足够的资源、经验和支持。资源需要费尽周折地去筹集，经验需要在成功与失败的实践中积累，来自各方面的支持十分有限。在自主创业的创业者中，有一部分人成功了，获得了成功的喜悦和满足了成就感；而另一部分人却失败了或创业活动发展缓慢，给自身带来了打击和挫败感。

（2）脱胎创业。脱胎创业是公司内部的管理者从公司中脱离出来，成立一个新的独立企业的创业活动。脱胎创业又称母体脱离创业，这种创业的创业者拥有创业所需的专业知识、经验和关系网络，生产同原公司相近的产品或提供类似的服务。

脱胎创业的频繁程度与产品所处的生命周期和行业类型有关，脱胎创业更多地发生在产品生命周期的早期阶段和新兴行业中，因为这时产品供不应求，竞争还不激烈，市场空间很大，拥有巨大的商业机会，美国硅谷和中国北京中关村就有很多脱胎创业的例子。

脱胎创业的成功与否与创业者筹集资金和组建团队的能力密切相关，寻求足够的资金支持是脱胎创业的创业者面临的挑战之一，因为脱离母体的创业者，往往只是某一个方面的专家，最常见的是技术专家或营销高手，他们欠缺其他方面的管理技能，这就需要组建一个高效的创业团队来各尽其职、各显其能地进行创业活动。

（3）二次创业。二次创业是指企业内的创业。现在的大企业已经不是创业热潮中的旁观者和被动的应对者，一些知名的大公司，也在积极地寻找和追逐新的有利可图的创意和商业机会，在这种情况下，就会出现所谓的二次创业。

2. 根据创业领域分类

根据创业范围的不同，创业可分为科技创业、贸易创业和服务创业，即分别在科技、贸易和服务领域内的创业。大力鼓励和引导大学生在科技、贸易和服务方面创业，对中国经济和发展具有重大作用和意义。

➢ 知识拓展【1-3】

美国哈佛大学MBA课程将创业分为以下四种类型。

1. 复制型创业

复制型创业是指复制原有公司的经营模式，延续创业者在原公司的相关工作流程。虽然这类复制型创业在社会中出现的比率较高，但科技创新贡献率较低，缺乏创业精神，不是创业管理主要研究的对象。这种类型只能称为“如何开办新公司”，因此很少被列入创业管理课程中作为学习的对象。

2. 模仿型创业

如某家装公司的经理辞掉工作，开了一家咖啡店。这种创业的创新成分虽然很低，但与复制型创业的不同之处在于，其创业过程具有一定的不确定性，学习过程长，犯错机会多，创业成本较高。创业者能否成功，取决于他是否具有适合的人格特性，是否经过系统的创业管理培训，能否掌握正确的市场进入时机。

3. 安定型创业

企业内部创业即属于这一类型。例如，研发单位的某小组在开发完成一项新产品后，继续在该企业部门开发另一项新产品。这种类型的创业虽然具有一定的创造价值，但对于创业者而言，本身并没有面临太大风险和改变，做的也是比较熟悉的工作。这种创业类型强调的是创新意识和创业精神，而不是新组织的创造。

4. 冒险型创业

冒险型创业是一种难度很高的创业类型，典型的就是高科技创新创业，对于社会而言，其不仅具有很高的科技创新贡献，给创业者本身也带来极大改变，同时个人前途命运的不确定性也很高，创业之路将面临很高的失败风险，但是一旦成功，所得到的回报也很惊人。这种类型的创业者想要获得成功，必须在创业能力、创业时机、创业精神、创业管理、创业模式和创业策略等方面具备很好的素质和潜质。

3. 国内创业的主要类型

（1）转行型创业。随着我国改革开放的不断深入和新型行业的快速发展，以前在传统行业或其他行业工作的人员面临改行或改变自己的需要，不得已进入其他行业，重新创业或就业。20世纪80年代，我国很多人的创业属于此类型。

（2）遗传型创业。所谓遗传型创业，是指创业者受到自己家人或前辈的影响而走向了创业之路。

（3）把握政策型创业。这种类型的创业者往往对国家的政治和经济政策等比较感兴趣，从而产生创业灵感，或者是从事政治、经济、管理方面的工作人员，因种种原因最后选择创业。

（4）科技型创业。科技型创业者往往因为自己掌握了某种独特技术，并依托此技术优势进行创业。

（5）规划型创业。规划型创业是指创业者在创业前有比较好的规划，通过不断的努力逐步实现创业。此类型的创业者往往意志坚定，有很好的人生职业规划，具有不达目的不罢休的个性特点。

1.3　工科教育与创新创业融合

创新创业教育在多数高校中被设置为通识课程，在专业人才培养方案中均有课时量的具体要求。如果高校忽视了创新创业教育与专业教育的有效融合，不仅可能导致创新创业教育教师无法与专业课程教师形成有效沟通与互动，更重要的是在教学效果方面，可能导致学生无法形成创新创业思维与意识，更不能将其有效运用到专业领域的过程中。尤其在新工科建设的大背景下，新技术的出现和突破推动工科新形态的出现，使大量传统工科专业岗位受到挑战和威胁，这就要求高校适应新工科建设的实际需要，创新工科人才培养模式，培养出具有创新创业精神、意识以及能将创新创业与工科专业能力有效融合的工程科技人才。因此，在工科背景下对创新创业教育展开理论研究和实践探索，能解决创新创业教育发展遇到的瓶颈问题，也能促进工科教育的进一步发展。西安电子科技大学提出的新工科创新创业人才培育体系如图 1-1 所示。

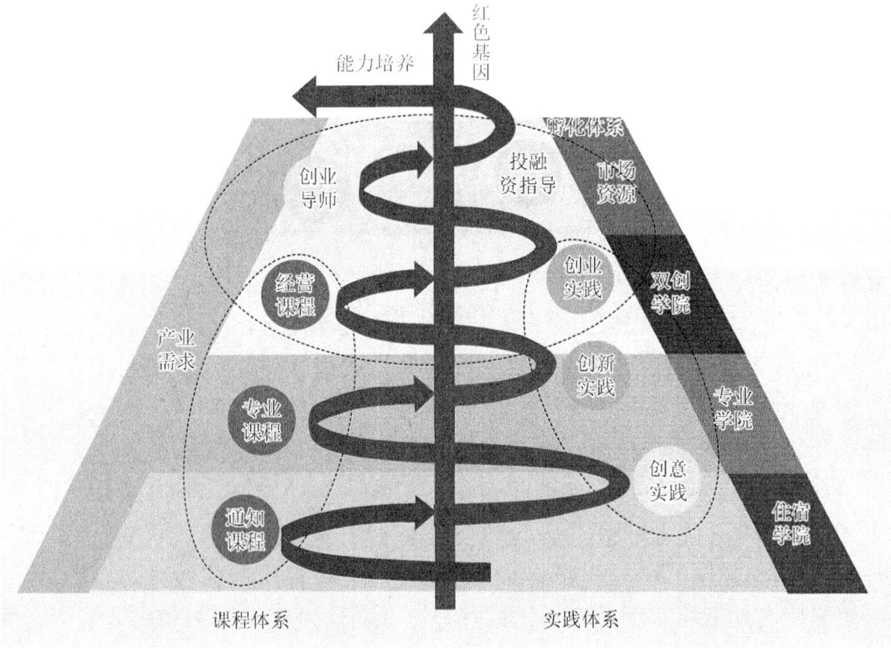

图 1-1　新工科创新创业人才培育体系

资料来源：西安电子科技大学《四融引领、四院协同、四化支撑的新工科创新创业人才培养体系探索与实践》

1.3.1　工科教育与创新创业融合的重要性及现实意义

在十分注重人才培养的今天，基于工科专业背景把创新创业教育与专业教育进行深度融合的重要性非常大。

（1）工科教育与创新创业进行深度融合能够在提高学生们专业成绩的同时，提高其创新创业能力，使学生们能够得到全面发展，让其实践能力和创新能力都得到很大的提高，并在很大程度上为我国培养更多、更优秀的工科人才。

（2）工科教育与创新创业进行深度融合可以在一定程度上促进我国的教育改革，使我国教育制度能够得到更好的完善，教育形式更加多样化，从而促进我国教育的更好发展。

（3）工科教育与创新创业进行深度融合能够增强学生们的学习效果，使学生的思维更加活跃、创新能力更强，而不是简单地依靠书本知识进行学习。

大学生创新创业教育是高校培养高素质、应用型人才的重要举措，是大力构建创新型国家的重要支撑，是实现人才强国的必要内容。在新时代“大众创业、万众创新”的新背景下，“专业 + 创新创业”的融合发展是高等学校发展的必然趋势。高校要以工科教育与创新创业的有效融合为契机，将培养具有创造能力和创新思维的新时代创新型人才作为培养目标，切实培养高素质、应用型人才。

工科教育与创新创业相互融合的现实意义如下。

（1）提升高校人才培养质量的必然选择。随着近些年大学生创新创业教育的逐步普及与发展，高校在应用型人才培养中已取得较大成效，突出表现在学生创新意识增强、创新创业能力提升和就业率提高等方面。构建创新创业教育与专业教育融合发展机制，是高等院校完善自身内涵发展建设和提升自身教育教学质量的必然选择。然而，现阶段我国高等院校仍将学生的专业知识和专业技能作为主要培养目标，忽视学生创新能力培养与创业教育，加强创新创业教育与专业教育融合势在必行。

（2）引领专业教育革新发展的重要举措。高等院校在推进专业教育的改革过程中，将创新创业教育与专业教育融合，在培养学生掌握专业知识的同时提升学生专业实践能力，增强学生的创新创业能力，发挥创新创业教育引领专业教育的革新作用。引导学生将创新创业教育相关理论与专业课程知识相结合，帮助学生建构知识关联性，使学生获得创新创业理论知识和专业知识相辅相成的教育，培养富有创新精神和专业素养的复合型人才。

（3）提高高校人才培养质量的重要手段。高效推进大学生创新创业教育与专业教育有效融合，是全面提升大学生创新创业意识和创业能力的重要举措，也是新常态下促进社会经济可持续发展的主要力量，更是深化高等教育改革、提高高校人才培养质量的重要手段。大学生创新创业教育与专业教育相互影响、协同发展。一方面，高校专业教育为大学生开展创新创业活动提供专业理论支撑和智力支持，帮助大学生熟练掌握专业技能和提升专业实践能力；另一方面，高校将创新创业教育与专业教育两者的有效资源充分整合，使得校内外资源实现共享，优势互补，从而促进理论知识和实践能力全面提升，人才培养质量全面提高。

1.3.2 工科教育与创新创业融合的发展现状

1. 教育理念融合不足

部分高等院校的大学生创新创业教育教学方案由学工部门统一负责，教材编写理论性较强，教学内容以思想灌输代替实际创业经验分享，教育形式枯燥单一，多以理论知识讲解和专家讲座的形式开展大学生创新创业教育，缺乏统筹规划和具体安排。由于创新创业教育与大学生专业教育的理念融合不足，部分高校大学生的创新创业项目存在研究领域较为片面、研究内容陈旧等现象，研究类型多为商业买卖活动，与学生专业知识和专业技能相分离，导致学生对创新创业的认识仍停留在表层，无法实现其创新精神和创业能力的大幅度提升。

2. 师资建设融合不足

大学生创新创业教育的教学内容不仅要注重创新创业理论知识的讲授，还要加强创新思维和创业能力的培养，所以建立具有创新思维和专业能力的师资队伍至关重要。目前承担大学生创新创业教育的师资队伍主要是由从事学生工作或就业指导工作的教师组成，这类教师虽然教学经验丰富、教学功底扎实，但缺乏创业实战能力和经验。然而，大部分专业课教师不仅拥有深厚的专业素养和过硬的专业技能，还具备一定的企业管理经验及创新创业经历，并且拥有与企业接触的机会和实践资源。由此可见，将创新创业教育与专业教育的师资队伍建设相融合，才能更好地激发大学生创新创业的潜能。

3. 课程体系融合不足

创新创业教育与工科专业教育融合模式的核心内容就是课程融合，但从现有融合模式来看，仍有部分高校将创新创业课程作为通识选修课进行开设，导致创新创业教育游离于工科专业教育体系之外，学生难以将不同定位的课程有机地联系起来。

4. 组织机构定位不明

在新工科背景下，创新创业教育与工科专业教育的融合是一个包含政府管理部门、高校、企业、教师和学生在内的复杂的教育生态系统。从学校层面来看，高校在推动创新创业教育与工科专业教育融合过程中往往扮演了政策执行者角色，在组织结构调整、安排专人组织管理等方面的支撑还需进一步完善。

5. 保障措施不够健全

我国创新创业教育与新工科专业教育都还处于探索阶段，尚未形成一套能对教师教学和学生学习形成激励作用的保障体系。除了基础设施的支撑和保障外，创新创业教育与工科专业教育的深度融合还涉及对教师与学生的考核评价，保障措施的缺乏不利于深度融合模式的实施和发展。

6. 创新模式融合不足

高校创新创业教育的主要任务是培养大学生的创新精神和创业实践能力，主要内容包括专业知识和专业技能以及学生参与创业实践、解决实际创业问题的能力。然而，大部分高等院校的实践创新与思维创新融合不足，创业课程的开设主要围绕理论知识的传授，导致学生的专业实习和创业课程相脱离，无法将掌握的专业理论知识真正运用到实践中。

1.3.3　工科教育与创新创业融合的方向

1. 培养层次的融合

创新创业教育与专业教育的融合过程中，首先需要确定培养层次的融合，也就是定位创新创业教育的层次。研究型大学定位于高层次的理论创新、基础应用创新、战略性新兴产业的技术创新；应用型大学定位于应用创新，培养本行业的创新应用型人才；高职院校定位于生产领域的技术革新。

2. 培养方向的融合

创新创业教育与专业教育的融合，要确定专业的新经济、新技术发展方向。国家倡导“大众创业，万众创新”，要在各个行业、各个领域开展创新创业。每个行业都有各自的技术创新方向，大学生创新创业能力的培养应当与行业的技术创新需求紧密结合。

3. 创新创业教育与专业教育特色的融合

创新创业教育要结合学校的学科布局与专业特色。每个学校都有自己的学科特长和专业特色，充分利用资源优势开展创新创业教育，培养特色领域的创新创业人才，不能简单效仿其他院校的模式。

4. 创新创业教育结合学生的专业特长

创新创业教育的受体是学生，所以教学活动的开展必须结合学生的实际情况。

（1）创新创业教育的层次与学生的基础水平相结合。学生基础水平较高，适合难度较大的创新创业领域；学生基础水平较低，适合较为简单的创新创业。

（2）创新创业教育应当术业有专攻，求精而不求全。学生的学习时间和精力有限，技术领域不同，创新创业需要的专业技能基础不同，学生不可能全盘学习，应进行选择性培养，根据技术创新方向培养相关的创新能力。

（3）创新创业的方向必须与学生的特长、爱好相结合。其方向选取应可以调动学生创新的积极性，培养创新意识。

1.3.4　工科教育与创新创业融合的原则

1. 与课程思政相结合原则

第一，创新创业教育课程要确立思想政治教育目标，要在此目标的指引下开发课程大纲，细化课程每一章节的思想政治教育内容，编制相应的教材、教学方案等。通过课程思政教育，引导学生树立正确的世界观、人生观和价值观，避免在将来的就业创业过程中被利益冲昏头脑，受不良风气影响而迷失方向。

第二，高校教师应转变教育理念，挖掘创新创业课程蕴含的思想政治教育元素。教师在创新创业课程的教学过程中，依据专业、课程及具体教学内容的特点，结合社会环境、学生的思想实际与行为表现，运用恰当的教学方法，适当植入思想政治教育内容。例如，在创新创业教育的实践环节，结合实践项目的内容，培养学生团队协作能力和精益求精的精神，使学生学会按规章制度办事，树立良好的职业道德观。

2. 系统性原则

学生创新创业意识与能力的培养，需要从系统角度出发使创新创业课程与专业课程相结合，形成涵盖创新创业意识、创新创业知识、创新创业能力的完整的课程体系，全方位、多角度地培养学生创新创业能力。

工科教育背景下要将创新创业教育贯穿大学教育全过程，根据地方经济社会发展规划、学校特色和地方企业需求，从学校层面构建创新创业课程体系；同时，考虑各专业的特点，将创新创业课程与各专业课程相结合，进行系统化课程设计，使创新创业课程体系彰显创新创业内涵和专业特色。

3. 创新性原则

一方面，高校要及时对创新创业课程内容进行更新，将课程内容与当下的新理论、新技术以及社会热点相结合，提升课程的创新性和实效性。例如，创新创业教师在授课时，要融入精彩的案例与热点时事，增强代入感，提高学生的学习兴趣。

另一方面，创新创业教师应创新教学方式方法，运用现代信息技术，实现“互联网 + 创新创业教育”。例如，教师树立“以学生为主体”的教育理念，授课时采用体验式教学、项目式教学、探究式教学等；利用网络社交工具，组建班级 QQ 群、微信群，组织学生在群里交流讨论；建设新工科课程资源库和在线开发课程，打破传统教育的时空界限，实现学习资源供给的多元化。

1.3.5　工科教育与创新创业融合的路径

1. 创新院校人才培养模式

新时期深化大学生创新创业教育革新发展已成为地方高校加快本科教育改革的现实需要。应用型高等院校肩负着推动地方产业经济发展的重任，其人才培养目标应打破传统的学科本位和知识本位的育人观念，培养“专业 + 创新创业”高素质、复合型人才。大力推动大学生创新创业教育的过程中，坚持以专业教育为依托，以各类创新创业项目和活动为载体，在专业理论教学活动中融入创新创业知识，进一步提升学生的创新创业实践能力。地方院校不仅要重视学生专业理论知识的讲授，还要注重培养学生专业实践能力，努力引导学生将专业知识、专业技能和创新意识相融合，从而增强学生创新创业动机和创新创业精神。

2. 加强各学科知识的深度融合

在新工科建设背景下，高等院校在课程设置和人才培养方面要加强各学科间的融合和渗透，充分构建创新创业教育与专业教育的协同育人机制，从而满足新时代对高素质、专业化、复合型人才的需求。本科院校应积极转变办学理念，调整人才培养模式，整合各学科教学资源，将学科建设和人才培养有机结合，形成创新创业教育与专业教育耦合联动机制，从而提升学生专业素养和创新能力，切实把学生培养成为具有扎实学识、突出技能和勇于创新的新时代高素质应用型创新人才。

3. 注重提高学生的专业学习和创新创业的意识

学生作为学习的主体，是老师在教学过程中不可忽视的重要部分。所以若要更好地把专业教育和创新创业教育进行融合，使其得到更好的实践，老师就要注重提高学生们的专业学习和创新创业的意识，不仅要鼓励学生们努力学好自己的专业知识，还要鼓励学生们多参加一些有关创新创业的活动，培养学生的兴趣，让学生们能够有主动意识地在进行专业学习的同时注重创新创业的学习。

4. 建设创新创业教育与专业教育有效融合的师资队伍

随着新时代大学生创新创业教育课程教学的革新发展，培养具有较高理论水平、充足实践经验的师资队伍显得至关重要。专业教师是推进大学生创新创业教育的核心力量，地方高校应选任一批专业理论知识丰富且富有创业经历的专业教师，协同开展创新创业教育的教学工作。同时，高校应引进具有丰富创业实践经验的校外创业企业家或创业成功的优秀校友，进一步充实创新创业教育的师资队伍。目前，许多地方高校引进优秀的创业导师，建立创业导师与专业教师互助机制，从而增强校内创新创业教师队伍的知识结构和能力素养，提升创新创业教学能力和实践水平。

5. 构建“互联网 + ”创新创业教育实践活动平台

在“互联网 + ”时代，首先，高校开展创新创业教育实践活动不仅可以利用现实物质环境，还可以依托“互联网 + ”创新创业教育的实践活动平台，运用高校网络创新创业实践阵地，将线上专业学习和线下创新实践相结合，为学生搭建互联互通的创业实践活动平台。其次，高校可建立“互联网 + 通识课程”教学模式，将专业理论知识与创新创业知识有效结合，运用“互联网 + ”技术增强两者的融合深度，实现创新创业资源共享，加大“专业 + 创新创业”复合型人才培养力度，为大学生创新创业提供便捷的学习途径和广阔的渠道，从而提高地方高校创新人才的培养水平和整体综合实力。

在如今教育建设的大背景下，高校切实推进创新创业教育与专业教育的融合发展，强化创新创业教育与专业教育联动机制，变革创新人才培养模式，充分发挥高等院校对创新创业人才的教育引导作用，为新时代培养高素质、专业化、复合型、应用型人才，实现我国高等教育事业高水平、高层次发展。

随着人们生活水平和生活质量的不断提高，人们对生活中各个方面的要求也随之不断提高，当然对教育的要求也是如此。在工科专业背景下，人们不仅对学生们的专业学习有一定的要求，还注重学生创新创业的教育。所以为了更好地满足人们对教育的要求，我们要认识到工科教育与创新创业教育深度融合的重要性及其现实意义，正确分析工科教育与创新创业教育融合的发展现状，并努力找到相关的路径使其能够得到更好的实践，以此来使工科教育与创新创业教育的融合得到更好的发展。工程技术项目成果转化地图如图 1-2 所示。

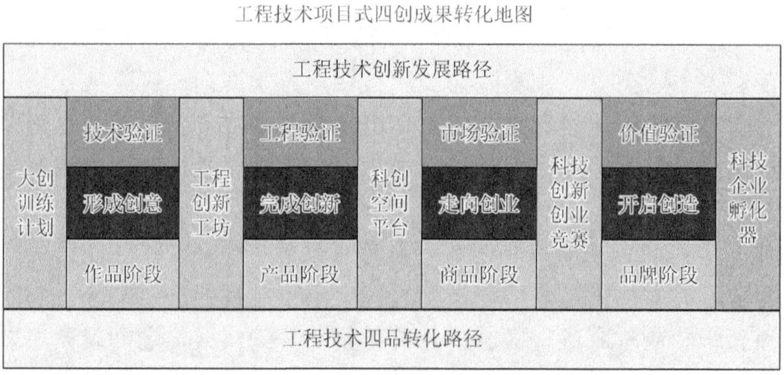

图 1-2　工程技术项目成果转化地图

★　训练与实践【1-1】

1. 搜集创新创业的典型案例

同学们分小组进行科技类创新创业典型案例的搜集，可以通过网络、书籍、期刊以及人物访谈等方式，搜集之后将案例进行汇总与整理。大学生创新创业典型案例汇总表如表 1-2 所示。

表 1-2　大学生创新创业典型案例汇总表

创新创业案例名称	创新创业项目描述及评价
……	……
……	……
……	……

2. 整理制作创新创业典型案例 PPT

将搜集的材料进行整理，最终以 PPT 的形式呈现。小组成员通过交流协作，共同制作 PPT，要求 PPT 内容完整、页面美观、布局合理、页数适当。

3. 小组汇报并讨论大学生创新创业典型案例

每个小组推选一个代表，上台演示汇报小组共同制作的大学生创新创业典型案例 PPT。汇报演示完毕后，其他同学发表建议或者感想，并进一步讨论，以丰富同学们对案例所揭示的创新创业内涵的理解。讨论结束后，每个同学单独回答以下问题。

（1）通过总结，谈谈你对创新创业的认识；

（2）这些案例对你有哪些启发？结合自身专业谈谈自己在创新创业方面如何有所作为。

第二篇　工科大学生创新创业能力培养

第 2 章　创新创业技法训练

■ 知识框架图

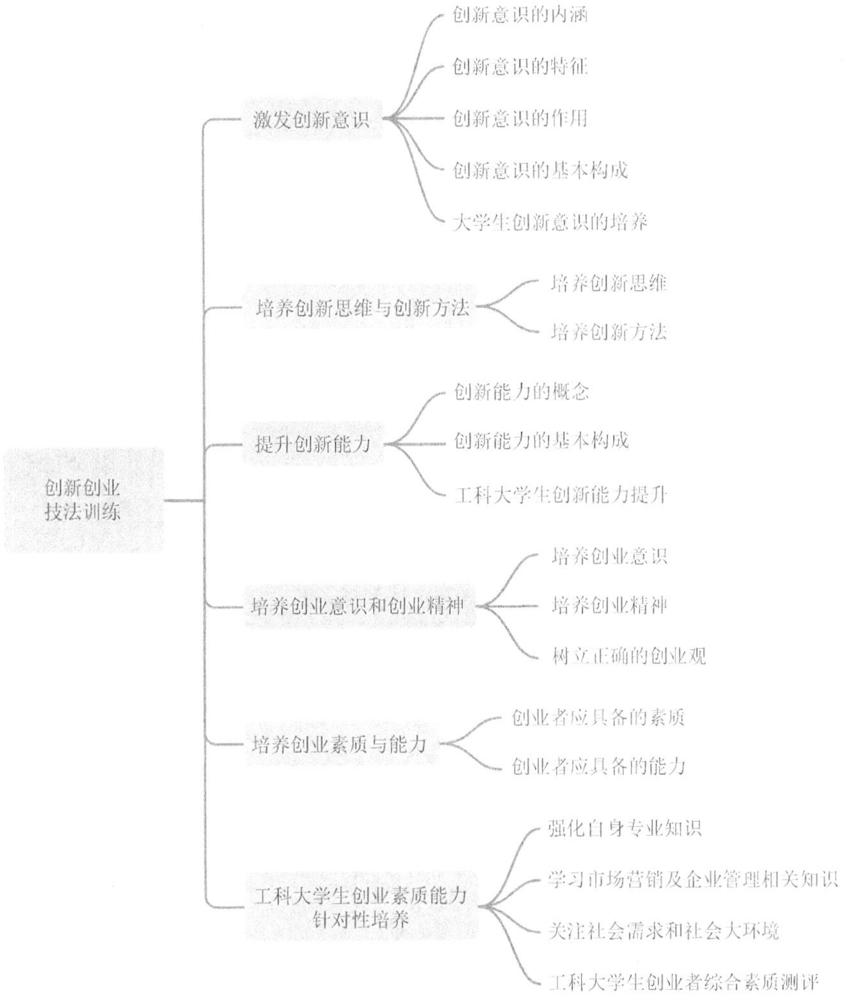

■ 知识目标

掌握创新意识的内涵、特征、作用及基本构成；
了解创新思维的概念、特征和创新思维的种类；
了解创新方法的概念、特征和创新方法的种类；
了解创新能力的概念和特征，掌握创新能力的基本构成；
掌握现代前沿科技以及工科大学生创新方向；

掌握创业意识和创新精神的内涵；
了解创业者应具备的素质和能力；
了解工科大学生创业能力培养的侧重点和方向。

■ 能力目标

掌握直觉、灵感、想象力、联想力、发散思维、聚合思维、逆向思维的培养方式；学会运用头脑风暴法、移植法、列举法、组合法、奥斯本检核表法等创新方法；培养科学素养以及学会运用科学研究方法；能够准确把握自身的创造力水平；能够对自身的创业素质能力有准备地评估，并针对性地加以改进和提升；培养自身的创业意识和创业精神。

2.1 激发创新意识

2.1.1 创新意识的内涵

创新意识是指人们根据社会和个体生活发展的需要，引起创造前所未有的事物或观念的动机，并在创造活动中表现出的意向、愿望和设想。其是人类意识活动中一种积极的、富有成果性的表现形式，是人们进行创造活动的出发点和内在动力，是创造性思维和创造力的前提。世界知识产权组织（WIPO）发布的《2023 年全球创新指数》排名如表 2-1 所示。

表 2-1 2023 年全球创新指数排名

排名	国家	排名	国家
1	瑞士（2022 年第 1 位）	9	丹麦（2022 年第 10 位）
2	瑞典（2022 年第 3 位）	10	韩国（2022 年第 6 位）
3	美国（2022 年第 2 位）	11	法国（2022 年第 12 位）
4	英国（2022 年第 4 位）	12	中国（2022 年第 11 位）
5	新加坡（2022 年第 7 位）	13	日本（2022 年第 13 位）
6	芬兰（2022 年第 9 位）	14	以色列（2022 年第 16 位）
7	荷兰（2022 年第 5 位）	15	加拿大（2022 年第 15 位）
8	德国（2022 年第 8 位）	16	爱沙尼亚（2022 年第 18 位）

资料来源：世界知识产权组织（WIPO）发布的《2023 年全球创新指数》。

2.1.2 创新意识的特征

创新意识有着自身的特征和基本构成，了解和掌握其特征有助于人们进一步培养创新意识，熟悉其基本构成能够帮助人们深入理解创新意识。

具体来讲，创新意识具有以下三个特征。

（1）新颖性。创新意识或是为了满足新的社会需求，或是用新的方式更好地满足原来的社会需求。创新意识是求新意识。

（2）社会历史性。创新意识是以提高人们的物质生活和精神生活水平需要为出发点的，而这种需要在很大程度上受具体的社会历史条件制约，在现实社会中，创新意识受阶级性和道德观的制约。人们的创新意识激起的创造活动和产生的创造成果，应为人类进步和社会发展服务。创新意识必须考虑社会效果。

（3）个体差异性。人们的创新意识和其社会地位、文化素质、兴趣爱好、情感志趣等相关，其对创新起着重大推进作用。同时，每个人的这些方面都会有所不同，因此对于创新意识既要考察其社会背景，又要考察其文化素养和志趣动机。

2.1.3　创新意识的作用

具体而言，创新意识具有以下三个方面的作用。

（1）创新意识是决定一个国家、民族创新能力最直接的精神力量，其推动社会生产力的发展。科学的本质就是创新，科学技术的每一次进步都是通过创新实现的。科学技术的迅猛发展对人类社会各个方面都产生了广泛而深刻的影响。创新更新了人们的生产工具和生产技术，提高了劳动者的劳动效率，开拓了更广泛的劳动对象，推动了社会生产力的发展。

（2）创新意识促成社会多种因素的变化，推动社会的全面进步。创新意识作用于社会生产方式，其形成和发展必然进一步推动社会生产方式的进步，从而带动经济的飞速发展，促成上层建筑的进步。创新意识进一步促进人的思想解放，有利于人们形成开拓意识、领先意识等先进观念。创新意识会促进社会政治向更加民主、宽容的方向发展，这是创新发展需要的基本社会条件。同时，这些条件又反过来促进创新意识的扩展，更有利于创新活动的进行。

（3）创新意识促进人才素质结构的变化，提升人的本质力量（人的本质力量就是人类所具有的一切物质能力、精神能力、话语能力的总和）。创新实质上确定了一种新的人才标准，其代表人才素质变化的性质和方向，并输出一种重要的信息：社会需要充满生机和活力的人、有开拓精神的人、有道德素质和现代科学文化素质的人。而创新意识能够促进人才素质结构的变化。因为创新意识使人有追求新鲜事物和真知灼见的强烈欲望，不满足现状，敢于大胆质疑、标新立异。正是因为有了创新意识，才会有创新动机，才可能为创新做好充分的前期知识准备，进而可能产生真正的创新行为。

2.1.4　创新意识的基本构成

创新意识主要由创新兴趣、创新动机、创新情感和创新意志四个方面构成。

（1）创新兴趣。兴趣是人们力求探究某种事物和从事某项活动的意识倾向。创新兴趣则是对挑战陈规、创造新事物、提出新方法等感兴趣，热衷于从事创新活动。创新兴趣往往与好奇心、求知欲联系在一起，这是人的天性，有的人将这种天性抑制和闲置，而有的人将这种天性保持和发扬。

创新兴趣引导着创新目标的确立和创新能力的开发，人们总是优先根据自己的兴趣选择合适的创新内容和方向。对创新的强烈兴趣是进行创新活动最重要的心理条件之一。

（2）创新动机。动机是激发和维持个体的活动，并使这种活动朝着一定目标努力的内部心理倾向。创新动机是指引起和维持个体进行创新行动的内在驱动力，是创新行为的动力基础。

（3）创新情感。情感是人对客观事物的态度体验及相应的行为反应，如果对创新的态度是认可的，那么会相应产生热爱、崇尚的情感体验。创新情感是指创新主体对创新的主观情感体验，包括创新及创新过程所涉及的各方面内容。其是创新主体进行创新活动的情感力量，对创新活动的维持和调节起着很大的作用。

（4）创新意志。创新是一种意志行为，其特征就是克服困难，做前人和别人没有做过的事。可以说意志就是力量，意志是创新的支柱。创新意志是有意识、有目的、有计划地调节和支配创新活动的心理现象。其是在创新情感的基础上产生的，没有情感就不可能产生任何意志。创新意志又使创新情感具有目的性，以及能够按照人的价值需要进行发展。

2.1.5　大学生创新意识的培养

当代大学生创新意识的培养主要包括创新精神和创新思维的培养、创新人格的培养、团队协作精神的培养，以及智力因素和非智力因素的培养。当代大学生创新意识的培养途径和方法主要有以下几种。

当前，大学生普遍存在着知识结构单一、文化底蕴不够深厚、兴趣爱好不够广泛及创造性思维欠缺的现象。而创新创业活动是综合运用知识的过程，所以大学生要努力学习各方面的知识，不断完善自己的知识结构，以丰富自身的文化底蕴，为创业做好准备。

此外，大学生可根据自身的特点进行以下几个方面的训练。

（1）加强元认知训练，即加强对思维的训练，以监督和调节人的认知活动，从而提高认识活动的效率。元认知水平高的人，能够多角度地思考问题，能看到事物的不同面，也能充分认识到自己行为的各种可能后果。

（2）进行一系列的创造技能训练，包括坚持不懈的毅力训练、发散思维训练、打破思维定式和敢冒风险的能力训练。

（3）养成爱读书的习惯，广泛阅读各种学科的书，不断吸取知识，以弥补自己的不足之处。

★　训练与实践【2-1】

商品摆放整齐、美观几乎是所有商店的基本要求，而某商店却做了一次相反的尝试。该商店有一批妇女用品长时间无人购买。老板见状后，叫店员将这些货物散乱地堆放在店前，竖起“任意挑选，价格优惠”的牌子，很快吸引来大批顾客。

（1）该商店老板做法的与众不同之处在哪里？

（2）你还有更好的做法吸引大批顾客购买商品吗？

2.2　培养创新思维与创新方法

2.2.1　培养创新思维

创新思维是指人们为解决某一问题，自觉、能动地综合运用各种思维方式进行思考，从而获得新发现的思维过程，是人类在探索未知领域过程中的一种积极向上的思维活动。创新思维是进行创新实践活动的基础条件，是思维的高级形式。培养大学生的创新思维是提高大学生创新能力的关键。

创新思维以新颖的思路、新的方法解决新的问题。创新思维具有以下特征。

（1）新颖性。创新思维重在创新，体现在思考的方式上、思路的方向上、思维的角度上具有创造性和开拓性。对事物的认识不停留在原有层面，而是重新认识和分析，常常有超出常人的见解，用独特的方法解决问题，用新奇的方式处理事情，产生新产品、新工艺、新方法、新方案等，成果别具一格，具有独到之处，具有新的实用性或新的价值。

（2）多样性。创新思维活动的领域就像艺术演示活动的领域一样，是发挥个人独特才华的地方。在创新的过程中，人们积极主动，敏锐观察，发挥创新思维的思考力，可以迅速得到各种不同的结论。在创新思维方式的引导下，人们发现一种现象时会立即想到产生这种现象的原因及其对立面，且及时联想到相关和相似的事物，从而使人们的创新活动呈现出千姿百态、千变万化的丰富情景。

（3）开放性。创新思维是一个视野开阔、思维开放、善于学习、勤于思考，实现与外界的物质、能量和信息交换的开放的思维系统。处于开放状态下的创新思维，能够超越事物的体系，打破固有的限制，将思维从本体系向外拓展，获得新的启示，激发创新的火花。

（4）突破性。创新思维属于非常规性、非逻辑性的思维活动，独具卓识、敢于质疑、破除陈规，善于打破思想的禁锢，追求与常规不同的独立性；善于从新的角度思考问题，力求另辟蹊径，得到突破性的新发现。创新思维的跨越性很大，往往带给人们巨大的震撼和惊喜。

1. 直觉的培养

培养大学生的直觉，首先必须培养和激发大学生对创新的强烈愿望和创新激情。其次，要鼓励大学生刻苦学习，丰富科学文化知识，多参与课堂以外的活动，积极投身社会实践，注重理论与实践相结合，不断开阔自己的视野，增长阅历和见识。

在生活中，大学生要树立自信心，养成用直觉去观察事物、思考问题的习惯，应大胆地对一些问题进行预测和猜想。当然，直觉思维的正确与否，还需要经过严密的分析、检验和论证。

2. 灵感的培养

培养大学生的灵感思维，首先要培养大学生勤于思考、勇于探索的习惯，因为灵感是在一定知识信息储备的基础上，对疑难问题久经沉思之后不同知识信息之间的突然沟通。

灵感绝不会无缘无故地产生，其必须以刻苦学习、长期尝试和持久思索为前提，是在思想高度集中、深思熟虑以后产生的。没有冥思苦想，便没有灵感的产生。灵感往往在原来的习惯思路中断之后才产生，或者按照固定思路进行的长时期沉思基本停止后才发生。这里所说的“习惯思路”“固定思路”即习以为常的逻辑思维，没有这种习以为常的逻辑思维作为铺垫，灵感是不会发生的。周恩来曾经用“长期积累，偶然得之”8 个字来揭示灵感产生的缘由。“长期积累”是灵感产生的前提条件，“偶然得之”是“长期积累”的结果。灵感的爆发被视为对思维个体自我认知和潜能的无意识提取。

灵感的产生需要客观的因素，既拥有相关的信息，还需要主观的因素，即创新主体处于有准备的头脑激发状态。灵感的产生预示着科学研究和创造发明即将获得突破性的成功。

捕获灵感的方法主要有以下几种。

（1）思想活动的准备。灵感是人脑进行创造活动的产物，需要长期的思考作为一个基本条件，包括长期的观察、联想和想象等。

（2）兴趣、知识的准备。创新者要有广泛的兴趣、丰富的知识经验，这样才有助于获得借鉴，容易得到启发，这是捕获灵感的另一个基本条件。灵感是人们经过长时间的学习和苦思之后才获得的，是以丰富的知识、理性的思考和追求正确的结论为基础的。

（3）情绪状态的准备。创新者要保持乐观镇静并保持愉悦，才能提升大脑的活力和感受能力；同时，还要注意摆脱惯性思维的束缚，自我放松。

（4）及时记录。由于个体状态的不同，捕捉灵感的时机也不同。创新者要珍惜最佳的时机，做好及时捕捉灵感的精神准备和物质准备。如果事先没有准备，没有及时记录灵感的内容，假以时日就可能再也记不起来了。

3. 想象力的培养

想象力不受时空的限制，借助一定技巧的想象力能够创造美的物象、美的环境。培养想象力的途径如下。

（1）丰富知识经验，增加形象储备。创造需要原材料，没有丰富的知识经验和相应的形象储备，新形象是很难创造出来的。大学生应尽可能多地接触自然，接触社会，接触世界上的万事万物，对尽可能多的事物产生基本认识，从而拥有众多的事物形象。

（2）参与角色扮演。在角色扮演的练习中，人的想象力能够得到很大程度的发挥。在扮演中，角色越投入，其想象力越丰富。因为扮演者可以想象自己的角色在故事情节中将会怎样，从而依据自己的想象将角色演绎得有声有色。

（3）多听故事。听故事可以培养人的想象力，因为从听觉途径获得的故事情节会在人的大脑中通过想象反映出来。当一边听录音里的故事，或一边听别人讲述故事时，人的大脑中便会不断出现故事中的人物、情景，还能想象后续的情节。经过听故事的练习后，想象力将得到大幅度的提升。

（4）多绘画，多听音乐。绘画能够培养人对事物的观察力、记忆力，绘画能力越强，能够想象到的事物便越多、越清晰。听音乐可以引发人们的遐想，在听不同类型的音乐时，人们会想到不同的情景。

✧　课堂讨论【2-1】

（1）世界上什么东西最长又最短、最快又最慢，能分割最小又能扩展到无穷大，最不受人重视而又最受人珍惜，没有它，什么事都做不成，这是什么？

（2）一个人问阿凡提：“阿凡提，你能把10棵小树苗栽成五行，每行都是四棵吗？”阿凡提有点被难住了。你有什么办法吗？

（3）目前无线输电技术已经有部分应用领域，但还未能实现大规模、低成本的广泛使用。如果能开发出大规模商用的无线输电技术，那么会有哪些应用领域？对我们的生活有哪些改变？

4. 联想力的培养

创业者可经过以下途径来培养自己的联想力。

（1）深入体验生活。创业者要培养联想力，就必须储备好丰富的形象记忆、知识记忆和思考记忆，而这些记忆来源于对实际生活的深入观察、深入体验。抓住日常生活中的一人一事、一情一景，随时随地展开联想，并且把联想的结果写下来。养成这种培养联想力的习惯，对储备写作材料是很有帮助的。

（2）多欣赏文艺作品。欣赏文艺作品时，将自己的身心完全沉浸在作品所表现的艺术境界中，凭借作品提供的形象和思想，设身处地、天马行空地去联想，在享受美感的同时，也能达到培养联想力的目的。

（3）运用“朦胧”想象构思方法。有的教师在教学生写作文时，常常将学生带到野外，面对蓝天、白云，或是一棵树、一座山，先让其注视凝思，再闭目遐想，展开想象、联想，然后记下所想的一切。这就是运用“朦胧”想象的方法培养学生的联想力、想象力。

联想力是经过后天的培养、锻炼而成的。如果没有丰富的生活和知识储备，没有在日常生活和写作实践中经过长期刻苦的培养和训练，就很难有超出常人的联想力。

★　训练与实践【2-2】

联想思维可以在日常生活中培养和自我训练，也可以在教师的指导下进行强化训练。这里说明一下强化训练的注意事项：第一，在读完题目后，要立即进入题目的情境，设身处地地进行联想，联想的情境越逼真，效果就越好；第二，开始联想后，每联想到一件事物，就填写在题目后的表中，直到不能再想到为止，但不要急于求成；第三，一般可用2～3min完成一道题目，时间一到，马上转入下一个题目。下面开始联想思维的训练。

1. 在两个没有关联的信息间寻找各种联想，将它们联系起来

例如，粉笔—原子弹：粉笔—教师—科学知识—科学家—原子弹。

（1）足球—讲台。

（2）黑板—聂卫平。

（3）汽车—绘图仪。

（4）油泵—台灯。

2. 分别在下面每组字上加同一个字使其组成不同的词
（1）自、睡、味、触、幻、感。
（2）阔、大、博、东、告、意。
（3）具、教、理、士、边、家。
3. 猜谜语
独木造高楼，没瓦没砖头，人在水下走，水在人上流。（打一雨具）
4. 请展开关于鹰的联想
（1）与鹰有关的事物。
（2）鹰本身的事物。
（3）与鹰有关的一些概念。
（4）与鹰有关的精神。

5. 发散思维的培养

发散思维，又称辐射思维、放射思维、扩散思维或求异思维，是指大脑在思考时呈现的一种扩散状态的思维模式。其表现为思维视野广阔，思维呈现出多维发散状，如“一题多解”“一事多写”“一物多用”等方式。运用发散思维时，可以使用以下几种方法。

（1）材料发散法。以某个物品为“材料”，以其为发散点，设想它的多种用途。

（2）功能发散法。从某个事物的功能出发，构想出获得该功能的各种可能性。

（3）结构发散法。以某个事物的结构为发散点，设想出利用该结构的各种可能性。

（4）形态发散法。以某个事物的形态为发散点，设想出利用该形态的各种可能性。

（5）组合发散法。以某个事物为发散点，尽可能多地把其与别的事物组合成新事物。

（6）方法发散法。以某种方法为发散点，设想出利用该方法的各种可能性。

（7）因果发散法。以某个事物发展的结果为发散点，推测出造成该结果的各种原因，或者由原因推测出可能产生的各种结果。

（8）假设推测法。假设的问题不论是任意选取的，还是有所限定的，所涉及的都应当是与事实相反的情况，是暂时不可能的或是现实不存在的事物对象和状态。

由假设推测法得出的观念可能大多是不切实际的、荒谬的、不可行的，这并不重要，重要的是有些观念在经过转换后，可以成为合理的、有用的思想。

（9）集体发散思维。发散思维不仅需要用上我们自己的大脑，有时候还需要用上我们身边的无限资源，集思广益。集体发散思维可以采取不同的形式，如我们常常戏称的“诸葛亮会”。

★ 训练与实践【2-3】

请同学们回答以下问题。
（1）给你两个圆、两条直线和两个三角形，请组成各种有意义的图案。
（2）尽可能详细列举男生与女生在生活习惯、思维方式等方面的差异（可举例说明）。
（3）142857 是一组神奇的数字，它发现于埃及金字塔内。请你发掘这个数字的神奇之处（提示：可以先依次将这个数乘1、2、3、4……，观察会出现什么规律，再对这个数字进行一些更为复杂的运算，发现的有趣规律越多越好）。

6. 聚合思维的培养

聚合思维是一种与发散思维相反的思维方式，又称收敛思维、求同思维，是指在解决问题的过程中，尽可能利用已有的知识和经验，把众多的信息和解题的可能性逐步引导到条理化的逻辑序列中去，最终得出一个合乎逻辑规范的结论。

聚合思维法是人们在解决问题过程中经常使用的思维方法。例如，科学家在科学试验中，要从已知的各种资料、数据和信息中归纳出科学的结论；企事业的合理化改革，要从许许多多方案中选出最佳方案；公安人员破案时，要从各种迹象、各类被怀疑人员中发现作案人和作案事实等。这些例子都是运用聚合思维法。由此可知，聚合思维法是大学生应掌握的有效方法。

聚合思维的具体方法很多，常见的有抽象与概括，归纳与演绎，比较与类比、分析，定性与定量等。

（1）抽象与概括。抽象是一种思维过程，通过性状的比较，找出同类事物相同与不同的性状，把不同的性状舍弃，把本类事物有的、其他类事物没有的性状抽取出来。例如，对各种果实进行比较，相同的地方是都有果皮和种子。其可以选取的不同维度是：有的能吃，有的不能吃；有的长在地下，有的长在地上；有的果皮坚硬，有的果皮柔软；颜色五彩缤纷；大小各有不同。把不同的性状去掉，对由坚硬的果皮和种子组成的“闭果”这一共性特征进行考察就是抽象思维。

概括也是一种思维过程，是在抽象的基础上进行的。例如，对猫、兔子、虎、猴等动物进行比较后，抽象出它们的共同特征是“有毛、胎生、哺乳”，在思想上联合起来就会形成“哺乳动物”的概念。

（2）归纳与演绎。归纳法又称归纳推理，是从特殊事物推出一般结论的推理方法，即从许多个别事实中概括出一般规律，如在实践中人们经常会接触瓜、豆等事物，通过反复实践，就会逐步认识到“种瓜得瓜，种豆得豆”的真谛，然后经过分析推理就会得到一个一般性的认识：龙生龙，凤生凤，即所有生物都有遗传现象。这个过程就是归纳的过程。在实践中，归纳一定要遵循真正的规律，不能将偶发性的巧合作为规律。

演绎法又称演绎推理，是从一般到特殊，即用已知的一般原理考察某一个特殊的对象，推演出有关这个对象的结论。例如，所有的生物都有遗传现象。从这个原则出发，就可以引申出：老鼠也是生物，所以“老鼠的儿子会打洞”，这是由演绎推理而得出的一个结论。

在认识过程中，归纳和演绎是相互联系、相互补充的。

（3）比较与类比、分析。比较与类比、分析是一种联动性思维，不仅可以激发人们的情感，还会启发人们的智慧，提出具有独特性的方法。要通过对相关知识进行比较、类比和分析综合，按照“发散→聚合→再发散→再聚合”和“感性认识→理性认识→具体实践”的认知过程，培养自己的创造能力。

（4）定性与定量。定性分析就是对研究对象进行质的方面的分析，运用归纳与演绎分析以及抽象与概括等方法，主要凭借分析者的直觉、经验，对获得的各种材料进行思维加工，从而对分析对象的性质、特点、发展变化规律做出判断的一种方法。

定量分析就是通过统计调查法或实验法，建立研究假设，收集精确的数据资料，然后进行统计分析和检验的研究过程。

聚合思维可以利用定性和定量的分析方法对单个创意进行分析，也可对一组创意进行评价。

★　训练与实践【2-4】

聚合思维不仅在实际生活中有很多应用，在同学们的数理化等学科中也有广泛应用。从中学到大学，同学们会接触很多有关多边形和圆的题目，细心的同学会发现，通常最大值和最小值出现在正 n 边形或者圆中。例如，对于周长一定的 n 边形，正 n 边形面积最大；面积固定的 n 边形，正 n 边形周长最小。

受此启发，判断以下命题是否正确，如果正确，请给出证明；如果错误，请说明理由。

现有半径为 R 的圆：

（1）其内接 n（n 为大于或等于 3 的任意一个正整数）边形中，正 n 边形的周长最长；

（2）其外切 n（n 为大于或等于 3 的任意一个正整数）边形中，正 n 边形的周长最短。

注意：此题有一定难度，需要同学们耐心求证，给出严谨的答案。

7. 逆向思维的培养

逆向思维是指针对似乎已成定论、司空见惯的事物或观点，再从反面提出问题、分析问题、解决问题的一种思维方式。逆向思维往往能够突破常规的束缚，产生出奇制胜的效果。需要注意的是，逆向思维并不是主张人们在思考时违背常规，不受限制地胡思乱想，而是一种小概率思维模式，即在思维活动中关注小概率的思维。

运用逆向思维时，可使用以下三种方法。

（1）反转型逆向思维法。这种方法是指从已知事物的相反方向进行思考，产生发明构思的途径。“事物的相反方向”常常从事物的功能、结构、因果关系三个方面做反向思维。例如，丹麦物理学家奥斯特发现电流能产生磁场；英国物理学家法拉第运用逆向思维，认为磁场也能产生电流，从而发现了电磁感应现象，为人类大规模使用电力奠定了理论基础。

（2）转换型逆向思维法。这种方法是指研究一个问题时，解决该问题的手段受阻，而转换成另一种手段，或转换角度思考，以使问题顺利解决的思维方法。例如，历史上被传为佳话的司马光砸缸救落水儿童的故事，实质上就是一个用转换型逆向思维法的例子。由于司马光不能通过爬进缸中救人的手段解决问题，因而他就想到另一个办法——破缸救人，进而顺利地解救落水儿童。

（3）缺点型逆向思维法。这是一种利用事物的缺点，将缺点变为可利用的东西，化被动为主动，化不利为有利的思维方法。这种方法并不以克服事物的缺点为目的，相反，其是将缺点化弊为利，找到解决方法。例如，金属腐蚀是一桩坏事，但人们利用金属腐蚀原理生产金属粉末，或进行电镀等其他用途，这无疑是缺点型逆向思维法的一种应用。

2.2.2　培养创新方法

创新方法是创造学家收集大量成功的创造和创新实例后，研究其获得成功的思路和过程，经过归纳、分析、总结，找出的一些带有普遍规律性的原理、方法和技巧。创新方法可以供人们学习、借鉴和效仿。

创新方法一直为世界各国所重视，在美国被称为创造力工程，在日本被称为发明技法，在俄罗斯被称为创造力技术或专家技术。我国学者认为创新方法是科学思维、科学方法和科学工具的总称。其中，科学思维是一切科学研究和技术发展的起点，始终贯穿于科学研究和技术发展的全过程，是科学技术取得突破性、革命性进展的先决条件；科学方法是人们进行创新活动的创新思维、创新规律和创新机理，是实现科学技术跨越式发展和提高自主创新能力的重要基础；科学工具是开展科学研究和实现创新的必要手段和媒介，是最重要的科技资源。由此可见，创新方法既包含实现技术创新的方法，又包含实现管理创新的方法。

具体来说，创新方法的作用有以下几个。

（1）促进高效解决问题。人类在征服自然、改造自然的过程中遵循着一定的客观规律，创新方法就是对人类解决问题、实现创新的共性方法的高度总结和概括，运用创新方法可以使解决问题的方案更科学，少走弯路，从而更高效地解决问题。

（2）推动培养创新思维。思维惯性是决定创新能力的关键因素，思维模式不同带来的结果也就大相径庭。每个人都有一种思维惯性，有些人习惯上将思维方式局限在已知的、常规的解决方案上，从而阻碍新方案的产生。通过学习创新方法，人们可以掌握各种创新思维的特征和规律，打破固有的思维模式，学会用“新的眼光”去发现问题和解决问题，敢于否定、质疑和超越常规去思考、实践，养成创新思维的习惯，形成变通性思维。

（3）科学指导创新实践。不同时期、不同领域中出现的创新问题及为了解决这些问题所使用的创新原理与方法是有规律的。通过学习创新方法，人们可以根据实践活动的具体情况，科学地运用创新方法中实用且适用的创新原理，在实际工作中实现创新，尽快、尽早地剔除那些复杂而效率不高的解决方案，找出更高效的解决方案，使实践活动的方案更具方向性、有序性和可操作性。

1. 头脑风暴法

头脑风暴法（brainstorming）是创新方法中比较典型的一种，又称智力激励法。头脑风暴法是指以小组的形式，无限制地自由联想和讨论，产生新观念或激发创新思想，这种方法是由美国创造学家亚历克斯·奥斯本（Alex Faickney Osborn）于 1939 年首次提出的。

该方法一被提出便在世界各国引起强烈反响，后经创造学研究者的实践和发展，最终形成了一个相对完善的发明技法群，如三菱式智力激励法、默写式智力激励法、卡片式智力激励法等。

（1）三菱式智力激励法。三菱式智力激励法是由日本三菱树脂公司改进而成的，其优点是修正了奥斯本智力激励法严禁批评的原则，有利于对设想进行评价和集中。

（2）默写式智力激励法。默写式智力激励法是无参照扩散法的一种，由德国创造学家荷立创造，其特点是用书面阐述来激励智力。

（3）卡片式智力激励法。卡片式智力激励法又称卡片法，这种技法又可分为 CBS 法和 NBS 法两种。CBS 法由日本创造开发研究所所长高桥诚根据奥斯本的智力激励法改良而成；NBS 法是日本广播电台开发的一种智力激励法。

头脑风暴法的作用主要有以下几点。

（1）引起与会者的联想反应，刺激新观念的产生。

（2）激发人的热情，促进与会者突破旧观念的束缚，最大限度地发挥创新思维能力。

（3）促进与会者产生竞争意识，力求提出独到的见解。

（4）让与会者的表达欲望得到满足。

运用头脑风暴法时，需要注意以下几点。

（1）防止出现一些“扼杀性语句”和“自我扼杀语句”，如“这根本行不通”“你这想法太陈旧了”“这是不可能的”等。

（2）与会人员一律平等，将各种设想全部记录下来。

（3）鼓励巧妙地利用和改善他人的设想。

（4）独立思考，不允许私下交谈，以免干扰别人的思维。

（5）随性思考，任意想象，尽情发挥。

（6）不强调个人的成绩，应以小组的整体利益为重。

头脑风暴法的具体实施步骤包括以下 7 点。

（1）准备阶段。会前确定讨论的问题；组建小组；通知会议内容、时间、地点。

（2）准备会场。为使会议活跃，会前准备一些智力游戏道具、一些简单的发散思维练习布置等。

（3）组织人员。参加人员有 10～15 人。

（4）宣布主题。组织者向与会者宣布讨论主题。

（5）头脑风暴进行。

（6）会后收集。组织者整理设想、提案。

（7）评价阶段。组织者评价选出最佳设想、方案。

实践经验表明，头脑风暴法可以排除折中方案，对所讨论的问题通过客观、连续的分析，找出一组切实可行的方案，因而头脑风暴法在许多领域中都得到了较广泛的应用。

2. 移植法

移植原意是指将植物移动到其他地点种植，后引申为将生命体或生命体的部分转移的器官移植。此处所说的移植是指将某个领域的原理、技术、方法引用或渗透到其他领域，用以变革和创新，即把某一事物的原理、结构、方法、材料转到当前的研究对象中，从而产生新成果的方法。通常情况下，移植是将已成熟的成果转移到新的领域，用来解决新问题，因此该方法是现有成果在新情景下的延伸、扩展和再创造。常见的移植法有以下几种。

（1）原理型移植。原理型移植是指将某种行之有效的技术原理，由其最初运用的技术领域移植到其他技术对象上，以创造新的技术产物。

（2）结构型移植。结构型移植是指将某一个事物的结构形式特征转用到另一事物上，以产生新的事物。

（3）方法型移植。方法型移植是指将新的方法转用到新的情景中，以产生新的成果，即将某一学科领域中的方法应用于解决其他学科领域中的问题。

（4）材料型移植。材料型移植是指将材料转用到新的载体上，以产生新的成果。

运用移植法创新时，可以采用以下两种思路。

（1）成果推广型移植。成果推广型移植就是将现有科技成果向其他领域铺展延伸的移植方法，其关键是在弄清现有成果的原理、功能及使用范围的基础上，利用发散思维方法寻找新载体。

（2）解决问题型移植。解决问题型移植就是从研究的问题出发，通过发散思维找到现有成果，经移植后使问题得到解决。

实施移植法时可按照下面的步骤进行。

（1）明确决策问题。

（2）组织人员形成评价小组，人员包括项目组成员、相关领域的专家等。

（3）根据评价准则制定评价方法，包括确定评价项目、制定评价表格。

（4）针对决策课题选择不同的实现方法来模拟原型（即移植前的问题）。

（5）小组成员对不同的模拟原型进行评价并打分，选择集中的方案或得分最高的方案作为决策方案。

★　训练与实践【2-5】

打水漂是很多人都玩过的游戏，将片状石头以与水平面较小的角度打入水中，石头入水后可以弹出水面，然后再入水再弹出，这个过程可以反复多次，打出一连串水花。打水漂的原理可以用流体力学来解释，这一原理也可以运用到航天事业中。2020 年 12 月 17 日凌晨 1 时，嫦娥五号返回器以“半弹道跳跃式返回”方式（俗称“打水漂”）返回地球，成功着陆在预定区域，标志着中国首次月球采样返回任务取得圆满成功。

请查阅相关资料及新闻报道，详细解释嫦娥五号“打水漂”的原理，并列举一个类似的运用移植法使小道理解决大问题的案例。

3. 列举法

列举法是最常用、最基本的一种创新思维方法，是将研究对象某方面的属性（如特点、缺点或希望点）一一罗列出来，对其进行分析研究，从中探求出各种改进方法的创新思维方法。

根据研究对象的不同，列举法分为特点列举法、缺点列举法、希望点列举法等。

特点列举法是一种将创新对象的名词特性、形容词特性和动词特性等特征一一列举出来，然后分析、探讨能否以更好的特性来替代，最后提出革新方案的创新思维方法。

特点列举法的具体实施步骤如下。

（1）选择一个目标比较明确的分析对象，对象宜小不宜大。如果是一个比较大的分析对象，那么最好把它分成若干个小对象。

（2）从名词特性、形容词特性和动词特性三个方面对对象的特性进行列举。如果认为按名词特性、形容词特性、动词特性等进行列举不好操作，就按数量特性、物理特性、化学特性、结构特性、形态特性、经济特性进行列举。分析对象的特性应尽可能详细地列出，并且尽量从各个角度提出问题。

（3）分析各个特性，通过提问激发出新的创造性设想和方案。分析各个特性时，可采用智力激励法来激发创意。在上述列举的特性中尽量尝试各种可替代的属性进行置换，易产生新的设想和方案。

（4）提出新的方案并进行讨论、检核、评价，挑选出行之有效的设想来结合实际需要对对象进行改进。

4. 组合法

组合法是指按照一定的技术原理，通过将两个或多个功能元素合并，开发出具有全新功能的新材料、新工艺、新产品的创新方法。这种创新方法不同于突破性创新中完全采用新技术、新原理，是对已有发明进行再开发利用的方法。

根据组合方式的不同，组合法可分为主体附加法、异物组合法、同类组合法、重组组合法、信息交合法等。

（1）主体附加法又称为内插式组合法，是在原有的技术思想中补充新内容，在原有的物质产品上增加新附件，从而使新得到的物品性能更好、功能更强的组合方法。该方法常适用于对已有产品做不断完善和改进。

（2）异物组合法是将两种或两种以上的技术思想或具有不同功能的物质产品进行组合的方法。组合的结果是产生新的思想、概念、技术或产品。例如，索尼公司把耳机和一台收音机组合起来，就发明了随身听。由于不相似或不相同的事物是没有穷尽的，因而相对主体附加法和同类组合法来说，异物组合法的思维广度和深度更大，其创造性也更强。

（3）同类组合法是两种或两种以上相同或相近的事物进行组合的方法，该方法的特点是参与组合的对象与组合前相比，其基本性质和结构没有根本变化，即在保持事物原有功能或意义的前提下，通过数量的变化来弥补功能上的不足或得到新的功能。同类组合的目的是在保持事物原有功能或原有意义的基础上增加新功能或新意义，而这种新功能或新意义是单个事物所不具有的。同类组合的条件是根据需要来决定的。简单、复杂的事物都可以组合，关键是看其有没有必要组合，究竟需不需要组合，是否具备组合的条件。

（4）重组组合法是改变原有事物的结构组合方式，使原有元素在不增加数量的情况下，改变原有事物性质的组合的方法。重组组合是先在事物的不同层次上分解原来的组合形式，然后再以新的思想重新组合起来，改变了事物各部分之间的相互关系。因为该方法是在同一事物上施行的，所以一般不增加新的内容。

（5）信息交合法是由我国创造学研究者许国泰发明的，是将思考对象的所有信息要素按照不同类别进行分类，每一类作为一条坐标轴，然后根据需要把各种坐标点有机地结合起来，并从各种信息的交合点入手进行创造的一种思维方法。信息交合法有利于人们打破传统思维定式，为创新思维提供丰富的信息资源，提高创新思维的质量和水平。

★　训练与实践【2-6】

（1）组合法有着非常广泛的应用，任何一种交叉学科都运用了组合法，如会计电算化，是将计算机原理与会计核算组合，从而大大提高了会计工作的效率与准确性。请运用发散思维，列举类似的交叉学科，并简单介绍该交叉学科的组合原理。

（2）如今已经步入“互联网＋”新时代，“互联网＋”简单来说就是“互联网＋传统行业”。请尽可能多地列举“互联网＋”的具体应用。

5. 奥斯本检核表法

奥斯本检核表法又称分项检查法，该方法也是由美国创造学家奥斯本提出的。其以提问的方式，根据创新或解决问题的需要，列出有关问题，形成检核表，然后对问题逐个进行核对讨论，从而发掘出解决问题的大量设想。其具体内容见表 2-2。

表 2-2　奥斯本检核表

检核项目	含义
能否他用	现有事物有无其他用途？保持不变能否扩大用途？稍加改变有无其他用途
能否借用	能否引用其他的创新设想？能否从其他领域、产品、方案中引入新的元素、材料、造型、原理、工艺、思路等
能否改变	现有事物能否做某些改变，如颜色、声音、味道、式样、花色、声响、品种、意义、制造方法？改变后效果如何
能否扩大	现有事物能否扩大使用范围？能否增加使用功能？能否增加零部件以延长使用寿命？能否增加长度、厚度、强度、频率、速度、数量、价值等
能否缩小	现有事物能否体积变小、长度变短、重量变轻、厚度变薄及拆分或省略某些部分（简单化）？能否浓缩化、省力化、方便化、短路化
能否代用	现有事物能否用其他材料、元件、结构、设备、方法、符号、声音等替代
能否调整	现有事物能否交换排列顺序、位置、时间、速度、计划、型号？内部元件可否交换
能否颠倒	现有事物能否从里外、上下、左右、前后、横竖、主次、正负、因果等相反的角度颠倒过来用
能否组合	能否进行原理组合、材料组合、部件组合、形状组合、功能组合、目的组合

奥斯本检核表法的具体实施步骤如下。

（1）根据创新对象明确需要解决的问题。

（2）参照奥斯本检核表法列出的 9 个方面的问题，运用丰富的想象力，强制性地逐个核对、讨论，写出尽可能多的新设想。

（3）对提出的新设想进行筛选，将最有价值和创新性的设想筛选出来，根据实际需要，提出改进方案。

2.3　提升创新能力

2.3.1　创新能力的概念

创新能力是在前人发现或发明的基础上通过自身的努力创造性地提出新的发现、发明或改进革新方案的能力。

具体来说，创新能力具有以下几个特征。

（1）综合性。创新能力是在创新过程、创新活动中所体现出来的各种创新能力的合成。创新思维是创新能力的核心，其需要一个人具备自我创新、预测角色、应变、处理信息、组织协调和语言沟通表达的能力。创新能力是这些能力的综合，每个人在这些能力的发展上存在差异，也正因为如此，才有了各行各业的创造性人才。

（2）可塑性。创新能力并不是与生俱来的，也不是固定不变的，是可以通过教育、训练、实践被不断激发培养的。创新能力不是天才的专利，人人是创新之人，处处是创新之地。环境是人的创新能力形成和提高的重要条件，环境优劣影响着个体创新能力发展的速度和水平。

（3）倍增性。大量实践证明，开发和提升人的创新能力可以创造出比传统经济时代超出多倍的效益。

2.3.2　创新能力的基本构成

创新能力通常包括发现问题的能力、流畅的思维能力、变通的能力、独立创新的能力、制定方案的能力和评价的能力六种基本能力。

1. 发现问题的能力

发现问题的能力是一种发现那些让人难以察觉的、隐藏在习以为常现象背后的问题的能力。其表现为人们意识到存在于周围环境中的矛盾、冲突、需求，意识到某种现象的隐蔽未解之处，意识到寻常现象中的不寻常之处。例如，对于两块大小悬殊的石头从同一高度落下却同时落地这一现象，没有人对亚里士多德关于物体下落的速度和它的重量成正比的结论提出疑问，只有伽利略能意识到并发现这一问题。这一意识促使他进行了比萨斜塔试验，实践证明了铁球和铅弹的下落速度同它们的重量无关，从而纠正了影响人们两千多年的错误理论。

发现问题的能力的前提是好奇心和怀疑。好奇心会提高人们对外界信息的敏感性，发现问题并追根溯源，提出一连串的问题。怀疑指不是简单地接受与信奉权威的理论、既有的学说和传统的观念等，而是持质疑和批判的态度。

发现问题在创新活动中通常是由认知风格和工作风格来体现的。认知风格是指个人在打破心理定式与理解复杂问题过程中表现出来的气度、能力和心理特点。工作风格是指能长时间集中努力和聚焦问题的工作态度与工作能力。

2. 流畅的思维能力

流畅的思维能力是指就某一问题情境能顺利产生多种不同的反应，给出多种解决问题的办法和方案的能力，常用“思潮如涌”“下笔如行云流水”等形容思维的流畅。思维流畅对创新有着重要的意义，因为思维流畅就能形成大量设想，所以就有更大的机会产生有创新意义的想法。提出的设想不一定每个都正确，有创造性的设想也不是一下就能在头脑中形成的。但是，提出的设想越多，出现有创造性想法的机会就越大。

思维流畅是以丰富的知识和较强的记忆力为基础的，并能够根据当前情况所得到的印象和所观察到的事物激活知识，调出大脑中储存的信息并进行思维创造，从而提出新观点。

3. 变通的能力

变通的能力是指思维迅速、轻易地从一类对象转变到另一类对象的能力。其能够从某种思想转换到另一种思想，或从多角度思考问题，能用不同分类或不同方式研究问题。具有变通能力的人一般都能根据客观情况的变化机智地解决问题，思维灵活，不囿于条条框框，敢于提出新观点，思想活跃。缺乏变通能力的人往往机械呆板、墨守成规，没有创新精神，思想陈旧、观点保守。

创新实践证明，凡是在创新上大有作为的人大多思路开阔，妙思泉涌。因为创新需要找到不同的应用范畴或许多新的观念，越是能带来重大突破的创新，越需要借助其他领域的知识吸取外来的思想。

创新需要多向思维，仅有流畅的思维能力是不够的，还需要有变通的能力。因为流畅性强调产生设想的数量，如果只是在同一类型上做出众多反应，那么就会形成思维定式。

4. 独立创新的能力

独立创新的能力是一种寻求不同寻常的思想和新奇独特的解决问题的方法的能力。具有这种能力的人能想出别人想不出来的观点，看到别人看不到的问题，也是一种求新求异的能力。具有独立创新能力的人往往与他人不同，这类人独具卓识，能提出新的创见，实现新的突破，具有开拓性。缺乏独立创新能力的人只会一味地模仿和盲从，只知道遵从传统习惯，每天都进行一些重复性的活动，说一些千篇一律的话。如果只依靠吸收、模仿、学习等重复的方法而不进行变革、突破，就不可能创新。

独立创新的能力是创新能力最本质、最重要的核心要素，其反映了一个人创新能力的高低。同时，独立创新的能力是人们在创新活动的各个阶段或各个领域都需要具备的最基本的能力要素，无论是在技术产品开发上，还是在生产、管理和市场开拓上，甚至在日常学习和生活中，都需要运用独立创新的能力。

5. 制定方案的能力

创新的设想能否实现取决于方案的制定和实施。制定方案的能力是指把一个创新的想法变成一个具体的实施方案的能力。方案是为了解决特定问题、达到预期目标而采用的方法和手段。制定方案时，首先要明确创新目标是什么，方案是围绕着实现创新目标而制定的；其次，分析实现这个创新设想存在的问题和困难，了解其有利因素和不利因素；再次，针对需要解决的问题选择采用的主要方法和途径，并确定需要解决的重点和方向，主要是运用创新方法，包括类比、想象、直觉、灵感等多种形式；最后，制定方案的实施步骤。

从设想、构思、证明到具体的设计、修改、完善，需要做大量的创造性工作。创新是一项探索性工作，没有现成的方法和模式可以照搬，其不是对人类已有认识和实践的重复，而是在此基础上进行新的创造。因此，创新过程不可能是一帆风顺的，其中必然会遇到许多挫折和失败，因此，就需要拟定多套方案以备选择。

6. 评价的能力

评价的能力是指通过评审从许多方案中选择出一种方案的能力。创新活动中需要冲破约束，解放思想，从而提出大量的设想、构思和方案。多种方案中，除了个别可能是“闪光”的设想之外，不可避免地伴随着大量的、在技术或经济上暂不可行的设想。因此，需要通过评价选出在技术或经济上可行的、有希望获得成功的方案。如果不进行评价，则往往会造成人力、物力和财力的浪费。

评价还可以促进创新过程中方案的优化。没有正确的评价，没有正确的筛选，就无法保证得到最优或较优的创新方案。创新者不仅要在创新初期阶段进行方案选择的评价，以寻求最佳方案，还要在创新完成时对创新结果进行评价，以确定创新的价值和水平。而且，创新过程中还要多次对活动进行评价，这样可以帮助人们寻找最佳创新方法和指明创新前进方向。

创新能力是由上述基本能力组成的一个有机整体，只有在这几个基本能力协调一致时，创新能力才能得到充分发挥。具有创新能力的人不仅要具备这些能力，而且要懂得在什么时候、以何种方式有效地使用这些能力。创新就是这些能力都达到均衡和运用的过程。

2.3.3 工科大学生创新能力提升

当今国家间的竞争归根到底是综合国力的竞争，是科学技术的竞争和民族素质的竞争，更是人才的竞争。工科大学生由于其专业特点，未来将会成为推动我国科学技术水平提升的主力军，也将成为我国科技产业的核心力量。工科大学生提升创新能力，将对我国整体科技水平的提升起到极大的促进作用，也将在科技创新创业活动中发挥主导作用。

1. 提升科学素养

科学素养水平的高低将直接影响我国整体实力的强弱和在国际竞争中的成败，科学素养是科学素质的重要组成部分。最早对科学素养做出定义并进行度量的是美国学者，其代表人物是米勒教授，他首创了公民科学素养测评指标体系，为科学评估公众科学素养水平提供了有效工具。

根据科学素养的概念及相关研究，可以概括出科学素养具有以下特征。

（1）科学素养是科学素质的重要组成部分，能够加强和提高科学素质。

（2）科学素养是后天培养的，早期形成的科学素养是对一个人终身起作用的持久因素。

（3）科学素养一经形成，可以不断发展、完善和健全，具有稳定性。

（4）科学素养是由若干子系统组成的综合的、整体的复杂系统。

（5）科学素养有很强的共性，但体现在每一个人身上又有鲜明的个性。科学素养的共性寓于每个人的个性之中。

（6）科学素养是在家庭、学校和社会的教育环境中逐步形成的。科学素养的形成是一个潜移默化的无形过程。

科学素养是可以通过学习、培训、科普教育等手段来培养、提高并不断发展的。对于一个人来说，科学素养是最基本又是终身起作用的科学素质和心理品质，是一个人的人生观、价值观、思想品质和道德修养的重要方面。

科学素养的结构包括智力因素结构和非智力因素结构两个方面，其中，科学素养的智力因素结构包括知识结构和能力结构两个方面。

（1）知识结构。知识结构由结构合理的、扎实的基础知识组成，体现为对科学概念、术语的理解和掌握。

（2）能力结构。作为组成科学素养的智力或能力，能力结构应是最基础的，其包括观察能力、思维能力和实践能力，核心是思维能力。思维能力又包括抽象（逻辑）思维能力（又可分为演绎思维和归纳思维）、形象思维能力（文学艺术）、直觉、灵感和想象力。

➢ 知识拓展【2-1】

古今中外，拥有高智商、数理化能力很强的“天才”不计其数，但他们中的大多数并没有在历史上留下痕迹，只有那些具有开创性贡献的科学家被人们记住了名字，如阿基米德、牛顿、麦克斯韦、高斯、爱迪生等。因为他们开辟了新的科学领域，取得了超越前人的成果，在科学发展史上具有里程碑意义。因此，对数理化知识的理解运用能力并不等同于创新能力。

科学素养的非智力因素结构是人的素养结构中的最高层次，是一个复杂的综合系统，是人的精神品质和气质的体现。其是由志趣结构、道德结构、意志结构和审美结构组成的统一体。

（1）志趣结构。志趣结构包括好奇心、兴趣、志向和理想。

（2）道德结构。道德结构是社会环境对个体的约束和规范，是一个人正确处理人与人、人与社会的关系的思想和行为准则。科学素养的道德结构是指最基本的道德规范，也可以说是人的道德素质，是一种理性的行为标准。

（3）意志结构。意志是一个人能把握自己已达到预定目的的心理能力。意志结构是人格结构，也是人的整个素质结构中不可缺少的力量因素，是一个人事业成功必不可少的心理品质。

（4）审美结构。审美结构是在志趣结构、道德结构和意志结构的基础上形成的更高层次的精神境界，同时反过来促进志趣结构、道德结构和意志结构向更高级的、更完善的形式发展，形成良好、高尚的素质结构系统。

2. 掌握科学研究方法

创业离不开创新，创新既是创业的基础，又是发展的核心，因此，创新源将成为创业源。当今时代，大学生正意气风发地走上创新创业的道路，掌握正确的科学研究方法就成为保障其成功的方法论前提。

科学研究方法是从事科学研究所遵循的有效的、科学的研究方式、规则及程序，也是从事科学研究的有效工具。科学研究是一种抽象思维表现的包括多种思维内容的、系统的、开拓性的脑力劳动。每个研究者完成这种脑力劳动的过程是很不相同的，但往往体现为某种共同的系统模式。因此，在科研过程中，研究者都会遵循一些共同的研究方法和范式，这是广大科研工作者及科学理论工作者长期积累的智慧结晶。

具体来说，科学研究方法有以下特点。

（1）科学研究方法具有继承性。科学研究方法的继承性是指科学研究是传承、连续、终身学习的不断认识的过程，是一代代科学研究工作者不断进行探索、发现整理并进行科学知识积累的过程。

（2）科学研究方法具有创新性。科学研究方法的创新性是指科学研究工作者具有探索自然界奥秘和人类社会规律的强烈兴趣，这种求是的理念是人们认识自然、理解自然、利用自然规律为人类服务的内在动力源泉。科学研究在于创新，创新是科学发展的前提。

（3）科学研究方法具有开放性。科学研究方法是一个开放的、发展的体系，其通过科学研究人员的灵活使用而贯穿于研究工作的全过程。科学研究工作中，借鉴、传承前人的科学研究方法很有必要，而改革和创新科学研究方法更是不可或缺的。大学生在创新创业时应结合自身的专业特点学习、研究并自觉地使用科学研究方法，有效地指导自己的科学研究工作。

（4）科学研究方法具有严谨性。科学研究方法的严谨性是指科学研究要有严谨的科学精神和实事求是的态度，不能有一丝一毫的马虎。

3. 工科大学生创新方向指引

人类科技的发展经历了蒸汽时代、电气时代，如今已经发展到信息时代，接下来将步入人工智能时代。在这种时代大背景下，我们应顺势而为，努力成为时代的引领者。

当前，科技前沿领域包括人工智能、大数据、云计算、互联网＋、区块链、5G 技术等。对于工科大学生而言，未来大有可为的科技领域有无线输电、新能源、机器人、无人机、3D 打印、无人驾驶汽车、纳米技术等。

2.4 培养创业意识和创业精神

2.4.1 培养创业意识

创业意识是指创业实践活动中对人起动力作用的个性心理倾向，包括需要、动机、兴趣、思想、信念和世界观等心理成分，支配着创业者对创业活动的态度和行为，能够充分体现创业者未来从事创业的可能性。

在当今创业的时代中，每一个创业者必须培养现代创业的意识。创业意识是人们从事创业活动的出发点与内驱力，是创业的先导，每一个想要创业的人都必须首先强化创业意识。创业意识具有主观性、客观性、超前性、能动性的特点，在创业实践活动中对创业者起动力作用。强烈的创业意识能帮助创业者克服创业中的各种艰难险阻，将创业目标作为自己的人生奋斗目标。

创业意识分为创业主体意识、直面风险意识、持续学习意识和优化环境意识。

1. 创业主体意识

随着高校扩招和高等教育从精英教育转变为普及教育，国家不再为大学毕业生分配工作，让大学生直接进入人才市场。目前，大学生的就业问题已经成为亟待解决的社会问题。大学生普遍以学习书本知识为主，缺乏社会实践，当大学生真正进行创业时，往往面临着许多困惑和难题。因此，在就业压力不断增加和市场经济日趋激烈的竞争中，培养和增强大学生自主创业的主体意识显得尤为重要。

创业主体意识的树立是创业者在创业中必备而又非常宝贵的内在因素。大学生只有具备创业主体意识才能深切地认识到创业是人生路上的一个契机，是增长见识、提升能力的好机会。

✧ 课堂讨论【2-2】

你有创业的想法吗？你对自主创业有什么看法？

2. 直面风险意识

风险意识是一种现代经营意识，是创业者急需增强的一种重要的创业意识。创业充满风险，为了迎战风险，创业者应当提前做好防范风险的准备，对风险有足够的认识，才能在遇到风险时果断决策、有序管理，有目的地选择市场和客户。

直面风险意识是指创业者不畏惧风险，勇于迈步前行，敢于在市场经济浪潮中搏击，经受历练，在考验中变得成熟，并学会化解风险的方法。

3. 持续学习意识

知识是创业的重要工具，从事某一行业必须具备与该行业相关的专业知识。知识能够与创业者的能力结合起来，并发挥重要的作用。创业者往往在开展创业活动之后感觉到自身知识的匮乏，原有的知识和技能已经不能支持自己应对创业过程中产生的许多新问题。因此，创业者在创业过程中一定要有持续学习的意识，学习大量的最新行业知识，使自己能够更好地了解行情和分析行业的状况。创业者应有持续学习的意识，随时注意知识的更新，以适应创业的需要。

只有持续学习，汲取新知识，创业者才能跟上社会的发展趋向，不断地更新市场观念，拓展知识视野，形成合理的专业知识结构。持续学习是提高创业者自身能力的重要方法，成功的创业者必定会主动学习新的知识，并使持续学习成为自身终身的习惯。

◆ 案例【2-1】

活到老学到老

有一天，晋平公同著名的乐师师旷闲谈。晋平公叹了口气说：“我今年已经70岁了，很想学习，但恐怕太晚了。”师旷笑着说：“你为什么不点起烛灯呢？”晋平公沉下了脸，不高兴地说：“哪有身为臣子而取笑君主的呢？”师旷连忙起身下拜，谢罪道：“臣子怎敢取笑君主？我听人家说，少年时好学，如同初升的太阳一样阳气充沛；壮年时好学，如同中午的阳光那样还很强烈；老年时好学，只像蜡烛照明一样。

但是，点亮烛灯走路与摸黑行走相比，哪一个更好呢？”晋平公一听，连连点头称赞：“说得好。”

4. 优化环境意识

创业环境是重要的创业要素，优越的创业环境能帮助企业快速发展和崛起。创业环境主要包括办公环境、经营环境和综合环境等。

（1）办公环境。在创业之初，创业者对办公环境的要求不能太高，办公环境只要简洁、实用即可。

（2）经营环境。企业的经营环境很重要，在不同的经营环境中，企业的效益会大不一样。创业者应仔细考察周边的环境，并挑选企业的经营地点。选择经营环境的主要原则是该地区需具有浓厚的商业气氛，只有商业气氛浓厚的地区才会给企业带来许多商机。一般来说，经营地点应选择在商店、企业、居民集中的地区。

（3）综合环境。国内各地方创办了许多创业园，但是相当一部分创业园不懂得如何帮助创业企业快速成长。企业能否快速发展、快速崛起，其关键是否有一个综合性的创业环境。创业者需要的是一种以培育创业文化为中心的新型、向上、多维的综合环境。

强化大学生的创业意识，可以通过听取自主创业成功人士的专题报告、具有创业理论与实践经验人士的专题讲座，也可以组织大学生进行创业设计竞赛，举办校内创业实践活动，组织创业沙龙等多种形式的活动，重点培育其创业精神，使其明确创业的动机。

2.4.2 培养创业精神

创业精神是创业者的精神动力，是企业诞生与发展的精神支柱，其能够令人奋发向上、鼓舞士气，是创业实践的强大驱动力。创业精神的概念最早出现于 18 世纪，后来创业精神的内涵得到不断丰富和发展。

创业精神是开创事业的思想和理念，既包括创业的需要，又包括创业的方法。创业精神是在实践活动中产生的，存在于创业者的主观世界中，作为一种精神动力使企业在创业活动中持续创新与成长。创业精神是创业者从事创业实践活动、产生创业成果的主观条件，也是创造性人格所必须具备的主体要素。可以说，没有创业精神就不会有创业行动。

创业者在创业活动中勇于创新、敢担风险、团结合作、坚持不懈的行为是创业精神内涵的高度凝练。

1. 勇于创新

有“创新经济学之父”之称的美籍奥地利经济学家约瑟夫·熊彼特（Joseph Alois Schumpeter）认为创新是“创造性的破坏”，“创新”有 5 种情况，即采用一种新的产品或产品新的特性、采用一种新的生产方法、开辟一个新的市场、开发一种新的供应来源、实现一种工业的新的组织。创新是寻找新的机会，创造新的价值的过程，因此勇于创新是创业精神的基础。

2. 敢担风险

创业是一种冒险的行为，创业过程中会出现各种风险。创业者要敢于承担风险，努力克服困难，敢闯敢拼，接受风险的考验。创业的机会只有通过实践才能得以转化为现实的事业，创业者要做行动的巨人，只有敢想敢做，善于把好的想法变为行动，迈出勇敢的一步才能走向成功。

3. 团结合作

团结合作是指两个或两个以上个体相互配合，共同完成任务的过程。团队成员技能互补，协同作战，可使其团结合作具有很高的效率。团队成员的互相交流能够迸发出思想的火花，进而使团队决策优于个人决策。团结合作要求团队成员顾全大局，尊重他人，多为他人、集体着想，主动交流，一起面对艰难险阻，齐心共创事业。

4. 坚持不懈

有雄心、有抱负的创业者能够从无到有，将事业从小变大，从弱变强，不被失败击倒，不会放弃自己的追求。如果创业者不能付出自己的所有，努力奋斗、持之以恒，就会使创业活动半途而废。创业精神是一种坚韧不拔、永不服输、不达目的誓不罢休的精神，坚持不懈是创业成功的保证。

2.4.3　树立正确的创业观

如何树立正确的创业观，为自己铺就一条创业的平坦道路，对于准备创业的大学生来说十分重要。

1. 端正态度，正确看待创业

创业是市场经济条件下大学生个体自我发展的需要。随着市场经济体制的逐步完善，市场观念深入人心，创业能够满足大学生追求进取、协调并重的价值取向，能使大学生通过积极思考，确定自己的人生目标，最大限度地实现自己的人生价值，为社会做出应有的贡献。创业不再排除个人利益、理想、事业三个方面的追求，能够实现社会利益与个人利益兼顾、事业与利益兼得。

在时代的浪潮中，大学生创业的激情高涨，但是创业更需要理智。拥有激情并不表示创业就能取得成功，创业需要回归理智，创业的激情只能作为创业初期的推动力，接下来还有一条漫长而艰辛的道路。大学生应理智地看到创业既有成功又有失败，明白大学生创业的优势与劣势，学会处理创业过程中主观和现实之间的矛盾与冲突，运用辩证的方法，明辨是非曲直，纠正认识的误区，从思想上对创业有一个科学而现实的认识。

2. 明确创业目标

创业前，大学生要清楚自己为什么要创业、如何去创业；要了解自己的个性特征，明确自己的创业动机；要树立正确的、符合社会要求的、远大的创业目标。创业者要有高瞻远瞩的视角，知道自己的终极目标是什么，通过哪些途径可以实现目标，目前处于哪一个阶段及目前面临哪些问题等。

此外，创业者在创业前还要进行科学、合理的创业规划。创业规划应包括项目选择、商业模式、盈利模式确定等，这要以创业者对市场的充分调查为基础，体现出创业者的市场洞察力和创业的目标性。严谨的创业计划能够保证创业有一个良好的开端和正确的努力方向，有利于提高创业成功的概率。

3. 转变观念，提高创业能力

一个成功的创业者绝不能因循守旧、墨守成规，应学会观察国内外市场的变化，以善于变革的精神去迎接创业的挑战。创业的过程是一个系统工程，其要求创业者在企业定位、战略策划、生产组织、团队组建、财务管理等领域有一定的知识积累。

大学生创业能力能否提高是创业成败的决定因素。在校大学生应充分利用大学校园提供的平台积极汲取各方面的知识，通过专业课学习、各种校园活动及社会实践活动不断扩大自己的视野；积极参加一些社团活动及志愿者活动，在活动中锻炼与人沟通、协作的能力，树立团队意识；增强自主学习的能力，在学习中培养创新的思维与发展的意识，通过日常学习中的不断积累逐渐增强创业的自信心。

4. 积极实践，丰富社会经验

创业过程中不仅要学习文化知识，还要在所从事的行业中积累相关经验，加深自己对行业特点、行业发展情况的了解。大学生长期身处校园环境当中，与社会的接触很少，非常需要积累社会经验。

大学生应积极参加学校举办的创业大赛及创业实践活动，还可以进入企业参加社会实践活动，了解社会、观察社会，不断提高自身的创业实践能力。

➢ 知识拓展【2-2】

大学生创业的认识误区

大学生在创业时常常对创业活动存在一些认识和观念上的误区，主要包括以下几项。

1. 担心创业失败

有些大学生在选择创业时，对自己信心不足，总担心自己会承受不了创业失败的沉重打击。实际上，创业可能会成功，也可能会失败，但是还会有第三种结果，就是创业者从失败中有所收获，其收获就是经验和教训的积累，对于创业者来说这是最为宝贵的财富。在不同的创业阶段及不同的环境中，人们对成功的定义是不同的，但总结经验和吸取教训都是相同的。很多人都以盈利与否作为最终成败的评判依据，却忽视了经验的获取，这种评判对创业者和创业团队都是非常不负责任的。

创业者要认识到在创业的路上，每个人都需要不断地积累和学习，只有在创业中接受磨炼，才能锻炼自己的经营管理能力。大学生创业可以增加自身对社会的了解，提高自身适应现实、适应社会的能力。创业能力的提高从某种角度来看也是一种成功。为避免损失过大，大学生在创业时可选择难度小、需要资金较少的小项目，从小做起。

2. 急于成功

创业者对第一次创业的成功总是非常期待，他们总想着只要一创业便即刻成功，对创业充满憧憬、满怀期盼。事实上，创业必须经过一个过程，这个过程要持续一段时间。不同的项目有着或长或短的投资回收期，急于求成的想法是不正确的。许多创业者在没有成功以前往往经历无数的曲折，体验付出代价的痛苦，承受经济上巨大的压力，甚至连创业者个人及家庭的生活都要受到影响。

因此，创业者应冷静、理性地面对创业机会与项目，对创业前景不能过于乐观，对创业项目的可行性要做全面和严谨的分析，从各个方面了解项目的情况，要有可行性的实施方案做保证。创业不能一蹴而就，创业者应放下浮躁的心态，一步一个脚印地走下去，才能到达成功的目的地。

3. 仅凭一个创意或想法创业

有些人认为只要有了好的创意或想法，创业就一定能成功。事实上，有了好的创业想法，仅仅代表创业才刚刚迈出了一步，此时还需要有一个优秀的创业团队来确保项目的实施。

因此，创业者若要将想法变为现实，除了确保想法新颖、得到市场认可外，还要计划好团队建设、企业定位、战略策划等事项。如果创业者在创业准备时对可能遇到的问题准备不充分或根本没有设计好对策与退出机制，容易使创业活动一开始便遇到各种各样的难题，企业无法继续发展，最终导致创业失败。

4. 在遇到困难时选择放弃

人的一生会遇到各种困难和挫折，有的人经历困难和挫折以后变得更加坚强，有的人则在困难和挫折面前悲观消极、萎靡不振。

变化无常的创业环境中，存在着太多影响创业的不确定因素。再充分的创业准备也可能存在不完善的地方，再周密的商业计划书也难免有顾及不到之处，再团结的创业团队也可能会出现矛盾和分歧。在困难出现时，有的人会感到茫然，觉得自己很无助，认为创业非常辛苦，不想再继续，但其实只要努力克服困难，坚持下去，就会看到胜利的曙光。许多人往往把困难放大了，一旦和困难拼搏之后，就会觉得其实并不可怕。

2.5　培养创业素质与能力

创业者素质的高低是创业成功非常重要的一个保证因素。如果创业者缺少必要的素质，就会盲目创业，最终导致创业失败。对于一个创业者来说，其必须具备优秀的创业素质，才能顺利开创令人赞叹的新事业。

2.5.1　创业者应具备的素质

创业是既复杂又艰辛的活动，其过程中充满了各种变化、障碍和挫折。在校大学生还没有真正踏入社会，社会经验不足，同时其心智方面仍然比较稚嫩，这些都加大了大学生创业的难度。大学生若要开展创业活动，首先就要培养自身良好的内在素质，以提高创业的成功率。大学生创业的必备素质可以概括为创业欲望、冒险精神、广泛的人际关系、诚实守信、对机会的敏感度、团队意识和坚强的意志力 7 个方面。

1. 创业欲望

创业活动对人们有强大的吸引力，其过程却充满艰辛。如果创业者没有强烈的创业欲望，那么就很难克服创业过程中遇到的各种困难，就会在处理各种模糊的观点和不确定性中摇摆不定，不能坚持到最后，从而导致创业失败。创业欲望与普通的欲望是不同的，强烈的创业欲望往往需要创业者敢于突破目前的立足点，伴随着实际的行动和付出。可以说，创业欲望促使创业者迈出了创业的第一步。

2. 冒险精神

冒险精神是创业者的一项特质，敢于冒险的人更适合创业。创业在本质上就是一项冒险活动，其需要创业者有强大的心理承受能力。创业意味着要改变现状，在创业过程中，无论创业者投入了多少资本，都必须承受压力和失败的风险。

3. 广泛的人际关系

有些创业者最初的创业设想是在朋友的启发下产生的，或者是直接由朋友提出来的。俗话说，“在家靠父母，出门靠朋友”“多一个朋友多一条路”，由此可见，对于创业者来说，朋友是宝贵的资本。人际交往能力是创业者应具备的一项重要素质。因此，创业者应当积极地保持与老朋友的关系，并结交新的朋友，不断地扩大自己的人际关系网。

4. 诚实守信

诚实守信是创业者必备的一项素质。“诚”的本义是诚实，真诚；“信”意指守信，即珍惜别人对自己的信任。古语有云：“人无信不立。”诚信是做人谋事之本，是人最重要的品质之一。诚实守信的人会受到别人的尊重和喜爱，失信的人会遭到别人的鄙视和抛弃。

在市场经济快速发展的今天，社会诚信体系不断健全，信息时代对创业者提出的诚实守信的要求是不容忽视的。市场经济中交换主体的利益需要靠诚信来维系，讲究诚信道德是信用经济对创业主体的客观要求，信用就是创业者实现自身经济利益的最好策略和最好保障。

创业者要强化诚信意识，树立诚信观念，做一个讲信用、守信用、重信用的人，只有这样，才能在社会上赢得尊重和信任。一家成功的企业要经受诚信的考验，才能够做强做大。

5. 对机会的敏感度

创业者要善于洞察外界环境的细微变化，尤其是对商业机会要有一定的敏感度。有些人的商业敏感来自自己的耳朵，有些人的商业敏感来自自己的眼睛，还有些人的商业敏感来自自己的两条腿。有些人的商业感觉是天生的，但是更多人的商业感觉需要靠后天来培养。若要成为成功的创业人士，创业者就应训练自己对商业机会的敏感度。灵敏的商业机会敏感度是创业成功的最好保证。

6. 团队意识

创业团队是很多人共同合作的组织，特别是技术型公司，创业过程更为复杂，要求引进更多有能力的人。一个独立奋斗的创业者可以解决自己谋生的问题，而优秀团队的领导者却能够带领一群有着共同奋斗目标的团队成员，促使每个团队成员发挥其特长，既能实现不同团队成员的个人利益，又能够创造出更大的社会价值。具有合作精神、立足于长远目标的创业团队能够在创业初期平安渡过危难，快速成长起来。此外，团队成员之间的互补和协调，以及与创业者之间的补充和平衡，能够使创业企业的风险大大降低。

7. 坚强的意志力

人们在追求创业理想的过程中总会遇到各种各样的困难和障碍，能够战胜困难和障碍的人必然具有坚强的意志力。意志力是为达到既定目的，克服种种困难，不断地调节和支配自己行为，反映人们矢志不渝、不懈努力的意志品质。其是一种巨大的精神力量，调节着人的外部活动，同时还调节着人的心理状态。

意志坚强的人遇到困难时不会轻易放弃，而是努力克服一切困难和障碍，不怕失败和挫折，不达目的誓不罢休，具有不服输的精神。意志力是创业者走向成功不可缺少的心理素质。要想获得创业的成功，创业者不仅要靠自己的聪明才智，更重要的是要靠自己遇到困难和挫折时的坚强意志力。

★　训练与实践【2-7】

1. 请你回答以下 3 个问题，若每个问题你都有明确答案，则可以准备创业。

（1）你想做什么？为什么？

（2）你能做什么？为什么？

（3）你要怎么做？为什么？

2. 测一测：你身上有多少创业成功的潜质。

很久没去钓鱼了，这天你终于有了空闲，你会选择什么地点垂钓呢？

A. 山谷的小溪　B. 海岸边　C. 人工养鱼池　D. 乘船出海去

解析：

选 A：你有高远的目光和详细的工作安排，能合理安排好一个月后的行程；可惜的是你做事比较保守，缺乏冲动，不能专一地投入。

选 B：你很追求投资回报率，能以较少的投入换取较大的获得量，很有生意人的眼光。

选 C：你的信心很足，从不打没有准备的仗，并且具有战略战术意识，头脑冷静而果敢。但是要注意别与人争功，这可能会是你的缺点。

选 D：你一工作起来就有一股狂热劲，喜欢乘风破浪的快感。

2.5.2　创业者应具备的能力

创业者的能力是指创业者个人的能力，是创业者所掌握的专门技能。创业者具备相应的能力，就可以结合实际，制定创业的宏伟蓝图，在实践中迎接挑战、接受考验，依靠创业能力主动把握经济社会的脉搏，对创业环境进行合理的认知和分析，完成创业过程中的一个又一个环节，实现创业的最高目标。创业者应具备的能力包括社交能力、资源整合能力、不断提升自我的能力、管理能力和决策能力。

1. 社交能力

社交能力是指一个人在集体中与他人相处交往的能力。与他人打交道是每个人在生活中不可避免的日常行为，人际关系是否融洽和睦会影响个人的学习、工作和生活的质量。良好的人际关系不仅能给人带来快乐，还能帮助人走向成功，社交能力是一种重要的生存能力。无论身在何处，拥有较高的社交能力的创业者会比较容易获得成功，因为其赢得的机会要比别人多，其创业活动能够形成一个良好的发展势头，创业的道路自然会比较通畅。社交能力包括语言表达能力、商务谈判能力及说服力等。

（1）语言表达能力。语言表达能力主要包括口头语言表达能力和文字语言表达能力。口头语言表达能力表现为人在演讲、对话、讨论、答辩、介绍等方面所具有的技巧与运用能力。文字语言表达能力主要是指书面文字的写作能力，对于创业者来讲主要是指对企业发展规划的起草、战略报告的制定、总结执行的撰写等写作能力。

（2）商务谈判能力。谈判行为是一项复杂的交际行为，伴随着谈判者的语言沟通、行为互动和心理揣测等多方面、多维度的错综交往。通过商务谈判所获得的效益，都是企业的纯利润，谈判是企业经营管理中一个重要的利润区。因此，创业者要具备能够更好地完成谈判工作的能力，这主要表现为思维严谨、观察仔细、适时反应和表达流畅等特征。

（3）说服力。说服力是指说服他人并改变他人的想法和行为的能力，是让他人自愿地加入自己的任务中来的能力。说服的力量犹如缕缕温暖的阳光，无须外力的强制。

狭义的说服是指在与人的交流中以一定的方式说明、劝诫对方，以使对方心悦诚服的语言功能，其要点在于“说”；广义的说服范围超出了“说”，包括劝说、演讲、推销、谈判、广告、传媒等手段。

✧　课堂讨论【2-3】

（1）作为销售员，你需要说服谁？
（2）作为领导，你需要说服谁？
（3）作为下属，你需要说服谁？
（4）作为家庭一员，你需要说服谁？
（5）设计广告时，你需要说服谁？

2. 资源整合能力

创业初期企业的资源在没有经过整合之前大多数都是分散的、未能被充分利用的。要发挥资源最大的效用，将其组合成为企业的一个竞争优势，这就需要创业者运用科学的方法将来源不同、效用各异的资源进行分门别类和有序地整合。资源整合包括企业内部资源整合和企业外部资源整合两个方面。

（1）企业内部资源整合。企业内部资源整合是指通过企业内部各组织的分工与协调，把企业内部既相关又分离的一些职能、信息、能力等资源整合成为一个具有特定功能的系统，达到“1＋1＞2”的效果。

（2）企业外部资源整合。企业外部资源整合是指根据企业的发展战略和市场需求状况对有关的资源进行重新分配和安排，将客户、业务流程等进行整合，以增强企业的竞争优势，提高客户的满意度。

资源整合的方式多种多样，如客户资源整合、信息资源整合、能力资源整合、组织资源整合等，其最终目标是为企业创造更大的价值。

3. 不断提升自我的能力

创业者需要不断地鞭策自己，积极进取，能够对自己的人生做出明确的规划，孜孜不倦地求取知识以提升自己，这样才能在创业的道路上取得成功。

（1）人生目标规划能力。创业者要善于规划、经营和实现自己的人生目标，为社会多做贡献，追求最有意义的人生目标。此外，创业者还要对人生目标进行分段和细化，并制定出详细的实施计划。

（2）创新创造能力。创业者应具有强烈的时代感和责任感，勇于开拓进取，不断吸收最新的知识和信息，保持思维的活跃，不断创新创造，使自己的事业充满活力和生气。

（3）学习能力。学习使人进步，创业者通过学习，可以提升个人能力。此外，企业未来最长久的竞争优势就是具备比竞争对手更快速的学习能力。不断学习可以使企业的资源融会贯通、弃旧换新，始终以崭新的、生机勃勃的形象面对变幻无常的市场环境。

4. 管理能力

（1）计划管理能力。有些创业者有了创业的方案却没有实施细节的计划，做到哪里算哪里，这样的做法是非常被动的，必将导致创业成本大大增加，并且冲减了经营效益，甚至得不偿失。创业者在经营管理中，一定要先做好创业计划，然后按照创业计划依次实施创业活动。由于市场环境无时无刻不在变化，人们的观念也在发生转变，因此创业者只有科学地运用创业计划来经营企业，才可以稳扎稳打，获得长远的发展。

（2）建立和改进企业管理制度的能力。企业的发展有赖于明确有效的规章制度。企业要秉承“信誉是金，承诺是银”的理念，用制度来管理员工的行为。企业的制度不在于多而在于精，要能够深入每一个员工的内心；同时，企业的制度不仅要制约一般员工的行为，更要防止企业管理层滥用权力。因此，企业制度中对员工的承诺一定要兑现，制度要适用于企业中的每一个人，让员工们平等、快乐地工作。

（3）目标管理能力。目标管理强调系统和整体管理，强调自主、自控的管理，是面向未来、讲究绩效、注重成果的管理。通过划分组织目标与个人目标的方法，创业者将许多关键的管理活动结合起来，实现全面、有效的管理方法和过程。

（4）项目管理能力。项目管理是运用专门的知识、技能、工具和方法，使项目能够在有限资源的条件下，实现或超过设定的需求和期望。项目管理常用于帮助企业处理跨越不同领域的亟待解决的复杂问题，是为了实现更高的运营效率。在企业经营运作中，大项目中有许多小项目，因此经常需要将大项目进行切割，通过专门的项目管理，以提高工作效率。

（5）授权能力。在每天纷繁的经营事务中，企业管理者应注意不要让自己受缚于企业的一些具体项目、程序过程中的细枝末节，应当尽可能地从日常烦琐的细节工作中脱离出来，专注于对企业未来发展的计划。因此，创业者要掌握授权的方法，通过授权有效地带领员工向企业目标迈进。

5. 决策能力

企业在市场竞争中要取得胜利，就离不开创业者的决策能力。创业者是企业的“领头羊”，决策是其核心责任，而决策的正确与否直接影响企业的生存情况。创业者在决策中要善于发现问题，并能够独立思考，准确做出判断，果断选择解决方案；在突发事件或危机中能够很好地驾驭和控制事件的发展，能够及时和有效地将问题处理好。创业者的决策能力主要体现在以下 3 个方面。

（1）通过理财分析比较项目优劣的能力。很多创业者没有进行理财分析便做出经营决策，项目盲目上马，导致企业资金周转困难，经营运作陷入困境甚至破产。因此，创业者要掌握通过理财分析比较项目优劣的能力，即阅读和分析财务报表的能力及运用财务杠杆确定支点的能力。

（2）处理企业危机的能力。当企业发生了关乎社会大众或大多数顾客切身利益的重大事故时，创业者必须当即做出处理这些重大事故的紧急决策。有时企业经营运作中一个小小的意外或者事故会迅速地被扩大到较大的范围，产生恶劣影响，而企业在面对危机时所采取的态度和方法不同，会对良好的企业形象造成“差之毫厘，谬以千里”的效果。

此外，企业要遵守职业道德，承担企业的社会责任。有些企业为了获取自己的最大利益或超额利润，不惜逃避或违反社会的有关制度或法律规定，这是不可取的。如今，企业的社会责任不仅是评价企业道德高低的标准，也是企业进入国际市场的门槛。

（3）权衡取舍的能力。在瞬息万变的市场竞争中，敢于果断地做出决策是创业者智慧、谋略及胆量的体现。创业者进行决策时，必须在两个或几个目标之间做出选择，有所取舍，此时就需要创业者具有权衡取舍的能力。决策是建立在对现有条件充分估量的基础上，选出一种风险较小、可行性较高的目标方案的行为，是一种现实性与先进性相结合的行为。

✧ 课堂讨论【2-4】

（1）作为一名创业者，应该从哪些方面进行创业素质的培养？

（2）假如你准备创业，你认为自己的内在素养还有哪些不足？如何弥补这些不足？

★ 训练与实践【2-8】

测试：你是否适合创业

1. 有利于创业的加分条件

（1）无论做什么，总能兢兢业业把本职工作干好（+20分）。

（2）工作时容易从中发现一些兴趣（+10分）。

（3）大多数时候不对工资或其他方面抱怨，满足于在工作中取得一些成果（+10分）。

（4）对不同性格的人有较强的包容度（+15分）。

（5）曾独立把一件别人看似不可能或难办的事（无论多小）办成、办好（+15分）。

（6）认真考虑过如何与一些不好相处的领导或同事相处，并付诸实施（+15分）。

（7）长年如一日地伺候过一名老人（+10分）。

（8）拥有一批真心喜欢你、敬佩你的朋友（+15分）。

（9）曾诚心诚意地向别人道过歉（+5分）。

（10）不太受媒体的影响，如一些流行的观点等（+10分）。

2. 不利于创业的减分因素

（1）在一个岗位干一段时间就会发现许多问题，觉得这个工作不值得干下去（–20分）。

（2）对同事间工作分配的不平衡很愤怒，极大挫伤了工作情绪（–15分）。

（3）老板不把工资提到相应的幅度就缺乏工作动力（–10分）。

（4）喜欢时尚，热衷名牌，醉心于广告的魅力（–10 分）。

（5）对自己最亲近的人，如父母、配偶的一些缺点总是看着刺眼，遇到类似的问题时总会吵架（–10 分）。

（6）对自己的孩子、侄子等缺乏耐心（–5 分）。

（7）对流行的“对自己好一点儿”“率性而为”等观点非常认同（–10 分）。

（8）没有某种长期的、比较鲜明的爱好（–10 分）。

3. 自测结果

如果得分在 80 分以上，说明比较适合自主创业；如果得分在 60 分以下，说明不适合自主创业。当然，即使当前得分在 60 分以下，但由于种种原因，经过一段时间情况发生了变化，也可能由不适合自主创业变为适合自主创业。

2.6　工科大学生创业素质能力针对性培养

工科大学生进行创业能力素质培养，除了需要具备前面介绍的普遍需要的素质和能力外，还应在以下方面重点培养。

2.6.1　强化自身专业知识

专业知识是指一定范围内相对稳定的系统化的知识。对于从事专业技术项目的创业者来说，其非常需要熟悉和掌握基本的专业知识体系与技术，并且能够将专业知识融会贯通，提高工作效率。在工作中，创业者需要具有扎实的专业知识且专业技术过关。在工作过程中，如果缺少专业技术，创业过程中将会面临很大的技术障碍，在创业项目、产品或服务中出现许多问题。

相当多的创业者是在原来所从事的行业的基础上开始创业的，由于他们对该行业的特点、专业知识和技术、市场行情都掌握得比较透彻，因此这种创业活动成功的概率是相对较高的，正如俗话说“不熟不做”，是最常见的一种创业思路。绝大多数创业成功人士所从事的行业都与自身专业知识相关，甚至很多创业者本身就是某些技术领域的顶尖高手。

对于工科大学生来说，丰富的专业知识往往是其创新创业方向选择的重要指引，而且其在日后的创业中会由于具有出色的专业知识而受益终身。专业知识是工科大学生在创业中不断进步、不断前进的坚实基础。

2.6.2　学习市场营销及企业管理相关知识

创业是一个复杂的过程，创业企业的运营涉及产、供、销、人、财、物等方方面面。创业企业要在市场竞争中生存和发展，还要接受政府相关部门的监管。创业者仅仅拥有某方面的技术是远远不够的，还要懂得相关的经营管理和市场营销方面的知识。而工科大学生由于所学专业大多为专业技术方面，在经营管理的方面往往比较欠缺。

工科大学生学习市场营销及企业管理相关基础知识时，可以通过自学一些经济管理类专业的基础课程来实现，如西方经济学（微观部分即可）、管理学、市场营销学、经济法、现代企业管理、质量管理学、生产与运作管理等；还可以订阅一些企业经营管理方面的期刊或者收看财经节目，了解企业管理相关理念和先进经验。

2.6.3　关注社会需求和社会大环境

恩格斯曾说："社会一旦有技术上的需要，则这种需要就会比十所大学更能把科学推向前进"，这一现象在科学飞速发展的今天更是如此。一旦有了市场需要，便会飞快地产生各种发明，相应的技术和商业模式会迅速走向成熟。因此，这也导致各行各业的技术不断更新换代，以往的优势在新技术面前可能迅速变为劣势，诺基亚手机被智能手机淘汰、柯达胶卷被数码相机淘汰就是典型的例子。因此，工科大学生创业不仅要在技术研发方面下功夫，更要关注社会需求，了解科技发展最新态势，把握社会大环境的变化和走向，走在时代前列，这样才能在激烈的市场竞争中立于不败之地。

2.6.4　工科大学生创业者综合素质测评

测试题目：

1. 请在相应选项上做标记。

（1）你的性别：A. 男　B. 女

（2）你是否有创业意向：A. 有　B. 无

（3）你的身边是否有创业的人：A. 有　B. 无

（4）你的年级：A. 大一　B. 大二　C. 大三　D. 大四

2. 请对下面的陈述，根据你的情况，在相应数字上做上标记（1 = 极为同意，2 = 比较同意，3 = 同意，4 = 比较不同意，5 = 非常不同意）。

（1）我不喜欢在不熟悉的环境下工作，即使无人知道也一样。1　2　3　4　5

（2）面临我没有把握克服的难题时，我会非常兴奋、快乐。1　2　3　4　5

（3）如果有困难的工作要做，我希望不要分配给我。1　2　3　4　5

（4）如果我是老板，我会很重视新生产线或服务业务项目引进。1　2　3　4　5

（5）如果我是老板，我会强调对生产或服务项目做根本性的改变。1　2　3　4　5

（6）如果我是老板，我会特别强调研究与开发及创新。1　2　3　4　5

（7）如果我是老板，在应对竞争时，我通常不会第一个引进新产品或服务和技术。1　2　3　4　5

（8）在应对竞争时，我采取进攻型的策略，力求击败对手。1　2　3　4　5

（9）如果我是老板，我会强烈倾向于高风险、有非常高的回报机会的项目。1　2　3　4　5

（10）总的来说，我相信大胆行动对于达成目标是必要的。1　2　3　4　5

（11）在面对风险和不确定性情形下做出决定时，我通常采取一种谨慎的态度，以便降低付出高昂代价的可能性。1　2　3　4　5

（12）人完全可以把握住自己的命运。1　2　3　4　5

（13）只要奋斗过了，达不到目的也无所谓。1　2　3　4　5

（14）我不喜欢随遇而安。1　2　3　4　5

(15)出于发展的目的，有时必须采取一些暂时可能对人们造成一定损害的措施。1　2　3　4　5

(16) 既然做一件事，就要把它做好。1　2　3　4　5

(17) 收到别人的信，我总会在一两天内就回信。1　2　3　4　5

(18) 我认为自己的能力比别人强。1　2　3　4　5

(19) 在危急时刻，我总是很冷静。1　2　3　4　5

(20) 当工作和娱乐发生冲突时，我会放弃娱乐，虽然它很有吸引力。1　2　3　4　5

(21)有时我临睡前发誓第二天要干一件重要的事情，但第二天却又没兴趣干了。1　2　3　4　5

(22) 我有一些高消费的嗜好，并且我有能力和乐意承受这份消费。1　2　3　4　5

(23) 如果别人把我看成身负重任的人，我会感到很高兴。1　2　3　4　5

(24) 我容不得他人或者自己犯错误，一旦犯了，我会严厉批评或惩罚。1　2　3　4　5

(25) 我平时喜欢学习或琢磨问题。1　2　3　4　5

(26) 工作上遇到困难时，我经常用自己的独特方法解决问题。1　2　3　4　5

参考评分标准及分析：

(1) 将 (1)、(3)、(7)、(11)、(13)、(15)、(21) 题的数字 5 换算为 1 分、数字 4 换算为 2 分、数字 2 换算为 4 分、数字 1 换算为 5 分，其他题所选数字即为得分。

(2) 将 1～26 题得分相加即为总得分。

(3) 评分分析：①总得分为 26～52 分，说明你在成就动机、风险意识和创新精神及责任感方面很强，很适合创业。②总得分为 53～78 分，说明你在成就动机、风险意识和创新精神及责任感方面比一般人要高些，在适当情况下可以考虑创业。③总得分为 79～104 分，说明你在成就动机、风险意识和创新精神及责任感方面比一般人要低些，在考虑是否创业时宜慎重。④总得分为 105 分以上，说明你在成就动机、风险意识和创新精神及责任感方面比一般人要低许多，创业并非你的最佳选择。

★　训练与实践【2-9】

华为是目前全球领先的信息与通信技术 (information and communications technology, ICT) 解决方案供应商，是我国民营企业的典型代表。华为的创始人任正非，也成为我国创业企业家中教父级别的人物。然而，任正非 1987 年创立华为时，其境况相当窘迫，其创业过程中充满了艰辛。

请同学们通过各种渠道，搜集华为创始人任正非创业历程相关资料，深刻剖析在任正非身上可以总结出哪些创业者应具备的素质和能力。

第 3 章　创业机会与创业项目识别训练

■ 知识框架图

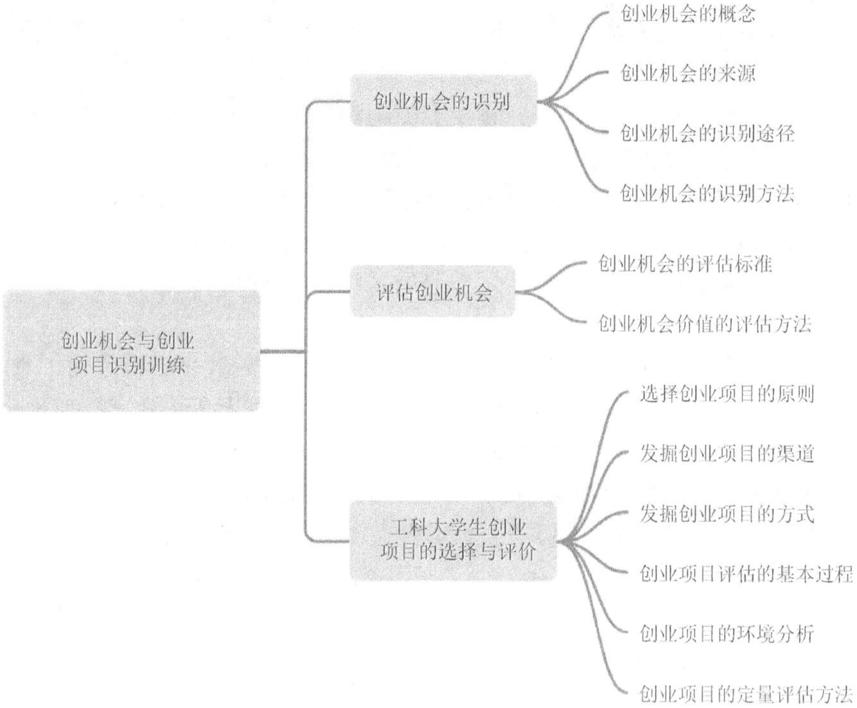

■ 知识目标

了解创业机会的概念和来源；
掌握创业机会的识别途径和识别方法；
掌握创业机会的评估标准和创业机会价值的评估方法；
了解选择创业项目的原则、发掘创业项目的渠道和方式；
掌握创业项目评估的基本过程及创业项目的环境分析；
熟悉创业项目的定量评估方法。

■ 能力目标

能够形成对创业机会的敏感度，准确把握和利用创业机会；学会选择创业项目；能够准确评估创业机会和创业项目。

3.1　创业机会的识别

3.1.1　创业机会的概念

根据美国纽约大学教授伊斯雷尔·柯兹纳给出的定义，创业机会是未明确的市场需求或未充分使用的资源或能力，其不同于有利可图的商业机会，特点是发现甚至创造新的手段-目的关系来实现创业收益，对于“产品、服务、原材料或组织方式”有极大的革新和效率的提高，且具有创造超额经济利润或者价值的潜力。

与商业机会相比，创业机会主要有以下三个特点。

（1）创业机会能经由重新组合资源来创造一种新的手段-目的关系，而商业机会的范畴更广，代表着所有优化现有手段-目的关系的潜力或可能性。

（2）创业机会完全是一种独特的商业机会，其往往会表现为超越现有手段-目的关系链的全盘变化甚至颠覆性变化，而商业机会只是蕴含于手段-目的关系的局部或全盘变化之中。

（3）创业机会具有持续创造超额经济利润或者价值的潜力，而其他商业机会只可能改善现有利润水平，这也是创业机会与商业机会的根本区别。

3.1.2　创业机会的来源

随时变化的环境能给各行各业带来机遇，也能给各行各业造成威胁。创业者可通过对环境的分析，认清宏观的、微观的、行业的环境因素及其发展趋势，从创造发明、新技术、新问题和竞争中寻找创业机会，努力抓住机遇成功创业。

总体来说，创业机会的来源有以下几个方面。

（1）问题。创业的根本目的是满足客户的需求，而客户需求未被满足前就是问题。寻找创业机会的一个重要途径是善于发现与体会自己和他人在需求方面的问题或生活中的难处。

（2）变化。创业机会大多产生于不断变化的市场环境，环境变化了，市场需求、市场结构必然发生变化，这就给各行各业带来商机。变化是创业机会的重要来源，人们通过这些变化常常会发现新的创业机会。变化主要包括技术变革、政治和制度变革、社会和人口变革、产业结构变革四种。

（3）创造发明。创造发明提供了新产品、新服务，更好地满足客户需求，同时也带来了创业机会。在人类发展史上，重大的发明创造引起了产业结构的重大变革，产生了无数的创业机会。

（4）竞争。如果能弥补竞争对手的缺陷和不足，也能成为创业机会。

（5）新知识、新技术。新知识可以改变人们的消费观念，新技术可以进一步满足人们的需求，甚至使人们产生新的需求，进而引导消费。

3.1.3　创业机会的识别途径

好的创业机会必然是具有特定的市场定位，专注于满足顾客需求，同时能为创业者带来盈利的机会。但是，创业机会在市场中以不同的形式或隐蔽或显现地存在着，创业者可以通过以下途径来发现。

1. 现有的市场机会

现有的市场机会是市场中那些明显未被满足的市场需求，往往发现者多，竞争较激烈。对于创业者来说，一方面，现有的市场机会与人们的生活息息相关，能真实地让人们感觉到市场机会的存在；另一方面，由于还有尚未全部满足的需求，在现有市场中创业能减少搜寻成本，降低创业风险，容易成功。现有的市场创业机会一般存在于不完全竞争下的市场空隙、规模经济下的市场空间、企业集群下的市场空缺等。

2. 潜在的市场机会

潜在的市场机会是那些隐藏在现有需求背后的、未被满足的市场需求，不易被发现和识别，蕴藏着极大的商机。潜在的市场机会多来自新科技应用和人们需求的多样化等。例如，新科技应用可能改变人们的工作方式和生活方式；通信技术的发展使人们在家里办公成为可能；因特网的出现改变了人们工作、生活、交友的方式；网上购物、网络教育的快速发展，使信息的获取和共享日益便捷。

需求的多样化源自人的本性，在细分市场里，可以发掘各种尚未满足的潜在市场机会，一方面，可以根据消费潮流的变化去捕捉市场机会；另一方面，根据消费者的心理，通过产品和服务的创新，引导需求并满足需求，也能够创造出一个全新的市场。

3. 衍生的市场机会

衍生的市场机会主要来自经济活动的多样化和产业结构的调整两个方面。

（1）经济活动的多样化。一方面，随着服务行业的发展，人们对信息情报、咨询、文化教育、金融、修理、运输、娱乐等行业提出了更多、更高的需求。由于服务行业一般不需要大规模的设备投资，这为中小企业的经营和发展提供了广阔的空间。另一方面，社会需求的易变性、多样化和个性化，使产品向优质化、多样化、小量化、定制化等方面发展，能够有力地刺激中小企业的发展。

（2）产业结构的调整。产业结构的调整推进了国有企业改革，从而使民营中小企业除了涉足制造业、商贸餐饮服务业、房地产等传统业务领域外，还能够介入中介服务、生物医药、大型制造等有更多创业机会的领域。

4. 行业市场机会与边缘市场机会

行业市场机会是指某一个行业内的市场机会。一般来说，人们对行业市场机会比较重视，因为发现、寻找和识别的难度系数较小，但往往竞争激烈，成功的概率也低。

在不同行业之间的交叉结合部分出现的市场机会称为边缘市场机会。这种机会往往无人涉足或难以被发现，一旦开发，成功的概率较高。在边缘市场中，如果能够弥补竞争对手的缺陷和不足，便会拥有很好的创业机会。

5. 目前市场机会与未来市场机会

目前市场机会是那些在目前环境变化中出现的机会。未来市场机会是通过市场研究和预测来分析其将在未来某一时期内实现的市场机会。若创业者提前预测到某种机会会出现，就可以在机会到来前做好准备，获得领先优势。

市场在不断地变化，人们应通过变化的市场环境判断未来的市场机会，如消费结构升级、思想观念转变、居民收入水平提高等，透过这些变化就能发现市场机会。

6. 全面市场机会与局部市场机会

全面市场机会是指在大范围市场出现的未被满足的需求，如国际市场或全国市场出现的市场机会。局部市场机会则是在一个局部范围或细分市场出现的未满足的需求。创业者应懂得创业机会不能从全部顾客身上去找，这是由于每个人的需求都有差异，因此应关注某些人的日常生活和工作，对顾客进行分类，认真研究各类顾客的需求特点，在细分的局部市场中寻找机会。

✧ 课堂讨论【3-1】

（1）当前中国农村经济结构正在发生哪些变化？针对这种变化，你认为有什么创业机会？请列举出来。

（2）观察校园周边环境，你认为有什么创业机会？请列举出来。

3.1.4 创业机会的识别方法

识别创业机会不是一件容易的事情，但也不是无法做到。创业者应在日常生活中有意识地加强实践，提高自身识别创业机会的能力。创业者可通过以下方法识别创业机会。

1. 趋势观察法

趋势观察法即观察趋势并利用其创造机会的方法。创业者在创业前要寻找出各种最能反映趋势的要素，观察这些要素的变化，分析这些变化中存在的规律，及时发现变化中出现的各种机会。一般创业者大多容易从以下几个方面来观察分析创业机会。

（1）分析产业与市场结构变迁的趋势。例如，在国有企业民营化及与公共部门产业开放市场自由竞争的趋势中，创业者可以在交通、电信、能源产业中发掘极多的创业机会；在政府推出的知识经济方案中，创业者也可以寻找到许多新的创业机会等。

（2）分析人口统计资料的变化趋势。例如，老龄化社会的现象、教育程度的变化、青少年国际观的扩展等，必然提供许多新的市场机会。

（3）分析价值观与认知的变化。例如，人们对饮食追求的改变，造就了美食市场、健康食品市场等行业的兴起。

2. 问题发现法

问题发现法即着眼于问题来发现机会的方法，每个问题都是一个被掩藏的机会。寻找机会首先要善于发现问题、解决问题，许多成功的企业都是从解决问题起步的。所谓问题，就是现实与理想的差距。例如，顾客需求在没有被满足之前就是问题，而设法满足这一需求就抓住了市场机会。创业时应着眼于那些令人们“苦恼的事”和“困扰的事”。因为人们总是希望解决苦恼、困扰，如果能为其提供解决的办法，实际上就是找到了机会。

3. 市场研究法

市场研究是指为实现信息目的而进行研究的过程，包括将相应问题所需的信息具体化、设计信息收集的方法、管理并实施数据收集过程、分析研究结果、得出结论并确定其含义等。市场研究可以由创业者进行，也可以由外部供应商或顾问进行。中国市场受政策影响很大，新政策出台往往引发新商机，如果创业者善于研究市场和利用政策，就能抓住商机站在潮头。

4. 技术创新跟踪法

创造发明产生了新的知识、新的技术，如网络电话、电子邮件等。产业的变更或产品的替代，既满足了顾客需求，同时也带来了前所未有的创业机会。任何产品的市场都有其生命周期，产品会不断趋于饱和达到成熟直至走向衰退，最终被新产品所替代，创业者如果能够跟踪产业发展和产品替代的步伐，就能够通过技术创新不断寻求到新的发展机会。

➢ 知识拓展【3-1】

影响识别创业机会的因素

对于是什么因素导致一些人更善于识别出有价值的创业机会，不少学者都进行过研究，以下是取得共识的四类主要因素。

（1）先前经验。在特定产业中的先前经验有助于创业者识别出商业机会，这称为走廊原理，是指创业者一旦创建企业，就开始了一段旅程。在这段旅程中，通向创业机会的“走廊”将变得清晰可见。创业者将比那些从产业外观察的人更容易看到产业内的新机会。

（2）认知因素。机会识别可能是一项先天技能或认知过程。有些人认为，创业者有“第六感”，这使他们能看到别人错过的机会。多数创业者以这种观点看待自己，认为他们比别人更警觉。警觉在很大程度上是一种习得性的技能，拥有某个领域更多知识的人比其他人更能警觉到该领域内的创业机会。

（3）社会关系网络。社会关系网络能带来承载创业机会的有价值信息，个人社会关系网络的深度和广度影响着创业机会识别。研究发现，社会关系网络是个体识别创业机会的主要来源。

（4）创造性。创造性是产生新奇或有用创意的过程。从某种程度上讲，机会识别是一个创造过程，是不断反复地创造思维的过程。

3.2　评估创业机会

3.2.1　创业机会的评估标准

创业机会的评估主要有以下几个标准。

（1）盈利时间。有价值的创业机会可能使项目在两年内盈亏平衡或取得正现金流。取得盈亏平衡和正现金流的时间一般不超过 3 年，因为大多数创业者支撑不了更长的时间，其他投资人和合作伙伴也没有更大的耐心，这种创业机会的吸引力大大降低。除非有其他方面的重大利益，一般要求创业机会具有较短的获得盈利时间。

（2）市场规模和价值。如果市场规模和价值小，往往不足以支撑企业长期发展。而创业者若进入一个规模巨大而且不断发展的市场，即使占有很小的份额，也能够生存下来并度过发展期。即使存在竞争对手也不用担心，因为市场足够大，竞争对手对自己构不成威胁。一般来说，市场规模和价值越大，创业机会就越有价值。

（3）资金需要量。大多数有较大潜力的创业机会需要相当多的资金来启动，只需少量或不需要资金的创业机会是罕见的。如果需要过多的资金，这样的创业机会就缺乏吸引力；有着较少或中等程度资金需要量的创业机会是比较有价值的。创业者应根据自身的资金实力和可以动用的资源来评估创业机会，对超出自己能力范围的创业机会不予考虑。

（4）投资收益。创业的目标就是获得收益，这要求创业机会有合理的盈利能力，包括较高的毛利率和市场增长率。毛利率高说明创业项目的获利能力强，市场增长率高表明市场的发展潜力能使投资的回报增加。如果每年的投资收益率能够维持在 25%以上，这样的创业机会是很有价值的；如果每年的投资收益率低于 15%，这样的创业机会是不能对创业者和投资人产生很大的吸引力的。

（5）成本结构。竞争优势的来源之一就是成本，较低的成本会给创业企业带来较大的竞争优势，使该创业机会的价值较高。创业企业靠规模来达到低成本是比较可行的方法，低成本的优势大多来自技术和工艺的改进及管理的优化。如果创业机会有这方面的特质，那么对于创业者来说是非常有利的。

（6）进入障碍。如果创业机会面临进入市场的障碍，那么就不是一个好的创业机会。资源的限制、政策的限制、市场的准入控制等都可能成为进入市场的障碍，进而削弱创业机会。但是，对于进入障碍要进行辩证分析，进入障碍的大小是针对创业者自身情况而言的。如果创业者进入市场以后，不能阻止其他企业进入市场，这也不是一个好的创业机会。

（7）退出机制。有吸引力的创业机会应有比较理想的获利和退出机制，便于创业者和投资人获取资金及实现收益。没有任何退出机制的创业企业和创业机会是没有太大吸引力的。

（8）控制程度。如果能对渠道、成本或价格有较强的控制，这样的创业机会就比较有价值。如果市场上不存在强有力的竞争对手，自己控制的程度就比较大；如果竞争对手已有较强的控制能力，如把握了原材料来源、独占了销售渠道、取得了较大的市场份额、对于价格有较大的决定权等，那么新创企业的发展空间就很小，除非这个市场的容量足够大，或主要竞争者在创新方面行动迟缓或时常损害客户的利益。

（9）致命缺陷。创业机会不应有致命的缺陷，如果其有一个或多个致命的缺陷，将变得没有价值。

3.2.2　创业机会价值的评估方法

1. 定性分析

定性分析侧重于考虑以下几方面的内容。

（1）该创业机会所需的成功条件。

（2）自身在该创业机会上所拥有的优势。

（3）创业者所拥有的竞争优势。

（4）与期望的发展方向和目标是否一致。

2. 定量分析

定量分析主要是进行商业分析中的经济效益分析，其任务是在初步拟定营销规划的基础上，从财务方面进一步判断所选定的创业机会是否符合创业目标，一般是通过量、本、利分析法进行分析。

定量分析的内容如下。

（1）市场需求量的预测。市场需求量的预测是进行经济效益分析的基础，可以运用一定的数学方法进行，其主要方法有趋势预测分析法、因果预测分析法、市场调查分析法、判断分析法等。

（2）成本分析。成本分析主要研究利用该创业机会所需付出的代价。创业者应从投资成本、生产成本和营销成本三个方面进行分析，可采用专门的成本预测方法，如直线回归法、趋势预测法等。

（3）利润分析。利润分析是指在市场需求量、成本预测的基础上进行利润预算。创业者一般可采用损益平衡模型、现金流量模型、简单市场营销组合模型、投资收益率等分析方法。

具体的定量评价方法包括以下三种。

（1）温斯丁豪斯法。温斯丁豪斯法实际上是计算和比较各个机会的优先级，可利用下面的公式进行计算：

技术成功率×商业成功率×（价格–成本）×投资生命周期收入/总成本=机会优先级

式中，技术成功率和商业成功率是以百分比（0%～100%）表示的；成本以单位产品成本计算；投资生命周期收入是指可以预期的所有收入；总成本包括研究、设计、制造和营销各个环节的成本之和。对于不同的创业机会，将具体数值代入上式计算可得到不同的优先级。特定机会的优先级越高，该机会就越有可能成功。

（2）泊泰申米特法。泊泰申米特法是计算创业机会的成功潜力指标，见表 3-1。对于每个评价因素来说，不同选项的得分为–2～2 分，将所有因素得分加和得到最后的总分，总分越高说明创业机会成功的潜力越高。只有那些最后得分高于 15 分的创业机会才值得创业者进行下一步的策划，低于 15 分的创业机会都应被淘汰。

表 3-1　泊泰申米特法评价表

评价因素	得分
对于税前投资回报率的贡献	
预期的年销售额	
生命周期中预期的成长阶段	
从创业到销售额高速增长的预期时间	
投资回收期	
获得领先地位的潜力	
商业周期的影响	
为产品制定高价的潜力	

续表

评价因素	得分
进入市场的容易程度	
市场试验的时间范围	
销售人员的要求	
总分	

（3）蒂蒙斯创业机会评价模型。创业机会的有效识别依赖于客观和主观两个方面，即客观上良好的评价系统和评价指标，以及主观上创业者能够正确获得信息和感知机会的能力。部分研究中提到了创业者识别创业机会的个人特性，包括警觉性、风险感知、自信、已有的知识、社会网络等。

蒂蒙斯总结出一个包含八类评价因素的创业机会评价模型，见表 3-2。蒂蒙斯认为，现实中有成千上万个适合创业者的特定机会未必能与这个评价模型相契合，但该模型是目前评价指标比较完整的一个体系。该评价体系提供了一些量化方式，使创业者可以对行业与市场、竞争优势、经济因素、收获条件、管理团队、致命缺陷等问题做出判断，以及判断创业者将这些要素加起来是否可以组成一个有足够吸引力的商机。一些风险投资商、政府基金和创业大赛就借用该模型对创业项目进行评估。

表 3-2　蒂蒙斯创业机会评价模型

评价因素	评价内容
行业与市场	市场容易识别，可以带来持续收入
	客户可以接受产品或服务，愿意为此付费
	产品的附加价值高
	产品对市场的影响力高
	将要开发的产品生命周期长久
	现在所在的行业是新兴产业，竞争不激烈
	市场规模大，销售潜力达到 1000 万～10 亿美元
	市场成长率在 30%～50%，甚至更高
	现有厂商的生产能力几乎完全饱和
	在 5 年内能占据市场的领导地位
	拥有低成本的供货商，具有成本优势
经济因素	达到盈亏平衡点所需要的时间在 1.5～2 年
	盈亏平衡点不会逐年提高
	投资回报率在 25%以上
	项目对资金的要求不是很大，能够获得融资
	销售额的年增长率高于 15%
	有良好的现金流量，能占到销售额的 20%～30%

续表

评价因素	评价内容
经济因素	能够获得持久的毛利，毛利率达到40%以上
	资产集中程度低
	运营资金不多，需求量是逐年增加的
	研究开发工作对资金的要求不高
收获条件	项目带来的附加值具有较高的战略意义
	存在现有的或可预料的退出方式
	资本市场环境有利，可以实现资本的流动
竞争优势	固定成本和可变成本低
	对成本、价格和销售的控制力较高
	已经获得或可以获得对专利所有权的保护
	竞争对手尚未觉醒，竞争较弱
	拥有专利或具有某种独占性
	拥有发展良好的网络关系，容易获得合同
	拥有杰出的人才和管理团队
管理团队	创业团队是一个优秀管理者的组合
	行业和技术经验达到了本行业内的最高水平
	管理团队的正直廉洁程度能达到最高水准
	管理团队知道自己缺乏哪方面的知识
创业者的个人标准	个人目标与创业活动相符合
	创业者可以做到在有限的风险下实现成功
	创业者能接受薪水减少等损失
	创业者渴望进行创业这种生活方式，而不只是为了挣大钱
	创业者可以承受适当的风险
	创业者在压力下状态依然良好
理想与现实的战略性差异	理想与现实情况相吻合
	管理团队已经是最好的
	在客户服务管理方面有良好的理念
	所创办的事业顺应时代潮流
	所采取的技术具有突破性，不存在许多替代品或竞争对手
	具备灵活的适应能力，能够快速地进行取舍
	始终在寻找新的机会
	定价与市场领导者几乎持平
	能够获得销售渠道，或已经拥有现成的销售网络
	能够允许失败
致命缺陷	不存在任何致命缺陷

实际工作中，可以将以上评价方法适当综合起来运用。

3. 阶段性决策方法

阶段性决策方法明确要求创业者在机会开发的每个阶段都要进行机会评价。一个机会是否能够通过每个阶段预先设置的通过门槛，在很大程度上取决于创业者经常面对的约束或限制，如创业者的目标回报率、风险偏好、金融资源、个人责任心和个人目标等。

一个不能成功通过某一阶段的评价门槛而进入下一阶段的机会，将被修订甚至被放弃。因此，通过循环反复地“识别—评价—开发”步骤，一个最初的商业概念或创意就会逐步完善起来。

★ 训练与实践【3-1】

2019 年 2 月，《国务院关于印发国家职业教育改革实施方案的通知》（国发〔2019〕4 号）中提到倡导使用“新型活页式、工作手册式教材并配套开发信息化资源”，根据这一政策导向，今后职业院校对活页式教材的需求量会大幅度增加。请你对这一创业机会进行评估，给出完整的评估方案。

3.3 工科大学生创业项目的选择与评价

3.3.1 选择创业项目的原则

创业者选择创业项目时需要遵循的原则如下。

1. 选择国家政策鼓励的行业

创业者要开创自己的事业，就要知道哪些行业是国家政策鼓励和支持的，哪些行业是被允许的，哪些行业是被限制的。创业者要选择国家政策鼓励和支持，且有发展前景的行业。

2. 选择适应社会需求的行业

创业项目的选择不能仅凭创业者自己的想象和愿望，而要从社会需要出发，以市场为导向，了解市场需要什么、需要多少、顾客是谁、谁会来购买产品或服务、竞争对手有哪些等。顾客的需求有现实需求和潜在需求之分，一个成功的创业者不仅要了解和满足顾客的现实需求，更要创造需求、创造市场。

3. 量力而行

创业有风险，创业者必须量力而行，尽量避免风险大的项目，将有限的资金投入到风险较低、规模较小的项目中去，从小钱开始赚起，脚踏实地，积少成多。

4. 有一定创新的项目

创新是企业的生命，持续创新是企业唯一的生存之路。创新也是创业成功的关键，对于创业者来说，创新更具紧迫性和重要性。创业者选择的项目要有一定的创新性，但不一定需要选择全新的项目。对于全新的项目，市场推广的难度会非常大，风险也非常高。一般来说，创业者可在项目上进行国际水平跟踪性、局部性的改良，将现有各领域中先进性的东西引入自己的项目，进行组合创新。

3.3.2　发掘创业项目的渠道

如今，社会上已远远不止“三百六十行”，可供选择的创业项目更是数不胜数。工科大学生发掘适合自身的创业项目，需要通过多种渠道，经过仔细地分析、比较，从而做好充分准备。

1. 浏览期刊及网站

创业类的期刊和网站提供了很多创业的前沿信息和资讯、创业参考项目以及相关的创业案例，可为工科大学生选择创业项目提供很多有价值的参考意见。

与大学生创业相关的期刊如表 3-3 所示。

表 3-3　大学生创业相关的期刊

期刊名称	刊号（CN）
科技创业月刊	42-1665/T
创新与创业教育	43-1503/G4
中国科技投资	11-5441/N
创新创业理论研究与实践	23-1604/G4

与大学生创业相关的网站如表 3-4 所示。

表 3-4　大学生创业相关的网站

网站名称	网址
全国大学生创业服务网	https://cy.ncss.cn/
应届毕业生网创业网	https://www.yjbys.com/chuangye/
36 氪	https://36kr.com/
创业邦	https://www.cyzone.cn/

2. 收看相关的电视节目

工科大学生收看相关电视节目，有助于拓宽视野，获得启发，激发创业灵感，找到适合自己的创业项目，同时也会吸取项目路演经验，加强对创业企业的市场前景和未来规划的思考。

3. 利用孵化器和众创空间

孵化器和众创空间都是鼓励和扶持科技创业的重要平台，对于工科大学生来说，这是选择创业项目并落实创业行动的一个重要渠道。

孵化器是以服务大众创新创业，促进科技成果转化，优化创新创业生态环境，培育企业家精神为宗旨，面向科技型创业企业和创业团队，为其提供物理空间、共享设施和专业化服务的科技创业服务载体。孵化器的主要职责是围绕科技创业企业和创业团队的成长需求，提供包括创业场地、共享设施、技术服务、咨询服务、投资融资、创业辅导、资源对接等高水平创业服务，激发全社会创新创业活力，降低创业成本，提高创业企业的成功率，促进科技成果转化，培养成功的企业和企业家。

众创空间，也称创客空间，即创新型孵化器。“众”是主体，“创”是内容，“空间”是载体，众创空间是顺应创新 2.0 时代（指信息时代、知识社会的创新形态）用户创新、开放创新、协同创新、大众创新趋势，把握全球创客浪潮兴起的机遇，根据创新 2.0 新背景环境下的创新创业特点和需求，通过市场化机制、专业化服务和资本化途径构建的低成本、便利化、全要素、开放式的新型创业公共服务平台的统称。

★ 训练与实践【3-2】

孵化器和众创空间，对于很多同学来说还是比较陌生的，但这是国家扶持科技创业的重要措施。请你通过阅读相关书籍，查询相关网站或者实地走访，简要介绍孵化器和众创空间的功能和运作模式，并实事求是地指出自己能否有效利用这个平台。

3.3.3　发掘创业项目的方式

工科大学生可选择的创业项目很多，发掘创业项目的方式可以归结为以下几大类。

1. 大赛创业

大学生创业大赛最初来源于美国的商业计划竞赛，此类竞赛旨在为参赛者展示项目和获得资金提供平台。目前，适合我国工科类大学生的创新创业赛事有很多项，主要有中国国际大学生创新大赛、“挑战杯”全国大学生课外学术科技作品竞赛、“创青春”全国大学生创业大赛、全国大学生机械创新设计大赛、全国大学生节能减排社会实践与科技竞赛、全国大学生工业设计大赛等，通过这些大赛，产生了很多有价值的创意与科研成果，催生了很多创业项目，也扶植了一批大学生创业企业。创新创业大赛不仅为工科类的大学生创业者闪亮登场提供了舞台，更重要的是为其提供了锻炼能力、转变观念的宝贵机会，也提供了投融资的平台。参加创新创业大赛可使工科类大学生熟悉创业流程，储备创业知识，积累创业经验，接触和了解社会。

2. 网络创业

互联网改变了人们的生活，同时也提供了全新的创业方式。网络创业不同于传统创业，其利用现成的网络资源。目前网络创业主要有两种方式：①网上开店，在网上注册成立网络商店；②网上加盟，以某个电子商务网站门店的形式经营，利用母体网站的货源和销售渠道。

网络创业的优势是门槛低、成本少、风险小、方式灵活，工科大学生选择网络创业，可以规避资金实力薄弱的缺陷，而且还可以利用自身的技术优势。像京东、淘宝等知名商务网站，有较完善的交易系统、交易规则、支付方式和成熟的客户群，每年还会投入大量的宣传费用。对于这些网站，创业者可根据自己的熟悉程度模仿借鉴。

3. 概念创业

概念创业就是凭借创意、点子、想法创业。当然，这种创业概念必须标新立异，至少在打算进入的行业或领域是个创举，只有这样才能抢占市场先机，吸引风险投资商的眼球。这种创业方式适合具有强烈创新意识但是没有很多资源的创业者，可以通过独特的创意获得各种资源，包括资金、人才等。对于工科大学生来说，其可以借助学校的一些技术课题和成熟的技术项目来进行创业，这样会带来一定的品牌效应。

4. 加盟创业

连锁加盟凭借诸多优势，成为备受青睐的创业新方式。这种创业的特点是利益分享、风险共担，创业者只需要支付一定的加盟费，就能借用加盟商的金字招牌，并利用现成的商品和市场资源，还能长期得到专业指导和配套服务，而不必“摸着石头过河”，创业风险也有所降低。加盟创业对于大学生创业普遍适用，同样也适用于工科类大学生创业。但是，随着连锁加盟市场规模的不断扩大，鱼龙混杂现象日趋严重，一些不法者利用加盟圈钱的事件屡有发生，因此选择加盟创业时要谨慎考量。

5. 团队创业

硅谷流传着这样一条“规则”：由两个工商管理硕士（MBA）和麻省理工学院（MIT）博士组成的创业团队，几乎就是获得风险投资的保证。其中蕴含着这样的道理：创业已经非纯粹追求个人英雄主义的行为，团队创业成功的概率要远高于个人独自创业。一个由研发、技术、市场、融资等各方面人才组成的优势互补的创业团队是创业成功的法宝，对于高科技创业企业来说更是如此。因此，团队创业更适合为工科类大学生所采用。

★ 训练与实践【3-3】

全面了解适合工科类大学生的创新创业大赛的参赛规则和流程，并登录各项大赛的官网，进一步了解其获奖作品，并指出从这些获奖作品中可以得到哪些启发。如果让你参加这些大赛，你会为自己选定何种创业项目？

3.3.4 创业项目评估的基本过程

创业项目评估的基本过程包括初始判断、特征判断和详细分析。

1. 初始判断

创业者对创业项目的评估往往来自他们的初始判断，即“假设＋简单计算”。例如，苏某决定辞职并提供爱婴服务的决策依据是，北京 0～3 岁的儿童有近 30 万人，即使有 1%的家庭接受服务（假设），也有 3000 人，这需要多少人力才能满足需求（简单计算），但这样的判断看起来并不可信。因此，创业者对创业项目做出初始判断之后，还需要依靠调查研究，对创业机会的价值做进一步的评估。

2. 特征判断

有价值的创业项目一般具有以下特征。

（1）有吸引力，即有需求旺盛的市场和丰厚的利润，而且容易赚钱。

（2）持久性，即机会窗口打开的时间相对较长。

（3）及时性，即能很快满足某项重大的需要或愿望。

（4）依附于购买者或终端用户创造有增加价值的产品、服务或业务。

3. 详细分析

创业项目的详细分析可以从以下五个方面进行。

（1）项目的成熟度。许多缺少经验的创业者喜欢新开发的投资项目、市场上从来没有的项目，虽然这些项目存在很大的市场潜力，但由于刚刚起步的创业者本身没有足够的资金去开辟一个新项目，且新项目的风险比市场已存在的项目更大，因此对于创业者来说，最好的市场是度过了萌芽期、正走向成熟期的市场，只有符合这种特点的项目才能比较平稳地发展。

（2）市场产品的比较。如果创业项目在同行价格上有非常明显的优势，同时在产品质量上又不差，这将是一个具有很大发展空间的投资项目。消费者总是希望能够以最少的钱买到最好的商品，因此创业项目的价格与质量优势将是最有利的。

（3）项目资源的控制性。判断项目资源的控制性包括两个方面：一个是硬资源，另一个是软资源。如果控制硬资源的主动权握在创业者手中，不仅能够省去不少创业项目成本的投入，更能掌握创业项目资源的主导权，使创业项目不受资源的约束。很多市场都是人为控制的，如果创业者能够掌握好软资源，那么就可能会获得非常大的成功。

（4）市场结构。创业者需要分析现在市场和潜在市场的规模、经营者的数量、销售规模、竞争程度、购买者数量、购买者偏好、购买者对价格变化的敏感程度、产品的成本因素、分销渠道等。

（5）项目的成长性。一般来说，市场上显示商机的一个最重要的特征就是市场已经被开发，但是现有的供应商不能满足市场需求，如果创业者在此时介入，其创业成功的可能性是最大的。因为创业项目具有成长空间，市场并未饱和。

3.3.5 创业项目的环境分析

创业环境是指对创业活动产生影响的各种外部环境要素，如政治、经济、社会、文化、政策、技术、法律、教育等，它们相互影响、相互作用，构成企业的外部生态系统。创业环境分析是进行创业可行性分析的前提。随时变化的环境能给创业者带来机遇，也能对创业者造成威胁。因此，创业者必须清楚地分析宏观环境、行业环境、目标市场、竞争对手等各种因素及其发展趋势，以及分析对具体行业、企业的影响是限制性的还是促进性的。只有这样，创业者才能抓住机遇，顺势而为，成功创业。

1. 宏观环境分析

宏观环境对企业的影响作用是间接的，但是其影响是巨大的，因为这些因素是企业无法控制的，所以创业者必须了解和熟悉相应的宏观环境因素。宏观环境分析即政治-经济-社会-技术（political-economic-social-technological，PEST）分析，主要包括政治环境分析、经济环境分析、社会环境分析和科技环境分析。

（1）政治环境分析。政治环境是保障企业正常经营的基本条件。由于创业宏观环境中有许多政府可控或部分可控的变量，因而创业者完全可以通过对国家及地区的政治环境进行分析，控制要素变量来塑造新的创业环境，进而促进整个区域的经济发展。

（2）经济环境分析。经济环境分析主要是能源和资源状况、交通运输条件、经济增长速度及趋势、产业结构、国民生产总值（gross national product，GNP）、通货膨胀率、失业率及农、轻、重比例关系等方面的分析；同时，也要分析国民收入、消费水平、消费结构、物价水平、物价指数等。

（3）社会环境分析。社会环境分析主要包括社会文化、社会习俗、社会道德观念、社会公众的价值观念、员工的工作态度及人口统计特征等因素的分析。

（4）科技环境分析。科技环境是指社会技术总水平及其变化趋势，包括科技水平、技术发展趋势、科技政策、科技力量、科技立法等，它们直接或间接地影响着企业的经营。因此，创业者需要对科技环境进行整体和全面的分析。

2. 行业环境分析

行业环境是指与创业思想和创业活动直接相关的因素与条件，包括客户、供应商、竞争对手等。不同的行业由于所处的发展阶段不同，行业的特征及经济特性都是不同的。这些特性将直接决定企业所选择进入的行业及所要生产的产品能否为企业带来可观的利润，甚至关系到企业的生死存亡。行业环境分析的目的在于通过了解行业基本竞争情况及潜在的发展机会，指导创业者做出正确的投资决策，尽量避免投资失误和资源浪费。

一个行业的经济特性和竞争环境及其变化趋势往往决定了该行业未来的利润与发展前景。创业项目的行业环境分析总的来说包括以下四个方面。

（1）行业经济特性分析。行业经济特性分析主要从以下方面进行：市场区域范围及规模大小、规模经济特征、行业进入与退出壁垒及难易程度、对资源的要求程度及平均投资回收期、市场成熟程度、市场增长速度、行业中公司的数量及其规模、购买者的数量及规模、分销渠道的种类及特征、技术革新的方向及速度、行业总体盈利水平等。

（2）行业竞争力分析。在行业环境分析方面最常用的模型是迈克尔·波特（Michael Porter）提出的五力竞争模型（图 3-1），其针对性更强，对创业活动的影响也更直接。

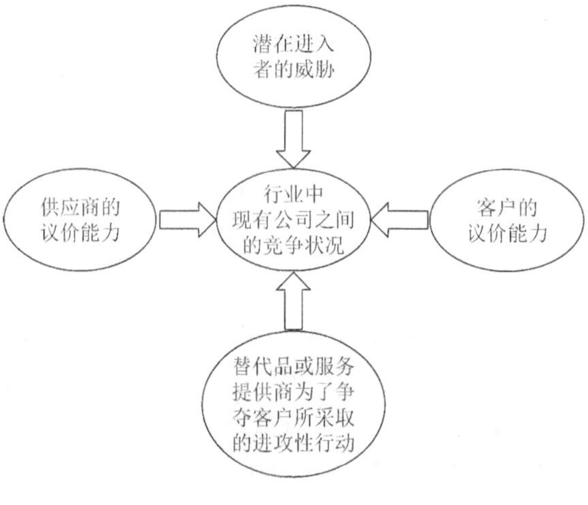

图 3-1　五力竞争模型

五力竞争模型主要的分析目标是确定行业内哪些因素决定了竞争的性质；评估行业结构性吸引力；定位公司的优势、劣势，并且发现行业内存在的机会或威胁。一个行业的竞争状态是各种竞争力量共同作用的结果，这些竞争力量主要包括五个方面，即行业中现有公司之间的竞争状况、供应商的议价能力、客户的议价能力、替代品或服务提供商为了争夺客户所采取的进攻性行为、潜在进入者的威胁。

（3）行业中的变革驱动因素分析。行业中的变革驱动因素是指改变整个行业及竞争环境的主要因素，创业时能敏锐地判断行业中的变革驱动因素非常有利于企业未来的战略制定。尽管促使某一行业发生变化的变革因素很多，但一般来说，真正算得上驱动因素的不会超过四个，创业者必须仔细辨别，将行业中的变革驱动因素与那些并不重要的因素区别开来，并将关注的重点集中于对公司未来发展至关重要的驱动因素。

（4）行业中的竞争地位分析。若要使公司在竞争中获得成功，就必须确认主要的竞争对手，并了解竞争对手的战略及意图。除此之外，还必须时时跟踪竞争对手的策略，并预测其可能采取的行动。此外，不仅应关注现在的竞争对手，还应估计谁将可能成为未来最主要的竞争对手，并为此积极采取应对之策。

3. 目标市场分析

科学且准确的目标市场分析是选好创业项目的前提，可靠的市场容量及增长前景可以为企业带来商机，相反则可能限制企业的灵活性与发展。目标市场分析主要包括货源情况、需求状况、价格预测、商品销路预测等方面的调查分析。

4. 竞争对手分析

竞争对手分析并不是简单地了解现在市场上有多少家竞争对手、分别提供什么样的同类产品、销售额是多少。创业者如果要在市场中成功立足，必须确切地了解对手的产品、研发能力与技术储备、目标市场与营销策略、盈利状况和潜力、核心竞争力、技术与管理人员、生产设备与能力、供货商、销售渠道、客户、战略等。

3.3.6　创业项目的定量评估方法

1. 贝蒂选择因素法

贝蒂选择因素法通过对 11 个选择因素的设定来判断创业项目。如果某一个创业项目只符合其中的 6 个或更少的因素，那么其成功率就很低；反之，成功率将相对较高。贝蒂选择因素法的 11 个选择因素见表 3-5。

表 3-5　贝蒂选择因素法的 11 个选择因素

序号	选择因素
1	该创业机会在现阶段是否只被你一个人发现
2	初始产品的生产成本是否可以承受
3	初始产品的市场开发成本是否可以承受
4	是否具有高利润回报的潜力
5	是否可以预期产品投放市场与达到盈亏平衡点的时间
6	潜在的市场是否巨大
7	该产品是否是一个高速成长的产品家族中的第一个成员
8	你是否已经拥有一些现成的初始用户
9	是否可以预期产品的开发成本和开发周期
10	是否是一个处于成长中的行业
11	金融界是否能够理解你的产品和客户对它的要求

例如，创业项目“中国汽车漆面快修”的具体特点及业务内容如下。

（1）维修速度快。该项目采用美国大师漆公司（Perfect Products Group，PPG）高科技环保涂料，配合全程干磨技术，结合国际先进调色系统，比传统修复节省一半时间，汽车点式修补 90min，局部漆面修复 2～5h，有效缩短维修的等待时间。

（2）服务流程快。该项目全面导入国际领先的汽车漆面快修服务标准：快速有序的接车服务、准确及时的估价服务、专业系统的修复服务、安全贴心的交车服务。

（3）业务内容。①钣金：表面凹陷修复、车身部件拆装、小损伤修复（不涉及车架部分）。②喷漆：局部快速喷漆、全车喷漆、个性化改色。

结合贝蒂选择因素法的 11 个选择因素对该创业项目的实际情况进行评估，其结果如表 3-6 所示。

表 3-6　对“中国汽车漆面快修”项目的评估结果

序号	选择因素	是否符合
1	该创业机会在现阶段是否只被你一个人发现	否
2	初始产品的生产成本是否可以承受	是
3	初始产品的市场开发成本是否可以承受	是
4	是否具有高利润回报的潜力	是
5	是否可以预期产品投放市场与达到盈亏平衡点的时间	是
6	潜在的市场是否巨大	是
7	该产品是否是一个高速成长的产品家族中的第一个成员	否
8	你是否已经拥有一些现成的初始用户	是
9	是否可以预期产品的开发成本和开发周期	否
10	是否是一个处于成长中的行业	是
11	金融界是否能够理解你的产品和客户对它的要求	是

2. 标准打分矩阵法

标准打分矩阵法是由专家组对创业项目评估的重要指标进行极好（权重系数为 0.5）、好（权重系数为 0.3）、一般（权重系数为 0.2）三个等级的打分，每个指标总分为 10 分，最后求出加权平均分。标准打分矩阵见表 3-7。

表 3-7　标准打分矩阵

项目	极好（0.5）	好（0.3）	一般（0.2）	加权平均分
可服务的目标市场				
服务质量				
选址情况				
物流能力				
投资回报				
竞争状况				
成长潜力				

例如，创业项目“数码影像输出”的内容如下。

在欧美等发达国家和地区，数码影像输出技术已成为传统胶卷冲印店的终结者，数码输出代替传统冲印是历史发展的必然趋势。中国数码彩扩市场及数码彩扩行业发展迅速，利用数码输出进行彩扩、图文快印是一个全新的技术性服务行业，是一个朝阳产业，其利润率为 50%～80%。

高端的数码彩扩设备投资一般高达百万元，入行门槛太高，这就形成了街头众多的数码冲印店只能承接后送中心店冲印、县城则送到地市级城市冲印、小城市数码照片冲印比大城市贵的局面。而零售业的迅速革新改变了这一局面，使影像消费者享受到更快、更方便、更有趣的服务体验。

专家组对“数码影像输出”项目进行打分，其结果如表 3-8 所示。

表 3-8　对“数码影像输出”项目的评估结果

项目	极好（0.5）	好（0.3）	一般（0.2）	加权平均分
可服务的目标市场	8	2	0	4.6
服务质量	6	2	2	4
选址情况	6	2	2	4
物流能力	7	2	1	4.3
投资回报	9	1	0	4.8
竞争状况	5	2	3	3.7
成长潜力	9	1	0	4.8

其中，可服务的目标市场加权平均分=8×0.5＋2×0.3＋0×0.2=4.6。其他指标的加权平均分计算以此类推。

经过评估分析可知，“数码影像输出”项目中投资回报和成长潜力两项指标显示出较大的优势。

★　训练与实践【3-4】

1. 假设有一个制造商要进入婴儿一次性用品（如尿布）市场，请对其进行环境分析。

2. 试对福特汽车公司做一次环境分析，其内容包括以下几个方面。

（1）行业竞争主要力量分析（在竞争对手中争取有利位置、新加入者的威胁、供应商的讨价还价能力、客户的讨价还价能力、替代品或服务的威胁）。

（2）通用、克莱斯勒、丰田、本田和日产五大汽车公司的竞争反应情况。

（3）做 PEST 分析。

3. 案例分析。

赵威大学毕业后，没有去政府分配的工作单位上班，而是在省城里的一家肯德基快餐店当上了副经理，他曾在大学四年级时，利用假期和社会实践的机会在肯德基快餐店里打工。这次是他第一次告诉家里，没有想到当乡镇企业经理的父亲，得知这一消息后非常支持他。1 年后，他很快升为经理，再后来又升为地区督导等职。最近，他发现省城商业街有一家店面要出售，这一地点位于商业闹市区附近的主要街道，交通流量大，写字楼也很多，赵威认为这是一个很不错的快餐店地点，于是他决心自己创业。这是他由来已久的事业生涯规划，并与父亲商量请求财务支持，还声明是借贷的，日后一定归还。家里表示支持他，但要求他认真规划，不要盲目蛮干，多几个方案才好，有备无患。

赵威很顺利地办好注册，资金也很快到位，房子的产权也办理了过户。不久，赵威发现自己开店和他在肯德基工作时有很大不同，他必须自己动手，从无到有办理所有的事情，如要亲自参与店面装潢设计及摆设布置，自己设计菜单与口味、寻找供应商、面试挑选员工，自己开发作业流程以及操作系统管理等。

赵威觉得需要找在商业管理专业学习的同学或好友帮忙一起创业，假如赵威选择的就是你，请你帮他做一个创业项目的分析。

第 4 章　创业资源整合训练

■　知识框架图

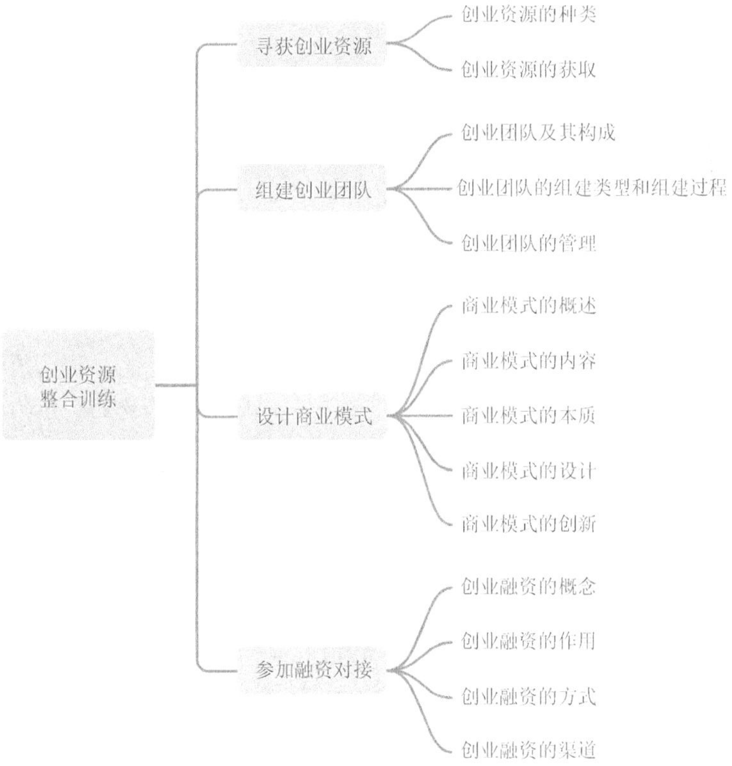

■　知识目标

了解创业资源的种类和获取途径；
了解创业团队的概念、组建类型和组建过程；
掌握创业团队管理的要点；
了解商业模式及其内容；
把握商业模式的本质、设计思路和创新方法；
了解创业融资的概念和作用。

■　能力目标

能够有效获取创业资源，组建和管理创业团队；掌握商业模式设计的方法，能够对商业模式进行创新；掌握创业融资的方式和渠道；能够为自己量身打造创业项目，并进行理性评估。

4.1　寻获创业资源

创业资源是创业者开展创业活动的基础，是新企业所拥有的或者所能支配的为了实现企业生存与发展战略目标，在创业过程中先后投入与利用的内外部各种有形资源与无形资源的总和。没有创业资源的支撑，创业者即使有再好的外部创业机会也不能开展创业活动。从企业创业初始到企业退出市场，创业资源的整合与获取伴随着整个创业过程，并对创业过程的开展产生重要的影响。

4.1.1　创业资源的种类

根据创业资源的内容、控制主体、形态和利用方式等，将其分为不同的类型。

1. 按内容分类

按内容对创业资源进行分类有利于区分不同创业资源的性质和作用。从内容方面来看，创业资源可以分为人力资源、信息资源、财务资源、实物资源、技术资源和组织资源。对于一般的创业者而言，成功的创业活动离不开这些资源。

（1）人力资源。人力资源是开创事业的基础，包括创业者的知识、经验、判断力、技能等，也包括创业者本身的人际关系网络。其中，创业者自身的洞察力和领导能力是最核心的资源，直接决定了创业者能否洞察合适的创业机会，并领导其他团队成员有效地采取创业行动。

（2）信息资源。信息资源是企业生产及管理过程中所涉及的一切文件、资料、图表和数据等信息的总称。信息资源涉及企业生产和经营活动过程所产生、获取、处理、存储、传输和使用的一切信息，贯穿新企业管理的全过程。

由于市场竞争十分激烈，新企业更加需要丰富、及时、准确的信息，以争取到更多的其他要素资源。当创业者比其他竞争者掌握更多的信息时，就能获得更多的创业机会。

（3）财务资源。财务资源是创业所需的资金，包括现金、股票、债券等。随着市场的发展，市场竞争越来越激烈、越来越残酷，新企业若想在激烈的市场竞争环境中生存，创业者就必须掌控充足的资金。若创业者仅有良好的创业环境及创业机会，却缺乏资金来实施具体的项目运营，那么再好的创业环境与创业机会也无法让创业者实现创业梦想。

在创业初期，财务资源主要来自创业者自身或其家庭、朋友。随着企业规模的扩大和经营声誉的积累，新企业筹集外部财务资源时将变得更加容易。

（4）实物资源。实物资源是新企业在生产和管理过程中使用的有形资源，包括长期存在的生产物质条件，如土地、矿山、厂房、机器设备、运输工具等，还包括生产过程中投入的主材、辅材等原材料。实物资源是创业活动得以开展的重要条件。许多实物资源属于一次性固定成本，其在使用中会逐渐被损耗掉，因此加强维护和保养，推动实物资源的保值增值显得特别重要。

随着市场规模的不断扩大，专业化分工程度持续深入，金融市场的效率不断提高，实物资源越来越容易通过采购等渠道获取。在这种情况下，实物资源往往难以成为既有企业的竞争优势，但对于新企业而言，实物资源是其创立的基本条件。

（5）技术资源。技术资源一般指专利权、商标权、著作权等。对于新企业来说，技术资源主要包括两个方面的内容：一是与解决实际问题有关的软件方面的知识；二是为解决这些实际问题而使用的设备、工具等硬件方面的知识。

技术资源是无形且受法律保护的，是创新资源产生的结果及表现。在竞争激烈的现代社会背景下，加强开发、保护技术资源的独有性是保证新企业赢得市场的关键。企业必须对研发而生成的知识进行知识产权的保护，以免自身的利益被他人侵犯。加强技术资源开发的目的是创新企业已有的技术，研发拥有独立知识产权的核心技术，从而占领市场，促使新企业不断发展壮大。

（6）组织资源。组织资源是管理活动进行资源配置整合的表现形式，包括组织结构、作业流程、工作规范、质量系统等。组织资源通常指组织内部的正式管理系统，包括信息沟通、决策系统及组织内正式和非正式的计划活动等。组织资源为企业的生产经营活动提供了坚实的保障，可随着企业规模的扩大、管理规范化程度的提升而不断积累和优化。

对于新企业来说，其组织资源还处在萌芽阶段，需要创业者不断培育和积累，并且创业者要在培育和积累的过程中使组织资源充分发挥作用。大多数新企业的失败都是由无法有效地培育、积累和运用其组织资源而导致的。

以上几种创业资源相互作用，共同构成了创业者的创业资源基础，并在很大程度上决定了所创企业的绩效，进而影响所创企业成长发展的速度。

2. 按控制主体分类

创业资源按控制主体可分为内部资源和外部资源。

（1）内部资源。内部资源是指存在于新企业内部，且新企业已经掌控的创业资源，如新企业的自有资金、研发成果及营销网络等。

（2）外部资源。外部资源是指存在于新企业外部，但可以被新企业吸引、购买并加以利用和共享的创业资源，如金融机构的资金、企业外部的优秀人才、科研机构的技术成果及现有的成功营销网络等。

3. 按形态分类

美国学者巴尼（Barney）和霍尔（Hall）把资源分为有形资源和无形资源。

（1）有形资源。有形资源指具有固定生产能力特征的实体资产及可自由流通的金融性资产，包括财务资源、组织资源、实物资源和技术资源。

（2）无形资源。具体来说，无形资源是那些根植于企业的历史、长期积累下来的资产，包括人力资源、创新资源和声誉资源。声誉资源是指那些不具有实物、实体形态的资源，如企业名称、商誉、商标、专利、专有技术、营销网络、管理制度、信息资料、企业文化等。

新企业在拥有有形资源如厂房、装置、设备及资金等的同时，也拥有各种不易计算其价值的无形资源，而无形资源往往是所创企业核心竞争力的主要来源。

4. 按利用方式分类

创业资源按其利用方式可分为直接资源和间接资源。直接资源是指新企业可直接利用的资源；间接资源是指需要新企业通过一定的转化才可以利用的资源，如信息资源往往只有通过加工处理才具有决策参考价值。

✧ 课堂讨论【4-1】

工科类大学生相比于文科类大学生，可利用的创业资源有哪些不同？

4.1.2 创业资源的获取

创业资源的获取是指创业者通过内部条件和外部环境获取所需资源的过程。对于创业者来说，拥有新企业所必备的各种资源是进行创业的前提，必要创业资源的缺乏会使新企业的发展举步维艰。

与既有企业相比，新企业往往很难及时地获取所需的资源，且新企业往往要面对更高的失败风险，由此导致较高的创业失败率。为了避免创业失败，创业者就需要通过各种途径去填补创业资源的缺口。综合来看，创业者获取创业资源的途径主要有内部和外部两种。

1. 利用内部资源

内部创业资源可分为自身的物质资源、自有资本和自有技术三种。

（1）自身的物质资源。创业者自身的物质资源主要指创业者的自建厂房、装置和设备。厂房是新企业生产运作、开展营销的必备条件，是商品生产或交易的场所。一般来说，厂房是商品的储存地，同时也是工商登记管理规定的条件之一，而装置和设备则是生产线构建、新企业运作的保障。

创业者可通过自建得到所需的厂房、装置及设备。在自建这些资源时，创业者要认真分析厂房选址的土地成本及便利程度，装置和设备能否达到生产需要的技术与产品质量的要求，并且必须考虑到自建厂房、装置和设备的成本。

（2）自有资本。自有资本主要来自创业者的个人储蓄。创业者的个人储蓄在创立新企业初期是一项重要的资金来源，通常由其构成企业的启动资金。

（3）自有技术。在高新技术领域最常见的是技术持有者自己进行创业。一般情况下，技术持有者自己创业具有较高的成功概率，但需要组织一个囊括各类管理人才的创业团队，这种创业方式称为技术创业。技术创业是一种高端的创业形态，因为其对创业者的要求更高，即要求创业者有专业的知识和技能。

2. 获取外部资源

新企业的外部资源包括创业者的朋友、亲戚、商务伙伴或其他投资人投入的资金，以及人力、空间、设备、原材料等。对于创业者来说，能够充分利用外部资源是非常重要的方法和能力，在企业的创立和早期阶段尤其如此。创业者利用外部资源的关键是掌握资源的使用权，并能控制或影响资源的部署。

创业者获取外部资源的途径包括以下几种。

（1）获取外部信息资源的途径。外部信息资源，如有望成功的创业计划，对于创业而言是重要的资源。

一般而言，创业者获取信息资源的途径主要包括政府机构、同行创业者或同行企业、专业信息机构、图书馆、大学研究机构、新闻媒体、会议及网络等。创业者必须从自己的创业活动出发，对所需的外部信息资源进行领域的细分，根据自己的实际情况选择合适的方式来获取有效的信息。

实践表明，创业者可以通过以下两个途径来获取外部信息资源：①以信息资源为知识产权资本吸引他人加入自己的创业团队，成为未来新企业的股东。②购买他人已有的信息资源，但要注意进行理性甄别，并借助专家力量对信息资源进行完善。

（2）获取外部财务资源的途径。创业过程中，最容易使创业者感到苦恼的问题莫过于缺乏资金，如何引进外部财务资源对于创业者来说非常重要。对于资金，创业者一般可通过以下途径获得：①依靠亲朋好友筹集资金，双方形成债权债务关系。②抵押、银行贷款或企业贷款。③争取政府某项计划的资金支持。一般情况下，当地政府机构会通过出台相关政策来扶持新企业的发展，新企业可以通过这些具体的政策措施来获取相关的资金支持。④所有权融资。创业者首先要对自身的财务状况及准备融入的资金有整体性的了解。在初步确定融资意向后，新企业就可以根据实际情况向合适的融资机构申请融资，包括吸引新的拥有资金的创业同盟者加入创业团队，吸引既有企业以股东身份向新企业投资、参与创业活动，以及吸引企业孵化器或创业投资人的股权资金投入等。

（3）获取外部技术或人才资源的途径。有时创业者并不掌握创业所需要的技术，这时创业者就需要吸引技术持有者加入自己的创业团队。随着科学技术的迅猛发展，技术更新的速度加快，即便创业者已预料到一项新的技术将引领生活和生产潮流，但由于对这项技术一无所知，也只能无奈地看着创业机会溜走。吸引技术持有者加入创业团队可以使其与自身优势形成互补，将管理与技术相结合，有助于创业成功。

对于企业项目起步所依赖的技术或人才，其获取方式有以下几种：①吸引技术持有者加入创业团队。②购买他人成熟的技术，并进行技术市场寿命分析。创业者购买的技术越成熟，其创业成功的概率越大。例如，新企业购买一些国外企业已经公开的技术并运用到国内市场生产，就能够快速地占领市场份额。当然，在购买这些技术时，创业者要进行技术的甄别和市场寿命分析等，以免购买到落后或被市场淘汰的技术。③购买他人的前景型技术，再通过自己后续的开发，使之满足市场的需求，也是一种可行的方法，但是这种方法要求创业者具有优异的技术识别能力，能够把握新技术的发展方向和市场前景，同时有能力进行后续的研究开发。④购买技术的同时吸引技术持有者加入创业团队。

✧　课堂讨论【4-2】

（1）大学生如何才能有效地获取资金资源？

（2）设想一个创业项目，与同学进行讨论这一项目需要哪些资源，如何才能得到这些资源。

4.2　组建创业团队

创业团队是由少数技能互补的创业者组成的群体，该群体认同某个共同的创业目标，并共同遵守某个能使他们担负责任的创业程序，在该程序下为达成高品质的创业结果而合理工作，并在创业工作中愉快相处。

★ 训练与实践【4-1】

谁最适合当队长?

规则：如果答案非常同意，打 5 分；比较同意，打 4 分；一般，打 3 分；一点同意，打 2 分；不同意，打 1 分。

回答问题时不是依据别人眼中的你来判断，而是认为你本质上是不是这样的。

1. 你是一个值得信赖的人吗?
2. 你性格温和吗?
3. 你有活力吗?
4. 你善解人意吗?
5. 你独立吗?
6. 你受人爱戴吗?
7. 你做事认真且正直吗?
8. 你富有同情心吗?
9. 你有说服力吗?
10. 你大胆吗?
11. 你细心吗?
12. 你适应能力强吗?
13. 你组织能力好吗?
14. 你是否积极主动?
15. 你害羞吗?
16. 你强势吗?
17. 你镇定吗?
18. 你勇于学习吗?
19. 你反应快吗?
20. 你外向吗?
21. 你注意细节吗?
22. 你爱说话吗?
23. 你的协调能力好吗?
24. 你勤劳吗?
25. 你慷慨吗?
26. 你小心翼翼吗?
27. 你令人愉快吗?
28. 你传统吗?
29. 你亲切吗?
30. 你工作足够有效率吗?

4.2.1 创业团队及其构成

1. 创业团队的概念

所谓创业团队，是指由两个或两个以上有一定利益关系的，在创业过程中以开创新的事业为目的，拥有共同的价值定位、价值追求和发展战略目标，并共同承担责任，共享创业收益，紧密协作的群体。一个良好的创业团队应具备以下特点。

（1）创业团队是一个创建新企业的特殊群体。

（2）创业团队是一个具有新价值创造与创新能力的群体。

（3）创业团队能够树立共同的目标，其根本目标是为客户创造价值。

（4）团队成员之间才能互补，团队绩效大于个人绩效之和。

（5）团队成员共同承担责任，且共同拥有企业的所有权及一切成果的分享权。

（6）创业团队是高层管理团队的基础与雏形。

2. 创业团队的构成

综合来讲，创业团队应具备以下五个构成要素。

（1）创业目标。没有目标，团队就没有前进的方向。目标是凝聚人心的重要手段，也是创业团队的重要组成要素之一。明确的创业目标可以引导团队成员的思想和行为，是支撑整个团队继续发展的直接动力。

（2）创业人员。人是创业团队构成要素中最核心的要素。人力资源是创业团队内部所有创业资源中最活跃且关键的资源。创业目标必须经由创业团队成员才能实现。例如，有人制定计划，有人具体执行计划，有人协调成员共同工作，有人监督达成目标的进度，有人评价团队最终的工作效果。团队成员通过分工合作达到创业团队最终的目标。创业团队的人员选择将关系到新创企业在市场中的最终命运。因此，选择创业团队人员时必须综合权衡人员的知识、技能、经验等。

（3）权限分配。领导者具有一定的权力，是团队的核心人物，在团队发展过程中有一定的权威性。在团队成立初期，领导者的权力是相对集中的，一般集中在一两个人手中，不超过三个人。在创业初期，事情比较少，管理权力比较小，但随着团队的发展，业务也在增多，团队所涉及的问题都要逐一解决，管理层人数要逐步增加。例如，企业中的公关部门有很多依托方式，在小型企业中往往附属在其他部门之下，如果没有太多的业务是可以不设立的。但是对于大型企业，非常有必要设立单独的公关部门，以全权负责公司的公关业务、公关宣传，这样权力就被分散，形成倒金字塔式的管理模式，这种模式被很多企业使用。领导层的决策权相对集中，中层和下层的执行者则更多地发挥其应有的作用。在团队中，各部门各负其责，在权限上也不尽相同，如人事部和宣传部的权力就存在很大的差异。

（4）创业团队的定位。创业团队的定位一方面是指确定创业团队在企业中的位置，如创业团队成员由谁决定、创业团队对谁负责、创业团队与企业中其他人的关系等；另一方面是指确定创业团队成员在团队中的位置，在创业团队中各自承担何种角色和责任，是负责计划、组织实施还是监督等，这种定位往往影响创业实体的组织形式是合伙企业还是公司制企业。

（5）创业计划。计划是为实现目标而做出的安排，是未来行动的方案，可以把计划理解成目标实现的具体工作程序，只有认真执行计划，才会贴近目标并最终实现目标。团队必须有创业计划才能充分发挥其作用。企业在发展过程中也要制定短期计划、中期计划和长期计划，让企业有条不紊地发展，有计划可循。

➢ 知识拓展【4-1】

创业团队建设中的误区

现代企业强调发挥团队精神，但在团队建设过程中，存在着以下一些误区，对此创业者应当有一个清楚的认识，并加以注意。

1. 过分强调集体利益

团队是一个集体，“集体利益高于一切”是被普遍认可的价值取向，但是在团队中过分强调集体利益就可能导致一些问题的出现。例如，过分强调团队集体利益容易导致团队成员个人的应得利益被忽略。作为团队的组成部分，一旦团队成员的应得利益长时间被漠视，那么团队成员的积极性和创造性会遭受严重的挫伤，从而影响整个团队的竞争力和战斗力，使团队的总体利益因此而受损。

2. 团队内部不讲竞争

团队内部不能讲竞争，这是一种错误的观点。在团队内部引入竞争机制，有利于调动团队成员工作的热情和积极性。如果一个团队内部没有竞争，时间长了，团队成员工作的主动性会大大削减，因为无论干多干少，干好干坏，其得到的结果都一样。通过引入竞争机制，实行差异化的薪酬激励制度，创业团队能够打破平均利益的格局，使团队成员的主动性和创造性得到充分发挥，维持团队在工作上的高度活力。

3. 团队内部不讲纪律

有的团队在建设过程中过分讲求人情味，认为严明的纪律有碍团结，会导致团队的管理制度非常不完善。其实纪律是对行为的一种约束，能够做到令行禁止的团队才会所向披靡。严明的纪律能够维护团队的整体利益，也能维护团队成员的个人利益。如果一个成员未能按时完成某一项工作任务，或者违反了某一条规定，但没有受到惩罚，长此下去，将会导致团队中人人都不讲纪律，企业的发展不堪设想。

4. 团队内部压制个性发展

有人认为，在团队中讲求整体协作，强调团结一致，注重整体的“大我”，不能追求“小我”，否则就会犯个人主义的错误。放弃“小我”、追求趋同的结果会导致团队成员的创造性和个性被磨灭。没有个性就没有创造，团队将会失去创新的能力。实际上，团队是由个人组成的，是每个成员能量的集合，团队协作不是要团队成员牺牲“小我”去完成工作任务，而是在充分利用团队所有成员的个体能力的基础上去工作。团队应不断地鼓励成员充分展现“小我”，最大限度地发挥“小我”的个体潜能，这样团队才会有持久的创新能力。

4.2.2　创业团队的组建类型和组建过程

1. 创业团队的组建类型

按创业团队成员之间不同的组成形式，创业团队可以分为星状创业团队、网状创业团队和虚拟星状创业团队三种。

（1）星状创业团队。星状创业团队是指由一个核心人物充当领队角色的创业团队。在这种团队形成之前，一般是核心人物有了创业的想法，然后根据自己的设想进行创业团队的组织。因此，在团队形成之前，核心人物已经就团队组成进行过仔细思考，根据自己的想法选择相应人员加入团队。这些加入创业团队的成员可能是核心人物以前熟悉的人，也可能是他不熟悉的人，但他们可以起到核心主导人物支持的作用（图 4-1）。

（2）网状创业团队。网状创业团队的成员一般在创业之前都有密切的关系，如同学、亲友、同事、朋友等。他们一般都是在交往过程中共同认可某一个创业想法，并就创业达成共识以后开始共同进行创业的。创业团队在组成时没有明确的核心人物，各位成员根据各自的特点自发地进行角色定位。因此，在企业初创时期，各位成员基本上扮演的是协作者或伙伴关系（图 4-2）。

图 4-1 星状创业团队

图 4-2 网状创业团队

（3）虚拟星状创业团队。虚拟星状创业团队是由网状创业团队演化而来的，基本上是前两种的中间形态。该团队中有一个核心人物，但是该核心人物地位的确立是团队成员协商的结果，因此核心人物从某种意义上说是整个团队的代言人，而不是主导型人物，其在团队中的行为必须充分考虑其他团队成员的意见，不如星状创业团队中的核心人物那样有权威。

2. 创业团队的组建过程

创业团队的组建经常是一个反复和不断调整的过程，不同类型的项目不仅团队要求不一样，而且组建步骤也不一样，团队成员之间的磨合和相互适应都会经历一个过程才能完成。总体而言，创业团队的组建过程包括以下几个环节。

（1）识别创业机会。创业机会的识别是整合创业团队的起点。为了组建创业团队，创业者需要首先关注创业机会在人力资源方面的支持要素，然后在此基础上形成团队的创业目标。

（2）制定创业计划。在组建创业团队前，创业者要清楚有哪些需要进行的工作，即制定创业计划，然后根据工作需要配备人员，切忌在工作还没有确定前就盲目地组建创业团队。创业计划是在对创业目标进行具体分解的基础上，以团队的整体来考虑的计划。创业计划确定了不同创业阶段要达到的目标，通过逐步实现这些阶段性目标来实现最终的创业目标。撰写创业计划书，一方面可以进一步使自己的思路清晰，厘清影响创业成败的关键因素，同时对自身优劣势、已有的资源和下一步继续开拓的方面都有清晰的认识；另一方面能够让创业伙伴感受到创业者的热情，更清楚地了解创业者的想法和思路。

（3）寻找创业伙伴。创业者可以通过亲朋好友、招商洽谈会、论坛研讨会、包括网络新媒体在内的公共传媒等寻找创业伙伴。创业团队应尽可能精简，一是为了减少人员的费用支出；二是减少协调沟通，加快反应速度。互补原则是创业团队组建的重要原则，包括知识互补、性别互补、年龄互补、阅历互补、性格互补等。值得注意的是，知识互补方面要充分注意结构搭配，技术、管理、营销人才缺一不可，并充分发挥个人优势。

（4）进行职权划分。创业团队成员间的职权划分必须明确，既要避免职权的重叠与交叉，也要避免无人承担职权而造成工作上的疏漏。在实际中，很多创业团队是基于亲戚朋友关系建立的，这能保证团队成员之间有较大的信任，在创业初期资源匮乏、企业事务多的情形下保证企业团结。但是随着企业进一步扩大，这种依靠亲戚朋友构建起来的团队往往会遇到一些权限不明、责任不清的问题，甚至由于价值观念不同而使企业分裂，因此有必要进行职权划分。进行职权划分主要有书面合同法和心理默契法两种。书面合同法适用于对权益份额的确定，即以具有法律效力的书面合同对各创业团队成员在企业中所占份额的比重和规模予以确定。心理默契法适用于灵活安排创业团队成员应从事的具体工作、所需扮演的工作角色等。

✧ 课堂讨论【4-3】

（1）与好朋友一起创业，优势和劣势分别是什么？

（2）如何防止创业团队在壮大的过程中因为利益分配问题而解散？

4.2.3 创业团队的管理

创业团队组建成功后，最重要的就是进行创业团队的管理，把团队成员团结在一起，实现团队的高效运作。良好的创业团队管理是新企业成功的基石。

1. 加强团队成员间的沟通交流

沟通是在传递信息行为的基础上进行一定情感交流的活动。良好的沟通是高效率团队的必备要素之一。有效的互动和交流能够影响团队成员在团队中的行动，包括团队成员对团队工作方案的认同、团队成员的有效配合、在执行团队任务时的全力以赴，使团队成员在未能实现团队目标时仍然保持目标一致且共同努力。

在团队内部增加有效的信息共享与情感交流可以增强成员对团队的责任感，直接影响团队成员的行为，还会和团队中的其他因素相互作用，对团队产生积极的影响，提升团队的工作效率。

2. 明确团队发展目标

创业团队是一个为了实现共同目标而一起工作的群体。个人目标与团队目标是密切联系、不可分离的。创业团队有了目标就有了企业使命。团队管理者应通过制定团队目标让团队成员明确工作的意义，让团队成员有清晰的行动方向，增强其在创业活动实施过程的参与程度。

制定团队发展目标也有助于其他成员进行有效管理。当确定团队发展总目标后，创业者必然对其进行有效的分配，将其转变为团队中各位成员的分目标，使团队成员明确自己的工作责任。总目标与分目标可以作为一定时期内对成员工作完成情况考核和评价的依据，成为衡量团队绩效、个人贡献的标准。

3. 开展团队培训

加强团队建设、提升团队成员的工作水平、提高团队成员的综合素质是企业发展和建设的客观要求。团队培训是提高团队成员综合素质的重要方法，加强团队培训有利于提升团队的凝聚力和战斗力，促进企业跨越式发展。

团队培训的方式多种多样，其中拓展训练能增强团队成员的团队意识和协作精神，让团队成员体会到合作与竞争、决策与执行在团队中的重要性。在团队培训中，创业者应注意团队成长与个人成长的关系，不断采用创新的培训方法打造一支力量强大的创业团队，为企业的发展提供智力和技术支持。

4. 实施团队激励

激励即激发鼓励，在团队管理中用于激发团队成员的工作热情，即用各种有效的方法调动团队成员的积极性，使其努力工作，完成既定的任务。要建立一支积极向上的团队，激励是必需的。激励政策有利于团队的发展，如对有突出业绩的团队带头人和团队成员给予相应的支持与奖励，营造一种竞争性的政策环境。由于不同的员工有着不同的需求，即使是同一个员工，在不同的时期也会有不同的需求。因此，激励的方式应多样化，可以是物质激励，也可以是精神激励。在没有物质激励的情况下，精神激励同样可以使员工保持工作的积极性。

★　训练与实践【4-2】

1. 拓展训练：滚动的火轮。

训练内容：团队协作竞技。

训练用具：报纸、胶带。

场地要求：一片空旷的场地。

游戏时间：10min 左右。

游戏规则：将学生分组，每组 3～10 人，利用报纸和胶带制作一个可以容纳全体团队成员的封闭式大圆环；将大圆环立起来，全队成员站在大圆环内，边走边滚动大圆环。

活动目的：培养队员团结一致、克服困难的团队精神；培养队员的计划能力、组织能力、协调能力；培养队员服从指挥的工作态度；增进队员间的相互信任和理解。

2. 某高新技术企业按业务分类成立了 3 个不同的业务部门，各部门下设研发团队、销售团队和技术支持团队，各个部门的业务收入和成本都是独立核算的，但需要平摊后勤部门，包括行政部、人力资源部和财务部所产生的成本。目前，企业共有 138 人，其中 3 个业务部门共 104 人，后勤部门 30 人，高层领导 4 人。由于企业成立时间不足 3 年，客户资源还不够稳定，所承接的业务量波动较大。因此，在工作任务繁重时，有些员工，尤其是研发和技术人员，会抱怨压力过大，各业务部门经理也会抱怨合格员工太少，新员工不能立即适应项目的工作；但在工作任务相对较少时，经理们又会抱怨本部门的人力成本太高，导致企业利润下降。

（1）该企业在专业技术人员供需方面出现了什么问题？

（2）请为企业提供一个专业人才资源利用和管理的方案。

（3）请为企业制定一个专业人才招聘和培训的计划。

4.3　设计商业模式

在当今全球化浪潮的冲击下，技术革新的速度加快，市场环境变得更加不确定。在这样的形势下，企业需要拥有一个适合自己的商业模式，以便彰显特点，脱颖而出。好的商业模式能够帮助企业快速、健康地成长，从而提高创业的成功率。

4.3.1　商业模式的概述

商业模式的概念早在 20 世纪 50 年代就有人提出，商业模式是一个组织在明确外部假设条件、内部资源和能力的前提下，用于整合组织本身、顾客、供应链伙伴、员工、股东或利益相关者来获取超额利润的一种战略创新意图和可实现的结构体系及制度安排的集合。商业模式涉及企业的资源获取、生产运作、营销推广、研发活动、合作共赢、客户交流、收益实现等环节。

商业模式包括目标价值、利益相关者、企业流程、收入和技术五大要素。其中，目标价值是指企业通过生产经营活动最终追求的价值；利益相关者是指企业在纵向和横向价值链上的参与主体，如供应商、合作伙伴、客户；企业流程是指实现企业目标价值的路径及企业制定的生产运营的操作流程；收入主要指企业的收入来源；技术是推动企业发展的动力因素。一种成功的商业模式的关键在于对现有资源的充分利用及对商业模式各个要素的合理整合。

4.3.2　商业模式的内容

商业模式的内容主要有产品模式、用户模式、推广模式和收入模式等。

1. *产品模式*

产品模式是指企业向客户提供的是什么样的产品。所有的商业模式都以产品模式为基础，能够满足客户需要的产品才能创造价值。产品模式中应明确具体是什么产品、具有什么价值、能够解决客户什么问题等。

2. 用户模式

用户模式是指新企业要找到产品最适合的目标用户，即企业要明确面对的是哪个细分市场，企业产品不可能适合所有的用户。

3. 推广模式

推广模式是指企业用什么样的方法接触到目标用户。一般的推广模式就是花钱做广告，但是最好的推广模式是不需要花钱的，其关键是要把握用户的真实需求，然后通过产品的完善来帮助用户解决问题。

4. 收入模式

收入模式是在得到大量用户以后，企业获得收入的方式。企业应设计令人满意的收益方式，并注意处理好收益方式中的 3 个问题：一是以什么方式获得收益；二是这一环节谁向你付费；三是服务的定价水平。

4.3.3　商业模式的本质

商业模式的本质可以从以下 3 个维度来进行阐述。

1. 商业模式是价值共赢的模式

商业模式为企业上下游的供应商、合作伙伴、客户创造价值，其强调合作，利益共享，创造共赢的局面。有价值的商业模式必须是价值共赢的，共赢的商业模式可以创造更多、更好的价值，顾客、供应商、企业之间共同实现良好的价值创造、价值传递、价值分配和价值实现。

2. 商业模式是系统的模式

商业模式是由多种要素构成的体系，这些要素相互关联，为企业做出了重要的贡献。商业模式由企业产品、服务、信息流整合而成，是一系列制度结构、制度安排的连续体。商业模式中的各个要素体现了其紧密的结构性和关联性，相互支持、共同作用，形成了一个良性循环。

3. 商业模式是与历史相匹配的模式

商业模式是在特定时间和空间下的静态实现，今天的模式可能不适用于明天，没有永远成功的商业模式。为了获得长期的核心优势，商业模式必须始终保持必要的灵活性和应变能力，与历史相匹配，这样的商业模式才能获得成功。成功的商业模式无不与企业的历史环境相匹配。例如，人们研究苹果手机成功的原因时，往往会归因于乔布斯的领导和公司的商业模式，却忽视了苹果公司几十年来积累起来的文化内涵和历史沉淀。

4.3.4　商业模式的设计

1. 商业模式的定位

商业模式的定位是指确定商业模式以什么方式向客户提供独特的价值，经营规模有多大，投资价值有多少，需要用多长时间达到什么目标，在行业中处于什么位置。根据商业模式的定位，创业者就会知道企业需要什么样的资源和能力，是研发、品牌、渠道，还是知识、管理。

2. 明确利益相关者

利益相关者是指能够高性价比地提供资源和能力的人。创业者在寻找利益相关者时，要考虑利益相关者的交易结构，了解交易结构中权责的安排情况，考虑与利益相关者如何合理地分配利益和如何控制交易风险。

3. 业务设计的专业化与标准化

（1）商业模式的专业化。商业模式的专业化主要集中在经营业务和经营环节两个方面。

对于经营业务，许多优秀企业的业务都集中在某一方面，如沃尔玛专注于超市的经营、苏宁电器专注于3C产品（通信产品、计算机产品和消费类电子产品）销售等。

对于经营环节，企业可以从目前所经营的多个环节中挑选做得非常好的环节，如设计、采购、生产、物流等环节，然后进行专业化经营。

（2）商业模式的标准化。商业模式的标准化主要体现在资源和能力的标准化方面，如企业产品生产流程的标准化、服务操作程序的标准化、员工商务礼仪的标准化、企业经营管理的制度标准化等。

4. 设计商业模式的结构维度

结构维度是商业模式的内核，结构维度中所有的要素都是商业模式的载体，不同的商业模式对结构要素的要求是不同的，从而影响企业的经营边界。在商业模式的结构维度中，消费者是重要的维度，是商业模式的价值实现者，而消费者价值实现的多少取决于消费者效用的大小，消费者效用不同对应着消费者不同的消费满足程度。不同的商业模式给消费者带来的满足程度及效用是不同的。除消费者外，供应商和相关产品是其他的维度，这两个维度通过一定的市场策略和市场行为与企业形成价值网络关系。因此，创业者应当从与企业相关的多个维度对商业模式进行设计。

5. 构建商业模式的价值网络

企业提供给顾客的特定利益组合，是由价值网络中的各种要素共同作用形成的。价值网络中除顾客价值外，还有合作伙伴价值、企业价值。合作伙伴价值是指企业提供给合作伙伴的利益组合；企业价值是指企业自身实现的最终盈利。企业应根据自身的战略资源与核心能力，通过全新的要素组合与实施，构建合理的价值网络，才能高效地向目标顾客传递价值内容，实现价值创新。

◆ 案例【4-1】

基于自身条件的商业模式设计

卓越物业的某一家庭客户的孩子放暑假了，家长计划带孩子到北京旅游，却因工作很忙而无法实现。社区服务中心了解了这一需求后，策划组织了“少儿北京夏令营”活动，其效果很好，客户很满意。可见，卓越物业为客户创造了更多的服务价值，也实现了物业管理服务新价值。卓越物业基于“社区综合服务运营商”的定位，实现了完整的、深度的服务方案而非单独的物业管理环节或单一的服务产品，将企业转到服务与解决方案驱动型的商业模式上来。所以，行业和企业设计、运用哪种商业模式，必须基于企业自身的资源和条件，而其标准是看能否给企业带来最大利润，是否适用企业发展所需。

★　训练与实践【4-3】

通过回答下列问题来评估微信的商业模式。

1. 微信的定位是什么？
2. 微信的业务环节有哪些？
3. 微信的合作对象有哪些？
4. 微信与其利益相关者的合作方式是什么？
5. 微信的关键资源与能力有哪些？
6. 微信当前的主要盈利渠道有哪些？
7. 微信主要是通过什么方法赚取利润的？
8. 简要评价一下微信的成长空间。
9. 你如何评价微信的成长速度？

4.3.5　商业模式的创新

企业要进行商业模式创新，就意味着要构建特有的、难以复制的资源组合形式，具有巨大的经济潜力，从而为企业快速成长打下基础。因此，商业模式创新带来的利润和绩效提升往往比新产品或新服务创新带来的利润和绩效提升更多。

1. 商业模式创新是资源组合方式的优化

商业模式创新的最终目的是通过提升企业的竞争优势来提高企业的获利能力，这主要依赖于对企业所拥有的资源进行组合优化。一般产品和流程的创新多为延续性创新，而商业模式的创新则属于破坏性创新，其要求打破原有的组织障碍，对企业重新整合。

2. 企业间的合作是商业模式创新的方向

现代商业模式创新不仅需要对内部资源进行整合，还要建立高效的外部生态系统，如对供应链进行分析，把握与企业价值创造和价值转换相关的外部资源。企业间的合作能够大大降低企业的时间成本、管理成本和风险成本，也能够实现企业间知识与经验的互相交换和利用，因而成为商业模式创新的方向。

3. 商业模式创新是一种集成创新

商业模式是由许多因素组成的整体，包括产品价值、目标消费者、分销渠道、客户关系、核心能力、成本结构、组织构架、盈利方式等一系列要素。这些要素内在地发生联系，有机地关联起来，形成一个运作系统。商业模式创新是对该运作系统的较大调整，涉及商业模式多个要素的重大变化，伴随着技术突破、产品或工艺的创新，从而创立一个全新的、可盈利的商业模式。

★　训练与实践【4-4】

阅读材料，回答问题。

当当图书的商业模式是向上游出版社大批量采购图书，再通过因特网平台[自身 B2C（即“企业对消费者”的一种营销模式）平台及第三方平台]销售给读者，靠两者之间的差价获取盈利（也有少部分开放平台）。换句话说，当当图书更像是传统出版社的搬运工，将图书从出版社的库房搬到读者手中。京东图书的商业模式是通过改造开放平台的入驻系统，提升入驻的时效，让出版社快速加入；再通过开放仓配服务给出版社，从而提升出版社与自身的用户体验，最大限度地优化了用户体验（其出发点是用户体验，而非营利）。

（1）当当图书的商业模式有什么特点?

（2）京东图书的商业模式有什么特点?

（3）结合以上材料，谈谈应该如何进行商业模式创新。

4.4 参加融资对接

4.4.1 创业融资的概念

创业融资是指创业企业为了满足其生产和经营的需求，通过科学预测和合理决策，利用各种方式和渠道筹集资金的过程。这一过程涉及创业企业的价值评估，以及与潜在投资人或债权人的沟通合作，以便获取必要的资金支持。融资的目的在于确保创业企业能够持续正常地运营活动。

创业融资是创业管理的关键内容，其在企业成长和发展的不同阶段具有不同的侧重点和要求。大学生创业者在筹集创业资本的过程中，对市场信息不了解、对创业发展不确定、自身经验不足都是创业导致融资难的因素。

4.4.2 创业融资的作用

任何企业的生产经营都需要资金的支持，对于新企业来说，无论是进行产品研发还是产品的生产和销售，都需要大量的资金投入，如何有效地融集资金是创业者极为关注的问题之一。创业者通过合理选择融资渠道和融资方式，可以降低资金成本，将创业企业的财务风险控制在一定范围内。对企业不同发展阶段的融资需求特点进行分析有利于创业者做出科学的融资决策，使得创业企业实现可持续发展。在创业融资的过程中，不同的创业项目会对应不同的融资渠道和方式，这些融资渠道和方式不是唯一的，需要创业者去分析和把握。

◆ **案例【4-2】**

典当融资解决短期资金问题

张先生是一位成功的纸张批发贸易商人，其公司和十几家印刷厂建立了长期供货合作关系。由于印刷厂的业务量不断增长，公司的纸张批发业务大幅度增加，而银行又收紧了贷款政策，张先生一下子面临短期资金周转的困难，打算通过私人借贷解决资金问题。为了保持公司业务的正常发展，张先生找到典当行帮忙解决难题，业务人员经过详细分析张先生公司的业务特性和财务状况，建议他将个人名下一套闲置房产拿来典当行抵押典当进行融资。典当行经过价格评估后决定授予张先生50万元的最高循环贷款额度，张先生在接下来的半年内可以根据需要在额度内随借随还，逐日计息。

这样，张先生既可随时借用资金周转，又可避免资金闲置时负担利息，比向银行长期贷款更划算、更符合他的生意需求，而且防范了向私人借贷被人侵吞房产的风险。张先生连声赞好，立刻办理手续，安心地扩展公司的业务。

4.4.3 创业融资的方式

融资渠道是依据资金来源的不同划分的，其所反映的是资金从哪里来；而融资方式是依据资金所属的性质划分的，即资金在企业中属于怎样的资产。通常可将融资方式划分为债权性融资、股权性融资和混合性融资三种。

1. 债权性融资

债权性融资是指企业向银行、其他金融机构、其他企事业单位借入资金（本金），并支付一定资金使用报酬（利息）的融资方式，从而形成债务性资本。如果创业者选择债权性融资，那么就意味着与出资人形成债务关系。出资人为债权人，不承担企业的经营风险，也不参与企业的任何决策，而是等到债务到期时向创业者收回本金及利息，本息金额多少则完全取决于最初的本金多少及债务双方约定的利润，而不受企业实际经营情况的影响。

2. 股权性融资

股权性融资是指创业者出让一部分企业股份来获得资金。如果创业者选择股权性质的融资，那么资金提供者将按照提供资金的比例享有企业的控制权。实质上，股权性融资意味着出资人成为企业的所有者之一，参与企业决策，分担企业风险，日后也会分享企业的收益，获得的回报将根据企业的经营情况而变动。

3. 混合性融资

混合性融资兼有债权性融资和股权性融资的性质。混合性融资有其独特的优势，有利于企业调整资本结构，保持灵活性。但是其也有劣势，如优先股的股利不能在税前扣除，会增加企业的财务负担。

★ 训练与实践【4-5】

请同学们收看天津卫视播出的《创业中国人》节目，并通过某一期或几期栏目的总结，将获取的创业融资经验在课堂上分享给其他同学。

4.4.4 创业融资的渠道

创业融资的渠道通常有以下几种。

1. 自我融资

初创企业依靠家人和自己多年的积蓄融资是创业融资的一个重要来源。其优点是有利于创业者控制企业、占有企业绝大部分的股份，可长期使用，不需要还本付息；缺点是资金往往有限，且风险较大，一旦创业失败，多年积蓄将付诸东流。

2. 亲情融资

俗话说“一个好汉三个帮”，从亲朋好友处借钱创业也是寻找本钱的常见做法。其优点是筹措资金速度快、风险小、成本低、方便、快捷、灵活；缺点是给亲友带来资金风险，甚至是资金损失，如果创业失败则可能会影响双方的感情。

3. 合伙人融资

合伙人融资是祸福同享的共同投资。其优点是不但可以有效筹集到资金，而且可以充分发挥人才的作用，有利于整合和利用各种资源，能尽快形成生产能力，降低创业风险；缺点是如果合伙人多就很容易产生意见分歧，降低办事效率，也有可能因为权利与义务的不对等而使合伙人之间产生矛盾，不利于企业的稳定。

4. 从供货商处赊购

赊购是指购买商品时不付现金，先记账，以后一次或分为几次还款。这是一种商业信用形式，有利于推销商品，而且贷款的利息早已经打入货价，是一种自然融资。但企业成立之初，从供应商处赊货很难，因为供应商对企业的经营及未来状况不了解。

5. 政策扶持资金

政策扶持资金是创业者的“免费皇粮”。其优点是政府的投资一般都是免费的，降低或免除了筹资成本，而且不用担心投资方的信用问题；缺点是申请创业基金有严格的申报要求，同时政府每年的投入有限，筹资者需要与其他筹资者竞争。

6. 银行（金融机构）贷款

银行贷款是银行根据国家政策以一定的利率将资金贷放给资金需要者，并约定期限归还的一种经济行为。银行贷款被誉为创业融资的“蓄水池”，在创业者中很有“群众基础”。

银行贷款有抵押贷款、信用贷款、担保贷款、贴现贷款等。银行贷款融资的优点是方便灵活，期限和类型较多，风险较小，不涉及企业资产所有权的转移等；缺点是申请手续比较麻烦，筹集资金的数量有限，利率较高。一旦银行因企业无力偿还而停止贷款，则可能使企业陷入困境，甚至导致企业破产。

7. 设备租赁融资

设备租赁融资是指出租人根据承租人对租赁物件的特定要求和对供货人的选择，出资向供货人购买租赁物件并租给承租人使用，承租人则分期向出租人支付租金。在租赁期内，租赁物件的所有权属于出租人，承租人拥有租赁物件的使用权。

其优点是在交付部分资金的情况下，创业者就能够拥有该固定资产的使用权，因此在实际的筹资过程中，设备租赁融资和向商业银行贷款有时可以联合运用；其缺点是潜在风险很大，一旦企业亏损无法归还到期的融资费用，将产生多米诺骨牌效应，带来一系列的消极影响。

8. 天使投资

天使投资是初创业者的“婴儿奶粉”，其是指对具有巨大发展潜力的初创企业进行早期的直接投资，属于一种自发而又分散的民间投资方式。天使投资是风险投资的一种。天使投资与风险投资的区别为：天使投资人大多在申请投资的人具有明确市场计划时就已经开始投资了，而这些市场计划或想法暂时不被风险投资公司所接受。天使投资人可以分为富有的个体投资人、家族型投资人、天使投资联合体和合伙投资人。

其优点是相比风险投资门槛较低，有时即便是一个创业构思，只要有发展潜力，也能获得资金，而风险投资一般对这些尚未诞生或嗷嗷待哺的“婴儿”兴趣不大；其缺点是申请成功的概率不是很高，一方面是我国的天使投资并不像发达国家一样发达，另一方面是投资人对企业的项目要求较高。

9. 风险投资

风险投资(venture capital，VC)，根据美国风险投资协会(National Venture Capital Association，NVCA)的定义，风险投资是由职业金融家投入到新兴的、迅速发展的、具有巨大潜力的企业中的一种权益资本。从投资行为的角度来讲，风险投资是把资本投向蕴藏着失败风险的高新技术及其产品的研究开发领域，旨在促使高新技术成果尽快商品化、产业化，以取得高资本收益的一种投资过程。从运作方式来看，风险投资是指在专业化人才管理下的投资中介向特别具有潜能的高新技术企业投入风险资本的过程，也是协调风险投资家、技术专家、投资人的关系，实现利益共享、风险共担的一种投资方式。例如，国内知名的互联网企业——百度成立时所需的原始资金，就是来自风险投资。

10. 众筹集资

创业者可以把自己的产品原型和创意提交到众筹平台，发起募集资金，由感兴趣的人捐献指定数目的资金。通过众筹平台的帮助，有想法的人就可以启动一个新产品的设计生产。

11. 私募融资

私募融资是指不采用公开方式，私下与特定的投资人或债务人商谈，以招标等方式筹集资金。其形式多样，取决于当事人之间的约定，如向银行贷款、获得风险投资等。私募融资分为私募股权融资和私募债务融资。私募股权融资是融资人通过协商、招标等非社会公开方式向特定投资人出售股权进行的融资，包括除股权发行以外的各种组建企业时的股权筹资和随后的增资扩股。私募债务融资是融资人通过协商、招标等非社会公开方式向特定投资人出售债权进行的融资，包括除债券发行以外的各种借款。

★　训练与实践【4-6】

1. 中小企业如何才能获得风险投资基金？请谈谈你的看法。

2. 某新企业通过多种融资方式获得了5000万元启动资金，其中长期借款为400万元，长期债券为1000万元，优先股为600万元，普通股为3000万元。请计算各种融资方式的融资额比例，并分析该企业融资结构是否合理，如果不合理，应如何调整。

第三篇　工科大学生创新创业实践

第5章　课内实践——工科大学生专业素质训练

■　知识框架图

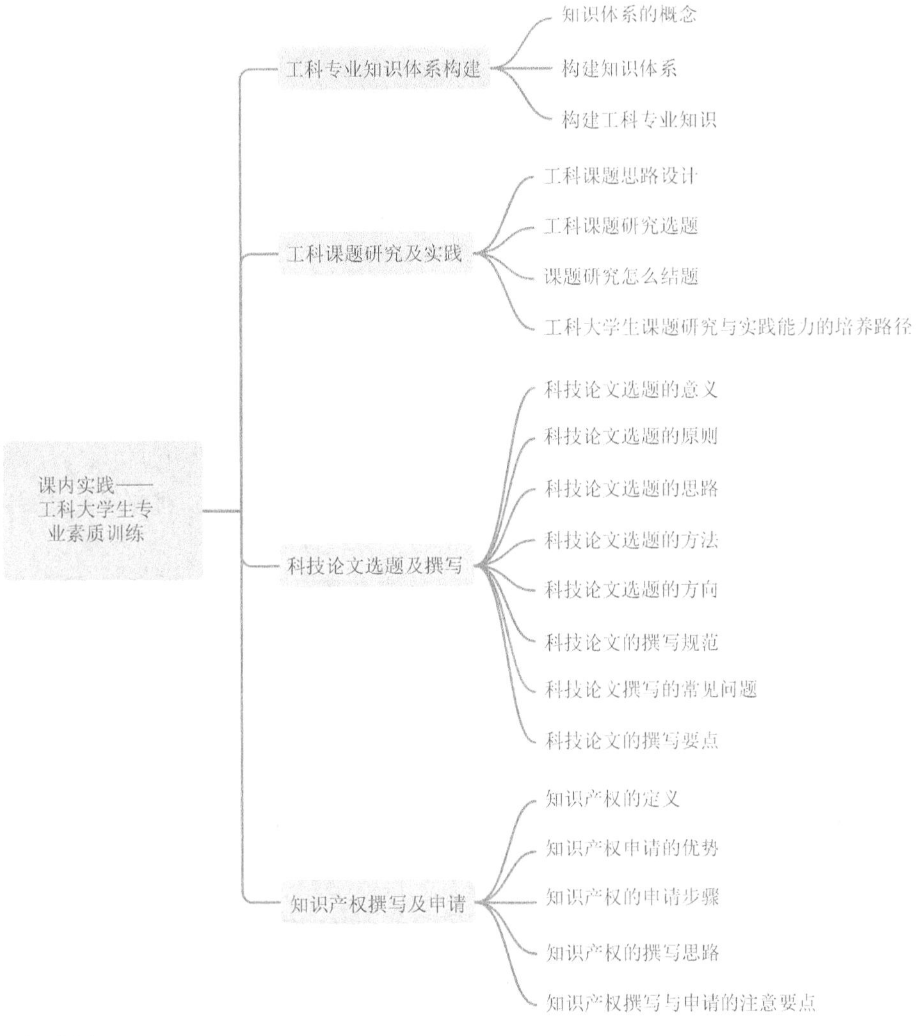

■　知识目标

了解知识体系的概念；

学会如何构建知识体系及工科专业知识；

了解科技论文选题的意义；

把握科技论文选题的原则、思路、方法及方向；

掌握科技论文撰写规范、常见问题及撰写要点；

了解知识产权的定义以及申请知识产权的好处。

■ **能力目标**

学会构建工科专业知识体系；掌握工科大学生工程实践能力的培养路径；掌握科技论文选题的方法；掌握申请知识产权的流程和步骤。

5.1 工科专业知识体系构建

5.1.1 知识体系的概念

知识体系也称知识结构，是指一个人经过专门学习培训后所拥有的知识体系的构成情况与结合方式。知识是人类在实践中认识客观世界（包括人类自身）的成果，包括事实、信息的描述或在教育和实践中获得的技能。其可以是关于理论的，也可以是关于实践的。知识体系更是如此，其更加饱满和综合。知识体系本身就存在，是由不同领域的专家总结出来的，已经较为完善。但知识和真理一样是相对客观的，不存在任何绝对完善的知识，一切都需要人们发现并验证。人类没有发现验证的“知识”尚且不称为知识。知识体系是基于人而存在的，别人总结的是别人的，吸收得到的知识体系才是自己的。

知识本身的体系是相对存在的。从全人类的角度来看，一个知识点可能从 A 到 X 都能发现并验证，但有的人可能只知道 A 到 C，有的人可能只知道 C 到 G，人的知识是残缺的、不完整的。

知识本身的体系是知识点的定义、构成、条件、背景、历史、用途、功能方向、外延等的知识组合。一个知识也可以看作其有一个知识体系，是无限的、变化的、复杂的，需要各个领域的人类来共同发现和验证。

个人的知识体系是一个人基于基因和背景从自己的兴趣、需求、特长出发而拥有的认知、经验、能力等的综合智慧。这是私人的、可控的，也决定每个人的差距和独特之处。

➢ **知识拓展【5-1】**

知识的定义：一条陈述能称得上是知识必须满足三个条件，即其一定是被验证过的，正确的，而且是被人们相信的，这也是科学与非科学的区分标准。由此看来，知识是有标准的。例如，我们可以明确地说出牛顿第一定律：任何物体都要保持匀速直线运动或静止状态，直到外力迫使它改变运动状态为止。

5.1.2 构建知识体系

构建自己的知识体系前，务必要明确自己构建知识体系的主题和目标，提醒自己“我的知识体系是什么？它的用途是什么？我为什么要建立它？”只有搞清楚自己知识体系的方向，找到自己最愿意学习的部分，才有足够的动力去坚持。

1. 人生定位

构建知识体系的第一步，就是为自己找到人生定位，也就是找到自己清晰的目标和方向。首先要确定自己的目标是什么，才能在茫茫知识库中有一个明确的方向，知道从哪里下手，所以知识体系的构建一定是目标导向的。

（1）认识自我。首先要清晰地认识自我，了解自己是一个什么样的人，其次明确自己的人生使命、愿景、价值观。关于如何明确自己人生使命、愿景、价值观，通过自我反思总结，让我们能够清晰地认识自我，成为自己人生的主人。最后，开始精准定位自己的人生。

（2）不断试错。客观上讲，人们不可能一次性就给自己的人生定好位，可能需要不断地去尝试和试错，在不断地探索中，慢慢摸索出自己的兴趣、能力、发展方向，自己未来的目标会逐渐清晰，这也就是不断试错、不断探索的价值。尤其是刚毕业的大学生，更要在工作和生活中不断地去尝试、学习、思考，磨炼自己，发现自己，直至认清自己。

（3）确定方向。人们通过大量的学习探索、实践尝试、深度思考，最终明确自己的人生定位，找到人生方向。之后，就要按照这个方向去开始构建自己的知识体系，明确自己的学习内容。

2. 持续学习

持续学习是一个人生存和发展的基础，也是构建知识体系最重要的步骤，尤其是在这个终身学习的时代，不学习就会被淘汰。

（1）坚持读书。书一般都是由某个领域的专业人员所写，书中不仅有方法，有案例，更有作者的思考。读书就是在和作者进行深度交流，学习其经验，总结其方法。

（2）深度思考。信息如果不经过处理，就不能称为知识。所以存储的知识起码应简单看过，知道是在讲什么，所以要对知识和信息进行处理，也就是消化吸收。自己不能光做，还要思考；不能光读，还要反思。思考其实就是把知识内化的过程，对知识进行归纳整理，最终转化为自己的知识。

（3）向人请教。人是获取知识的重要渠道。所以人们应知道谁最擅长什么？遇到问题时知道向谁学习和请教。多问才能理解知识，加深记忆。

（4）利用网络。如今网络非常发达，像“百度”等的搜索引擎多种多样。上网搜索可以浏览海量信息，快速地对一个问题有一个宏观的认知，以便对接下来的深度了解做出决策和参考。

3. 分享输出

我们都知道如何快速地记住一个知识点，就是用自己的话语把这个问题讲出来。然而，在日常生活中，我们太注重输入，而忽视了输出。

4. 产出作品

专家和普通人的区别就是，专家一般都有自己的作品，要么是专著，要么是产品，要么是品牌。所以，若想成为专家，最重要的就是要不断产出作品。对于工科大学生来说，书写科技论文或申请专利是最常见的方式。

5.1.3　构建工科专业知识

在工科类专业课的教学中，专业知识点（以下简称知识点）始终是教学双方都很关注的一种教学内容划分，教师据此形成课堂教学的知识节点，学生则视作学习研究的知识要领。在教学设计理论中，有关知识点的划分认定依然是一个值得研究的课题，但从实际教学的目的出发，一些意义独立、表述完整的最小知识单元，如一条定理、一个概念、一种方法等知识点，在教学设计中常被作为划分依据。在不同的教学过程中，同一个知识点可以具有不同的存在状态，既可表现为进一步细分后的若干个知识点，又可被包含在一个容量更大的知识点中，然而知识点之间的联系和过渡，以及对这种联系和过渡的探究和把握，始终是独立于具体的教育过程而被教、学双方一致强调的。

专业课的教学过程可分解成从一个知识点过渡到另一个知识点的许多单元进程。这种过渡在时间维度上是单向的，在知识体系的空间结构上则应是纵横交错的。知识点之间在思维和实践上的联系是实现这一过渡的桥梁。尽可能多地在相关知识点之间建立起这类桥梁，将使专业课知识体系的构建更加完善合理，专业课的课堂教学更加交融流畅，学生对专业课的理解和掌握则更趋于本质化。

对于专业课的教学内容，无论是授课计划还是教材内容，通常已具有较强的系统性和实用性，其专业框架明确，知识点之间的专业联系具体。然而，这只是专业课教学在显性层面上的现象。如果循此而教，则易于照本宣科；如果按此而学，则难以融会贯通。而发掘隐性层面上知识点之间的联系，在更加深广的范围中去把握整个知识体系的内在思维架构，从哲理的角度上升到方法论的高度，不但能使“为教”一方在课堂教学过程中井井有条，挥洒自如，还能使“为学”一方在获取大量新的知识信息的过程中领悟深刻，应付自如。

“新工科”对人才培养目标的定位由学生个体发展、工程本质属性、社会需求及国家意志所决定。新工科的出现将变革或颠覆原有工科知识体系，是面向未来的工程教育。高等教育中的工科是培养大批工程人才的重要学科门类，在美国工程与技术认证委员会（ABET）的《工程标准 2000》（Engineering Criteria 2000，EC2000）中，本科工程教育人才培养标准第一条即是“具备运用数学、科学和工程知识的能力”。工程知识是关于工程原理与规律、技能和能力等方面的知识，其来源于工程实际，对工程能力的培养尤为重要。

任何知识均由元知识、核心概念、基础理论、派生理论以及研究范式等构成。若要系统了解一个新的领域，必须清楚其理论基础、核心概念、理论发展、研究范式。依据知识构建理论及工程知识特征，学生对工程知识的认知是基于原有认知图式逐步建构起来的，其建构过程需要关联对工程实践的直观感受，并伴随连续的知识反馈验证。这个过程不可能一次完成，有同化或顺应，也可能有逆反或碰撞，要经过多次迭代，才能完成关联与综合、渐进、逐步升华的过程，具有其特定的建构规律。

对于工程知识到工程能力的转化过程，国内外高校一般采用本科生参与科研的方法，其主要形式体现为：其一，学生作为学徒参与教师牵头的研究小组，在其中担任研究助理；其二，由学生自己提出项目方案，包括研究性项目、工程设计项目以及公众服务性项目等，根据方案向学校申请研究资金。由于学科背景与内涵的差异，前者更适合“新工科”特色，以教师为主导、应用需求为导向、产业化为目标，更强调从知识到能力的转化，须树立起学以致用、为社会做贡献的精神，重点关注应用研究手段落地产业的成果。

➢ 知识拓展【5-2】

近年来，随着新兴工业产业的蓬勃发展，经济全球化现代化发展进一步提速，对我国工程教育提出了更高的要求。为推动我国工程教育改革创新，2017 年 2 月 18 日，教育部在复旦大学召开了高等工程教育发展战略研讨会，会议达成了新工科建设的“复旦共识”；同年 4 月 8 日，教育部在天津大学召开工科优势高校新工科建设研讨会，明确了新工科建设行动路线，即“天大行动”，标志着新时期我国工程教育改革正式拉开帷幕。

“新工科”作为新时期工程教育的新理念已经引起了教育界的广泛重视，围绕“新工科”的教育教学改革也在如火如荼地开展，特别是课程教育教学方式的改革。在工程教育的人才培养体系中，课程是培养学生能力的核心载体，学生掌握工程知识和应用能力都需要通过课程教学活动实现。因此，“新工科”理念下工程教育的最终落脚点仍然是课程，只有每门课程所承担的能力和素质培养达到预定目标值，学生毕业时才能达到总体培养要求。

★ 训练与实践【5-1】

1. 构建专业知识体系非常重要，请结合自己的专业研究领域，构建自己的专业知识体系。

2. 请结合当前环境总结“新工科”下应当如何学习。

5.2　工科课题研究及实践

5.2.1　工科课题思路设计

研究方案对整个研究工作的顺利开展起着关键作用，尤其是对于科研经验较少的人来说，一个好的方案可以使我们避免在课题立项后，开展研究时出现无从下手的现象，能够保证整项研究工作有条不紊地进行。可以说，研究方案水平的高低，是一个课题质量与研究者科研水平的重要反映，也是科研管理部门进行课题中期检查和结题鉴定的重要依据。

工科科研课题的种类多种多样，其研究方法也各不相同，研究方案也有不同的种类，但究其结构，则大同小异。课题研究方案的基本内容包含以下几个方面。

1. 课题的表述

一项研究课题必须有一个名称表述其所研究的内容。这看起来是个小问题，但实际上很多人写课题名称时，往往不准确、不恰当，从而影响了整个课题的水平和质量。一个好的课题名称，要符合准确、规范、简洁、醒目的要求。

准确，就是课题名称要把课题研究的问题（研究内容）是什么，研究对象是什么交代清楚。课题名称的表述是否清晰、是否能涵盖所要研究的内容和方法，在一定意义上说，也是检验与衡量研究者认识程度和水平的标志。课题名称一定要和研究内容相一致，不能太大，有一个适宜的切口，能准确地把研究的对象、问题概括出来。

规范，就是所用的词语、句型规范、科学，一些似是而非的词不能用，口号式、结论式的句型不能用。此外，确定课题名称时，还应慎用疑问句，因为疑问句表述的是一个问题，而不是一个论点或假设。课题名称应以陈述式句型表述。

简洁，就是课题名称不能太长，能不要的字尽量不要，一般不超过20个字。

醒目，就是课题研究的切口适宜、新颖，使人一看就对该课题留下深刻的印象。

2. 研究的目的和意义

作为课题方案，首先应对课题研究的背景和要达到的研究目的进行阐述，回答“为什么要进行研究”这样一个问题。

在方案中，课题研究的背景通常以“课题提出”或“课题背景”的方式来阐述，主要介绍所研究课题的目的、意义，也就是为什么要研究、研究它有什么价值。一般可以先从现实需要方面去论述，指出现实当中存在这个问题，需要去研究和解决，阐述本课题的研究有什么实际作用，然后介绍课题的理论价值和学术价值。这些都要写具体，具有针对性，不能漫无边际地空喊口号。

3. 国内外研究现状、水平和发展趋势

针对课题的研究内容，陈述课题范围内有没有人研究，哪些方面已有人做过研究？取得了哪些成果？这些成果所表达出来的观点是否一致？如有分歧，那么他们的分歧是什么？存在什么不足以及正在向什么方向发展？……对这些内容的分析一方面可以论证本课题研究的地位和价值；另一方面也说明课题研究人员对本课题研究是否有较好的把握，是否具有一定的研究基础。因为我们对某一问题进行科学研究时，必须清楚地了解该问题的研究现状。

4. 研究的理论依据

工科课题研究基本上是应用或技术研究，这就要求我们的研究必须有一些基本的理论依据来保证研究的科学性。例如，要进行工业余热回收实验研究，我们就必须以工程热力学、传热学等经典内容为试验的理论依据。

5. 研究的假设

课题选定后，根据事实和已有资料对研究课题设想出一种或几种可能的答案、结论，这就是“假设”。假设是根据一定的科学知识和新的科学事实对所研究问题的规律或原因做出的一种推测性论断和假定性解释，是在进行研究之前预先设想的、暂定的。

研究的假设中要涉及一些研究的变量，研究的变量依其相互关系可分为自变量、因变量、控制变量。

自变量是由研究者主动操纵而变化的变量，是能独立地变化并引起因变量变化的条件、因素或条件的组合，如在学习内容、教学方式、学习方式上研究者采取的变革措施。

因变量是由自变量的变化引起变化的变量，它是研究中需要观测的指标。

控制变量是与某个特定研究目标无关的非研究变量，也称无关变量，由于其将对研究结果产生影响，所以需要在研究过程中加以控制。

6. 研究对象与范围

工科课题研究总是指向一定的对象，这些对象往往是仪器设备、工程项目、实验现象等。由于这些对象极具复杂性，所以对此进行研究时必须先对其进行明确界定，以避免不同人从不同的视角理解而带来的混乱。①对研究对象的模糊概念进行界定；②对研究对象总体的范围进行界定；③对一些关键概念进行界定。

7. 研究的内容

研究内容是研究方案的主体，回答的是研究什么问题，问题的哪些方面。其把课题所提出的研究问题进一步细化为若干小问题。研究内容的多少与课题的大小有关，课题越大内容就越多。但许多研究者在确定研究内容时，往往考虑得不是很具体，写出来的研究内容特别笼统、模糊，把研究的目的、意义当作研究内容，对整个课题研究十分不利。因此，我们要学会把课题进行分解、细化，逐步开展研究。

8. 研究的方法

研究方法主要是指教育研究方法，其回答如何研究问题。工科课题研究的方法多种多样，主要有文献研究法、调查研究法、经验总结法、实验研究法、理论计算研究法、数值模拟研究法等。

根据各种研究方法所起的作用不同，大致可以将其分为两大类。一类方法是收集研究数据资料的方法，如调查法、观察法、测量法、文献法等。这些方法旨在获得对象的客观资料，而不给予对象任何影响。另一类方法是旨在改变和影响变量的方法，如实验法、计算研究法等。这些方法是要通过施加某些干预而获得某些期望的结果。有的研究可能采用单一的研究方法，有的研究则可能采用多种方法。例如，采用实验法，必然要采用第一类的数据资料收集方法，以了解实验的最终结果如何。

9. 研究的步骤

课题研究的步骤，也就是课题研究在时间和顺序上的安排。研究的步骤要充分考虑研究内容的相互关系和难易程度，一般情况下，都是从基础问题开始，分阶段进行，每个阶段要达到什么要求、用多少时间、从什么时间开始、到什么时间结束都要有相关规定。其使研究者一开始就心中有数，在实施研究中一环接一环、有条不紊地开展各项工作，从而保证研究能按预定要求如期完成。研究的步骤基本上包括方案准备阶段，方案实施阶段，专家论证评价、总结验收和结题三个阶段。

10. 研究的预期成果形式

成果形式指最后的研究结果以什么形式出现。研究成果可以有研究论文、报告、专著、专利、技术标准、计算机软件、试制设备、新技术、新产品等。研究周期较长的课题，还应分别有阶段成果和最终成果。课题不同，研究成果的内容、形式也不一样，但不管形式是什么，课题研究必须有成果，否则，这个课题就没有完成。

11. 课题组成员及其分工

课题组成员要根据课题研究的需要而进行确定。课题组成员并不是越多越好。课题组成员必须都承担课题研究某一方面的任务，其承担的任务的性质应与承担者的学识、能力相适应。计划中要把课题组负责人、成员的名单、分工写出。必要时，还应把各位成员的专业、能力特长、曾有的研究经历和成果列出，以便课题管理者对课题组的研究力量有所了解。

12. 经费预算要求

经费支出指在项目组织实施过程中与研究活动相关的、由项目资金支付的各项费用支出。不同的研究所要求的条件是不同的，经费支出主要包括：①设备费，是指在项目研究过程中购置或试制专用仪器设备，对现有仪器设备进行升级改造，以及租赁外单位仪器设备而产生的费用。②材料费，是指在项目研究过程中消耗的各种原材料、辅助材料、低值易耗品等的采购及运输、装卸、整理等的费用。③测试化验加工费，是指在项目研究过程中支付给外单位（包括依托单位内部独立经济核算单位）的检验、测试、化验及加工等的费用。④燃料动力费，是指在项目研究过程中相关大型仪器设备、专用科学装置等运行产生的可以单独计量的水、电、气、燃料消耗的费用等。⑤差旅费，是指在项目研究过程中开展科学实验（试验）、科学考察、业务调研、学术交流等所产生的外埠差旅费、市内交通费用等。差旅费的开支标准应当按照国家有关规定执行。⑥会议费，是指在项目研究过程中为了组织开展学术研讨、咨询以及协调项目研究工作等活动而产生的会议费用。会议费支出应当按照国家有关规定执行，并严格控制会议规模、会议数量和会期。⑦国际合作与交流费，是指在项目研究过程中项目研究人员出国或出境、外国专家来华及港澳台专家来内地工作所产生的费用。国际合作与交流费应当严格执行国家外事资金管理的有关规定。⑧出版/文献/信息传播/知识产权事务费，是指在项目研究过程中需要支付的出版费、资料费、专用软件购买费、文献检索费、专业通信费、专利申请及其他知识产权事务费等。⑨劳务费，是指在项目研究过程中支付给项目组成员中没有工资性收入的在校研究生、博士后和临时聘用人员的劳务费用，以及临时聘用人员的社会保险补助费用。劳务费应当结合当地实际以及相关人员参与项目的工作时间等因素合理确定。⑩专家咨询费，是指在项目研究过程中支付给临时聘请的咨询专家的费用。专家咨询费标准按国家有关规定执行。⑪其他支出，指项目研究过程中发生的除上述费用之外的其他支出，应当在申请预算时单独列示，单独核定。

5.2.2 工科课题研究选题

1. 选题的基本原则

一是前瞻性原则，对象要新，视角要新；

二是科学性原则，注重选题的创新性；

三是可行性原则，选题要与客观实际相符，可实现；

四是价值性原则，要有理论和应用价值，有指导实际的意义；

五是明确性原则，选题能够准确反映各研究要素的内涵和外延。

2. 选题注意事项

一是从实际出发，在研究中实践，在实践中研究；

二是不要贪大求全；

三是注重平时积累，从小处着手，要有问题意识；

四是适合自己的研究方向。

3. 选题从哪些方面入手

（1）从有关部门发布的课题指南中寻找问题。国家及每个地区都有科学研究管理机构，如国家自然科学基金委员会、各省科学技术厅、各地级市科学技术局等，这些机构或部门在一定的时间范围内都会定期或不定期地发布一些科研课题指南。针对这些指南中的课题也可以根据自己的实际，进一步具体化，提出符合自己实际情况的问题。当然，这些问题是否有研究的价值，还需要根据各自的实际情况进行分析论证。

（2）从行业实际急需解决的问题中提出问题。在你的专业学习中发现哪些问题是行业急需解决的，是工厂的设备运行效率问题？是生产工艺先进性出现了问题？还是工程实际中技术老旧无法满足新需求？像这样一些问题中往往就有你要找的课题。

（3）从学术交流中发现问题。一般的科技工作者容易对其所从事的专业工作出现定式思维。然而，一个具有敏锐思维的人往往可以看出其中的问题，而这些问题大多正是值得我们研究的、有价值的课题。因此，通过开展学术交流活动，我们可以听到多种意见或建议，开拓研究思路。

（4）从其他领域的先进经验和方法中移植和借鉴并提出问题。人们常说“他山之石，可以攻玉”，不同学科、不同领域的先进经验、方法应用在不同学科和不同领域将会产生什么样的效果和作用呢？这恐怕是一个很具有吸引力的问题。

像这样的问题很多，只要你放开思路，大胆设想，就不愁找不到你所关心的、有价值的问题，只要你能提出问题，课题也就很容易找到。

4. 怎样对课题进行论证

既然选定了一个课题，就必须对这个课题进行分析、预测和评价，避免选题中的盲目性。了解这个课题目前在国外、国内的研究情况，包括研究已取得的成果和存在的问题，了解这一课题所属的理论体系等。对课题进行全面了解可以在研究过程中少走弯路，确立研究的主攻方向，这就是常说的“知己知彼，百战百胜”。

论证一个研究课题主要是弄清以下几个问题。

（1）所要研究问题的性质和类型。

（2）所要研究的问题具有什么现实意义？它的理论与实践价值是什么（即在理论与实践上预计有哪些突破）？

（3）所要研究的问题目前已有哪些研究成果和研究的动向。

（4）所要研究的问题应具备的条件分析。

（5）课题研究的策略、步骤及成果表述形式。

5. 课题研究怎样“做”题

做题应是课题研究过程中最重要的环节，也是确保课题方案得以具体实施的现实基础。我们当前不少课题研究注重立项、申请，而轻视做题，这样的课题研究只是在玩文字游戏，没有具体的课题研究过程，没有取得课题研究应有的效果。因此，课题研究的过程中，应加强做题方面的工作，摆正做题在课题研究中的位置，从而保证课题研究扎实、深入、有效。

做题一般按照以下流程来实施的：开题→制定课题方案→制定阶段性实施计划→按计划开展各项活动→收集相关资料和数据→资料的整理与分析→完成阶段性小结→形成研究成果→建立课题档案→完成研究报告→申请结题。

按照以上的程序，研究者根据课题研究的内容选择适合的策略，扎实、有步骤地去研究。同时，具体实施研究的过程中，及时记录、收集实验中的原始材料，包括阶段性报告、总结、个案分析、对比数据等，收集的内容要客观、翔实。如果课题按照这样的方式认真做题，整个课题的研究必然会“饱满”“厚实”。

做题时，要注意增强以下几个方面的意识。

（1）规范意识。科学有一个显著的特点，就是科学的过程和结论可以在相同的条件下重复和再现，也正因为如此，我们才能运用科学结论。科学研究当然希望最终的结果能够令同行们信服，得到社会的认可，并且能够运用或推广。而为了做到这一点，我们必须保证科研的严肃性、规范性、可重复性、防止随意性。因此，科研必须有目的、有计划、有实施方案，并严格按照预定的计划和方案进行活动。

（2）团队意识。科学研究必须依靠团队的力量，群策群力，要得到有识之士（专家学者）的关心和指导，要争取有志之士（有志于科研的一线科技工作者）的积极参与。

（3）学习意识。科学研究必须有理论的指导，进行教育科研必须有教育科学理论的指导。课题组应该建立理论学习制度，经常地、定期地进行理论学习。除了积极参加各种科研理论培训之外，各个学校或各个课题组还可以组织一些针对性比较强的课题培训，尽可能使每个参与的科研成员特别是骨干成员，都能掌握一定的进行课题研究时所需要的基本理论。

（4）科学意识。把研究对象分解成若干比较简单的要素，然后分别加以研究，这是一种重要的科学研究方法。因此，课题研究过程中，应对研究的课题加以分解，把一个大课题适当分解为若干个比较简单、具体的子课题，这样既可以充分发挥每个课题组成员的积极性，又可以使课题研究落到实处。

（5）策略意识。研究者如果面面俱到的话，可能效果不是很好，解决任何问题都有一个关键，抓住了这个关键，一切问题都可以迎刃而解。在人力、财力、物力、时间都非常有限的条件下，重点突破、以点带面是比较明智、有效的办法。

5.2.3 课题研究怎样结题

研究课题经过一段时间的研究后，预定的研究设想基本完成时，就进入了结题阶段。结题应做好以下几个方面的准备。

1. 结题所需的材料

课题的结题是整个课题研究的工作总结，是对研究成果的鉴定。课题的结题一般需要准备以下材料：①结题申请报告；②课题立项申报表；③课题立项批复文件；④课题的开题报告；⑤课题研究总结性结题报告；⑥课题鉴定书；⑦研究成果附件。

2. 结题的方式

课题结题方式一般分为两种：一是函件结题，也是通信结题，结题者只需要向相关的部门提交课题研究结题材料，由相关部门组织专家组进行评议、鉴定；二是现场结题，主要是针对一些重大课题进行的。

3. 结题报告

结题报告是实施研究计划、保证课题研究任务完成的工作总结，是课题评价验收的重要文本。

结题报告一般由四个部分组成。

（1）概述：概述课题研究的基本情况，包括级别、文号、课题背景、课题组成员，以及主要研究的步骤、过程、时间等。

（2）方法：研究本课题的做法、体会、经验，包括指导思想、研究策略、具体方法、推广阶段性成果等。

（3）结果：描述本课题所取得的各种形式的理论成果、应用成果、社会效益或阶段性成果。

（4）评价：对成果和不足做出评估，对成果的应用推广、本课题的进一步深化，提出建议与意见。

5.2.4　工科大学生课题研究与实践能力的培养路径

1. 树立创新教育理念，重视实践教育环节

高校创新创业教育的人才培养，应注重对学生创新意识、创业意识的培养。工科专业教学中的很多知识，都能够与创新活动进行有效融合，创新创业的过程也就是专业基础知识转化为实际生产力的过程。因此，为更好地应对新工业革命的挑战，满足对高层次工程创新人才的需求，新工科背景下的工程教育需要不断深化课程体系的改革，如在理论教学体系中开设工程讲座类课程，涉及与工程实践相适应的经济、法律、环境、安全和健康等方面内容，开设工厂设计课程和卓越工程师培养课程；加强对工程教育实践教学环节的重视，依托于近年来建设的一批综合性工程训练中心或实验教学示范中心，逐步丰富完善基础实验、专业实验、创新实验、创业项目、实践训练等分步骤、分层次的实践教学体系，加大实践环节的学分要求，提升学生的工程实践能力。

2. 搭建工程教育活动平台，培养综合能力

高校应充分利用好大学生创新创业训练计划等政策条件，不断让更多的同学积极参与到工程实践项目中，激发学生的自主学习兴趣和动力；同时依托于“挑战杯”“大学生创新大赛”等各类竞赛，利用比赛项目培养学生的综合能力，举办科技文化节、工程创新论坛、实验室 Open Day、学术交流报告等形式多样的活动，为培养学生的工程实践能力和创新创业能力提供平台。

3. 校内校外合作，丰富完善科研师资队伍建设

相比于课堂的理论教学，对于学生课题研究与实践能力的培养，导师的切身指导显得更加重要。一方面，要加强留校青年教师的工程能力，与企业建立年轻教师工程能力培训途径，定期选派青年教师到企业锻炼和学习，解决学生培养中教师工程能力不足的问题；另一方面，要建设一支有行业背景的校外企业师资队伍，让更多优秀的工程型人才参与到高校教学中，如到校为学生授课、举办工程讲座，指导学生解决实际问题，通过校内学业导师 + 校外企业导师的双重指导，丰富完善科研师资队伍建设。

4. 加强校企合作，建立产学研协同育人机制

高校应当扩宽办学视野，不断深化与企业的产学研合作，建立协同育人机制。一方面，高校应主动了解行业发展趋势和企业发展方向，在人才培养方案、课程体系建设等方面加强交流，使得培养出来的学生更适应社会实际需求；另一方面，应利用企业强有力的硬件资源和师资力量，借助卓越工程师训练计划等项目，在企业建立工程实践能力培训基地，将部分实践环节转移到企业的实地工作环境中，让学生身临其境地参与工程实践，提高学生解决实际问题的能力，使其成长为高层次的专业型人才。

5. 发挥优秀学生带动作用，完善创新创业骨干学生培训体系

选拔对科技创新感兴趣的优秀学生组成科创学生骨干，发挥优秀学生带动作用，组织开展创新创业活动，树立科技创新榜样，引导和帮助其他学生参与科技创新活动；以创新创业项目及学科竞赛为基础，挖掘优秀学生团队，提供平台资源，指导帮助完善并转化创新创业成果，推荐其至学校、省市、国家等更大平台。

6. 破思维定式，探讨思考方式

高校可采用寓教于乐且科学有效的方式提升大学生对创新创业的兴趣。现在创业课堂的基本情况主要是：课本的知识生硬且枯燥，很难激发学生的兴趣。因此，高校应结合大学生的兴趣特点，采取有效且不枯燥的思考方式，以下介绍的方法十分切合工科大学生的基本特点。

（1）头脑风暴法。头脑风暴法是一种通过营造轻松氛围，突破权威思维定式，令人畅所欲言，输出大量想法的创新方法。头脑风暴法是由美国亚历克斯 • 奥斯本（Alex Faickney Osborn）于 1939 年提出的，其一般形式是通过组织与会成员积极发言，互相启发，达到灵感迸发、创新落地的目的。

（2）七何分析法。七何分析法又称 5W2H 法，是通过 7 个问题对已有问题的主要方面进行创新探索。7 种问题分别以 Why、What、Where、When、Who、How、How much 开头，这 7 个问题可以引导人们对已有问题进行全面思考，也可以让人们对已有创意进行分类和评估。

（3）发明问题的解决理论法。发明问题的解决理论（theory of inventive problem solving，TRIZ）是由苏联根里奇 • 阿奇舒勒（Genrich Altshuller）和他的研究团队于 1946～1985 年研究的一套创新问题解决理论体系。该理论建立在对成千上万发明专利进行分析的结论上，是一套逻辑严密、可操作性强的发明创造方法。但是掌握该理论的时间成本较高，需要系统的培训，再加上多年的实践才能实现得心应手的效果。

（4）六西格玛管理策略法。六西格玛是企业进行质量管理的有效策略，可通过界定、测量、分析、改进、控制等步骤对产品的缺陷进行发掘和改进。工科大学生由于缺乏实际生产经验，其设计的产品有诸多缺陷，在进行生产时，工科大学生若能利用六西格玛管理策略法对产品进行优化和完善，将有助于产品落地。

★　训练与实践【5-2】

1. 经典的高校工科课题研究案例是否能够体现学生学习专业学科前沿知识与创新创业知识相结合？为什么？

2. 通过经典的企业发展案例，寻找市场机会进行创新创业，是否需要夯实专业基础，提高专业素养与敏锐性？工科高校应如何更好强化学生的创新创业意识？

5.3　科技论文选题及撰写

科技论文的选题是科技论文写作最重要、最关键的步骤。好的选题是科技论文写作成功的良好开端。科技论文选题过程中需要注意以下四点：①选题要体现专业性，符合

本专业的要求和规范；②题目大小适中，一般选择本学科某一重要问题的一个侧面或一个难点；③要具备问题意识，才能使论文具有针对性，有的放矢；④要有学术意识，分析学术界对这个问题的研究深度，在他人研究的基础上想办法找到一个新的突破点，才会有学术意义。

科技论文的写作主要涉及两个问题：一个是写什么，另一个是怎么写。选题就是解决写什么的问题。伟大的科学家爱因斯坦曾经说过，提出一个问题往往比解决一个问题更重要。因为解决问题也许仅是一个数学上或实验上的技能而已，而提出新的问题、新的可能是从新的角度去看旧的问题，需要有创造性的想象力。可以说，科技论文的价值并不在于写作技巧，而在于研究工作的本身、在于选择什么样的课题、取得哪些有价值的研究成果。如果从论文发表产生的效果和作用而言，只有选择的课题具有学术理论和实践应用价值，才会取得良好的社会效果；反之，如果研究课题没有必要，即使耗费再多的心血和精力，文字表述得再精彩，也是没有价值的。

5.3.1　科技论文选题的意义

1. 科研工作的先导

完成一项科研课题通常包括 3 个阶段：选题阶段、研究阶段、撰写论文阶段。其中，选题是科学研究的起点，是非常关键的第一步，是整个科研工作的主导思想。科技论文的选题虽然不完全等同于科研的选题，但密不可分。论文是以整个科研成果或其中一部分作为撰写对象的，一个课题完成后，研究者可以只写一篇论文，也可以由此课题衍生出数篇论文，但论文的选题均在科研课题的内涵和外延之中。

2. 确立研究方向

科学研究活动是一项目的性很强的工作，从提出问题到解决问题，皆是遵循科学合理的辩证过程，只有对问题有清晰的认识、深刻的理解，解决起来才会相对容易。确定选题后，所有的研究工作都将集中于一点上，就是围绕论文题目进行。因此，选准论文题目，即为整个学术活动确立了明确的研究目标，才称得上是真正意义上的科学研究。

3. 界定研究工作范围

现代科学不断向精深发展，导致学科分支越来越多，专业也越分越细，研究者不可能在多个学科分散发展。在某一时期内，研究工作具有一定的稳定性，有较为确定的研究方向和范畴。明确的选题使得这一研究方向和范畴更为具体化，科研工作者可将有限的精力投入有限的研究目标中，提高工作效率。

4. 制约着研究进程

研究进程与选题密切相关。在科学研究工作中，由于所选课题的内容、大小及难易程度各不相同，研究进展情况也难以趋同，小而相对容易的课题可在数周或数月内完成，难度大的课题则需要数年甚至数十年，据悉英国科学家焦耳对“热功当量测定”课题的研究历时 40 余载，花费了多半生的精力才取得成功。

5. 决定研究价值

研究价值在很大程度上取决于初始的选题，有些人忽视科学发展需要，想当然地选择一些根本无研究必要的课题，所获得的成果毫无价值；有的人怕承担风险引起争议，对重要的现实课题避而远之，只选择些无关痛痒的论题，在降低风险率的同时，其价值也大打折扣；也有些人不愿意深入实际调查研究，选题严重脱离现实；还有些人急于产出成果，在功利思想的驱动下选择价值不大的课题，社会效益也无从谈起。在科学发展史上因选题而造就成功或导致失败的事例不胜枚举。1774 年，英国化学家约瑟夫·普里斯特利（J. Joseph Priestley）在化学实验过程中发现一种助燃气体，但受当时占统治地位的燃素学的影响，他把这种气体称为无燃素空气，只写文章做了介绍并未就此问题深入研究下去。而 1775 年法国化学家安托万·洛朗·拉瓦锡（Antoine-Laurent de Lavoisier）阅读此文之后，意识到这是一个很有价值的新课题，由此确定研究方向。经过大量的实验、研究和分析，拉瓦锡发现了新元素氧，推翻了燃素说，取得了极有价值的成果。科学研究的最终目的是为社会服务，选题有意义，其随后的研究才具有意义，在此基础上撰写的论文也才会有价值。

6. 制约着研究成果

选题对研究成果的作用体现在两个方面：其一，选题关系到科学研究的成败。正如培根所言“如果目标本身没有摆对，就不可能把路跑对。”即使是伟大的科学家牛顿，其后 40 年的研究建立在唯心主义基础上，从而难以再铸辉煌。其二，选题一经确定，其未来的研究方向、范畴也随之界定，研究结果的范围基本明晰。虽然在科学发展史上，许多成果是研究者无意中偶然取得，但是随着各个学科领域理论水平的提高，科学研究的偶然因素已越来越少，超出选题范围的额外成果极为少见，这是科学深度发展之必然。另外。随着交叉学科领域的渗透，现代科学探究往往需要多人协力攻关，较大的课题还需要较多的经费资助，而选题成为该课题能否得到资助的决定性因素。具有较高学术理论价值或实际应用前景好的选题，是寻找资助的敲门砖，容易获得各级各类基金及物力、人力的资助和立项。

5.3.2　科技论文选题的原则

科技论文选题的基本原则主要包括需要性原则、可行性原则、创新性原则和科学性原则。

（1）需要性原则，是指选题要面向实际，着眼于社会的需要，讲求社会效益，这是选题的首要和基本原则，体现了科学研究的目的性，即目的原则。按需选题是科技论文选题时必须遵守的首要原则，在选题时首先要选择如下课题：待需要解决的课题；质疑传统观点的、具有争议性的课题；具有创新性的课题；能够填补理论空白的课题等。只有选择这些课题，科学研究才能真正为社会需要服务。

（2）可行性原则，也称“可能性原则”，是指课题研究要具备一定的主观和客观条件才有成功的可能和希望，体现了科学研究的“条件原则”。主观条件包括研究者的学识、技能、特长、兴趣、爱好，以及身体状况和献身精神等；客观条件包括科学发展程度、资金、设备、人员和有效期限等。没有一定的条件，是无法完成课题的研究任务的。因此，选题时必须做到量题而为、量力而为、量料而为、扬长避短、难易适中、大小适中、深浅适中，选择经过主观努力能够完成的课题和论文题目。

（3）创新性原则，是指选择的课题要具有先进性、新颖性，确实是前人没有提出来或是别人没有解决或是没有完全解决的问题。创新性原则主要体现在两个方面：一是选题要有一定的难度，要有利于挖掘研究者的潜力，发挥其创造精神；二是要有所创新，要具有前沿性、前瞻性和先进性。创新是人类生存和发展的需要，是人类社会进步的需要，同时，创新也是发展的动力、进步的动力。

（4）科学性原则，是指选题必须符合最基本的科学原理和客观实际，必须有科学理论作为依据，既要尊重事实、尊重科学理论，又不要迷信权威、不受传统观念束缚。科学研究的选题就是要根据现实和理论中存在的问题进行选择，首先要选择具有鲜明科学性的问题，一般来说也是亟待解决的社会问题。各个学科中总是有许多亟待解决的问题，如在物理学领域、数学领域、生物学领域、医学领域等，许多研究都没有解决物理学中的暗能量、数学中的各种知名猜想等问题，这些问题一旦解决，将对整个科学领域产生深刻影响，所以这些未解之谜就是我们要解决的问题，选题就要选择这些类似的问题。换句话来说，研究人员在选题时，首先要盯住本领域亟待解决的问题是什么？你所在的地区、行业，要研究的问题应注意什么？其次，科学领域里的一些新发现也要引起科研人员关注历史上的每一项科学新发现，对该学科领域的影响都会在某一时期迸发，从而极大地促进该学科领域的一次革命。因此，这一类课题很重要，值得我们选择，也值得我们去进行研究。科技论文要选择能够填补本领域研究空白的课题，由于科学发展的不平衡性，许多领域的科学研究也存在不平衡性。例如，一些基础研究已经相当深化和完善，但有些学科，尤其是交叉学科还有大问题没有解决，研究也鲜有深入。从科学发展的全局来看，只要是有利于社会发展、科学发展的空白，就可以成为选题的对象而加以研究，但是如果违反科学原理和客观规律，就没有科学性可言。就科技论文来说，所谓科学性就是要求论文资料翔实、内容先进。科技论文选题一旦失去了科学性，就会变得毫无价值和毫无意义，因此科学性是论文选题的生命。

➢　知识拓展【5-3】

关于学术论文的选题原则

1. 精准简洁的选题原则

“简”有简化、简洁、简单之意。选题需要简洁，不是简单简化而是精准的简洁与概括。精准的概括是简化的前提，不精准的简化会导致选题完整性的缺失，对于最终的简洁没有意义。学术论文选题的确定也当如此。简洁、准确、平实反映了一个学者治学严谨的态度。一个简明贴切的标题是一篇好的论文的开始，也是论述的重心所在。选题的确定要围绕三个方面展开：论述问题的价值性、对问题的理解和解决问题时有什么创新及突破、论题的大小是否具有可操作性。

2. 主题明确无歧义

选题首先要主题明确，明确的主题是文章的灵魂和论述的中心所在。简洁不是简单的删除，是保留文章精神内涵的进一步精简。主题要精简、明确、没有歧义。选题还要与论文字数和研究程度相匹配。

3. 贴切真实且言之可信

贴切真实且言之可信涉及选题的信度，以及论据的真实，有这两项才有论点论述的成立。论据的真实可信是论文成立的基础，如果论据不可信，一切论点也将不复存在。论据要有依据、要有实证可考。论据的可信程度直接关系到论文的效度，可信的事实道理才是有效的，论点才有说服力。

4. 小而精深而广

选题小而精，具体而深入，从小问题中发掘真实有意义的问题，胜过大而不当的泛泛之谈。科技论文是学者对某一问题的理解与交流，或者对问题中的疑点进行答疑解惑的文章，必须简洁，必须可信，经得起论证和推敲。根据自己现有的研究能力，以及论文的字数选择合适的题目是论文写作成功的关键前提。主题精简明确无歧义，小而精的选题原则是值得肯定的选题方法。

5.3.3 科技论文选题的思路

选题的基本要求就是要提出一个有科学价值、又适合研究者个人能力与客观条件的课题。选题水平的高低，既可以衡量研究者科研水平的高低，也标志着其学识水平和预见力。因此，不少研究者曾深有体会地告诫人们：提出问题比解决问题更困难。研究者要有选题意识，学会发现问题。

1. 选择本学科发展亟待解决的问题

大量地搜集、阅读文献资料，是拓展科研选题思路的首要方法。这不仅可以了解、掌握、跟踪本学科的最新研究动态，而且搜集资料的过程也是调查研究逐渐形成论文论点的过程。通过查阅文献，可以了解本学科领域哪些问题已经解决，哪些问题还未解决或正在解决，发展的程度如何。只有对这些了如指掌，才有可能既不好高骛远，又不会重复走别人走过的老路。文献资料记录着无数研究者的发现、意见、理论和启示，以及工作方法，也包括他们成功的经验和失败的教训，尤其是综述性的论文，是研究者在阅读大量有关问题的文献资料后，分析整理综合编写而成的文章，可使我们全面了解有关问题的研究历史及现状，避免选题的雷同。

2. 选好研究角度

随着科学技术的发展，许多问题已逐渐被人们所认识，但有些课题正在研究中，从这些正在研究的课题中选题是有一定难度的。学术领域的探究和认识是没有绝对真理的，若从专业研究的现有水平出发，选择有创造性的课题，其重要方法就是选择新的研究角度。同一问题可以从不同的侧面、不同的角度、用不同的方法加以研究深化。

3. 善于运用科学研究中的移植方法

进行科学研究时把某一学科领域中的新发现、新观点、新概念移用到其他学科领域中，为解决疑难问题提供启示和帮助，取得新的科学发现和技术发明；或者把某一学科或几个学科系统的理论知识、研究方法和技术手段等，综合移植到其他学科领域中，从不同层次和不同角度去研究和探索，从而做出新的说明，并创造新的科学研究方法。例如，19 世纪中叶，英国著名外科医师约瑟夫·李斯特（Joseph Lister）首次发现刀口化脓的原因，并发明了外科手术消毒方法，他就是把法国微生物学家、化学家路易斯·巴斯德（Louis Pasteur）关于细菌能使食物腐烂、使蚕生病这一发现移用到医学研究领域中。分子生物学这一新学科的创立，同样是人们运用移植方法，把数学、物理学、化学、系统学、信息学、控制论等学科的理论知识和研究方法综合移植到生物学领域的结果。实践证明，移植方法是一种非常有效的研究方法，其对于开阔选题思路，选择具有创造性的研究课题具有十分重要的作用。

4. 借鉴别人的选题升华自己的构思

科研人员在前人已有的研究基础上可进行深度（纵向）与广度（横向）探索。例如，不同药物的治疗与副作用的比较，不同诊断方法的优劣比较，不同检验方法准确性、特异性比较等均属横向结构选题；而对一种疾病的病因、诊断、治疗等不同方面的研究则属于纵向结构选题。借鉴别人的选题时，通过彼纵我横、彼横我纵，从中悟出新的选题。另外，选题时可采用对立而论的思路。例如，一种新药应用于临床后，多数选题是介绍其成功经验，而对立的观点是总结失败的教训和临床副作用。但要注意的是，确立相反的选题时要建立在严谨的科学态度和工作实践基础上，不能缺少科学依据，盲目选题。

5. 注意学科领域研究空白点

科学的使命在于创造，而科技论文的根本任务就在于交流学术上的新发现、新设想、新理论、新成就。具有社会价值和学术价值的选题，可能是对空白的填补、对普遍说法的纠正、对前人见解的补充。由于在空白学科范围从事科研工作是平地而起，要发现空白可从常用的两种途径进行探索：一是立题查新，由情报检索部门提供有关信息；二是查阅文献资料，注意发现科学的空白点。

6. 在争论的焦点中选题

科学是在认识矛盾和解决矛盾中发展的。由于人们看问题的角度不同，受各种主客观因素的影响，对同一问题会持有不同观点，如药物治疗中方案的选择、手术治疗中术式的选择、诊断方法与仪器的选择、检验手段与试剂的选择等。选题过程中可抓住这些矛盾的焦点，通过临床实践的论证，提出自己的观点和意见，由此撰写的文章刊出后更易受到有关学术界的关注和重视。

7. 在反思中选题

在科学研究中，问题是带人走出困境的向导，教训是教育人学会创造的老师。从前人失误、失败中总结教训，明辨得失，用慧眼发现被掩盖或被错误判断的结论，破除谬误，澄清事理，势必会有所发现与突破。我们应学会在前车之鉴中探求新路，在反思中选题。

8. 结合地区特色选题

结合地区特色选题是针对不同地区的环境特点、经济及社会发展水平、人们居住地域进行分析，根据区域影响所导致的不同问题有所侧重地进行选题。例如，在民族地区或高海拔地区等开展的特定科学选题问题，都可能受到当地气候环境、民族生活习惯、宗教信仰、社会经济发展等因素影响。根据地区特点确定地方性科研主攻方向并进行选题，在可行性及创新性上具有优势，并且可以填补地方亟待解决的应用性课题的空白。

5.3.4　科技论文选题的方法

1. “热点”提取法

“热点”问题一般在某个时期具有较强的现实意义，其文献资料也比较丰富。“热点”问题有大有小，要根据自己综合能力选择可以驾驭的课题。例如，根据 2015 年 3 月国家提出的“互联网+”行动计划，选择“互联网+”相关课题；根据 2015 年 5 月中东呼吸综合征自韩国传播到中国，选择“中东呼吸综合征防治对策研究”等相关课题等。

2. 调查选题法

调查选题法是指从社会需要出发，通过实践调查、搜集资料、发现问题，对问题进行分析、提升，最终确定论文选题的方法。通过调查确定的论文选题具有较高的实际应用价值，针对性较强，如区域食品检验检疫的协作和互通、企业集群共性技术联合攻关及示范应用等。

3. 教学启发选题法

专家在授课和报告中，往往会提出许多问题，有些是实践急需解决的问题，这些问题就是科研工作者选题的重要焦点。例如，专家在做《“石墨烯”在制造业中的应用前景》的报告时，会对“石墨烯”的应用现状和瓶颈进行说明，与会者可以通过专家的分析，确定课题的研究方向。

4. 借鉴选题法

借鉴选题法就是利用一种方法、制度等在某国、某地、某企业获得成功的经验或导致失败的教训，探讨如何解决自己所关心的问题，或如何进一步完善现行的方法、措施、对策等。例如，“蚁群算法”解决了“比例-积分-微分（PID）控制器”参数优化设计问题，科研工作者可以利用“蚁群算法”在“PID 控制器”路径选择的成功经验，研究“基于蚁群算法的互联网最短路径搜索方法”。

5. 事件选题法

这里的“事件”是指国家的一些重大活动举办、重大政策出台、重大方针政策调整等。这些重要事件为论文选题提供了明确的领域或方向。例如，与 2018 年 10 月 26 日修订的《中华人民共和国大气污染防治法》、2017 年 3 月 1 日实施的《粉尘爆炸危险场所用除尘系统安全技术规范》、2019 年 1 月 1 日实施的《中华人民共和国土壤污染防治法》等相关的选题。

6. 拟想选题法

科研工作者首先根据对专业知识的把握和对行业发展情况的了解，选择需要解决的技术问题或需要攻克的技术难关，确定拟选题范围的初步解决方案；其次通过阅读大量资料，了解此领域已有的研究成果，进行不断的修正和补充；最后正式确定论文选题。例如，环境工程专业的相关人员提出“工业污泥的治理方案”的解决方案；化学工程专业的相关人员研究“挥发性有机物关键技术及装备”；机械工程及自动化控制专业探讨“六自由度机械臂路径规划的分析与设计”等。拟想选题法是一种先有某种拟想，而后再阅读相关资料加以验证来确定论文选题的方法，是科研工作者进行科学研究、技术攻关及科技创新过程中使用最多的一种选题方法，是科研工作者展示自我科研开发能力的最好途径，采用此选题方法的人员必须具备雄厚的专业技术背景和科技文献检索能力。

5.3.5 科技论文选题的方向

水平高、价值大的科技论文必须具有前沿性、原创性和新颖性。选题时应从这“三性”出发，寻找相关领域，然后开展研究。

（1）跟踪世界科技前沿寻找选题，论文体现前沿性。科技论文若想具有前沿性，研究者首先必须跟踪世界科技前沿找出选题，然后紧锣密鼓地开展探索研究。例如，物理学领域的超导材料研究就是一个案例。20 世纪 80 年代末至 90 年代初，中国、美国、日本三国科学家的“超导大战”至今令人记忆犹新。在那场大战中，中国科学院物理研究所超导研究团队不分昼夜地在实验室工作，那时他们研究的对象是铜氧化物高温超导体。在这轮研究热潮中，该研究所的科研人员开创性地使用了便宜实用的液氢替代昂贵的液氦来实现超导转变温度，为超导研究和应用开辟了一片崭新的天地，方便和加速了全世界的高温超导研究。在铜氧化物高温超导体突破了麦克米兰极限温度以后，全世界对超导材料的探索一度陷入低谷，许多科学家离开了这个研究领域，但是中国和日本等国家的科学家依然坚守在超导领域，终于在 2008 年取得新突破，他们相继报告发现了一类新的高温超导材料——铁基超导材料，美国《科学》杂志网站报道，这是高温超导研究领域的一个重大进展。同年 2 月，日本科学家首先报告说，氟掺杂镧氧铁砷化合物在临界温度 26K（–247.15℃）时，即具有超导特性。3 月 25 日，中国科学技术大学陈仙辉领导的科研小组报告，氟掺杂硼氧铁砷化合物在临界温度 43K（–230.15℃）时也变成超导体。4 月 13 日，中国科学院物理研究所赵忠贤领导的科研小组又有新发现：氟掺杂钐氧铁砷化合物假如在压力环境下产生作用，其超导临界温度可提升至 55K（–218.15℃）。此外，时任超导国家重点实验室（中国科学院物理研究所）主任闻海虎领导的科研小组还报告，锶掺杂镧氧铁砷化合物的超导临界温度为 25K（–248.15℃），新的铁基超导材料激发物理学界新一轮的高温超导研究热。

（2）在科技空白点上寻找选题，解决人类未知的问题，论文体现原创性。在科技空白点上心无旁骛，潜心钻研，只要有所突破，其成果就是原创性的。科研人员的初衷不是为了获奖，但是一旦实现重大突破，评奖委员会自然会想到他们，中国科学家屠呦呦获 2015 年诺贝尔生理学或医学奖就是一个典型的事例。她发现了青蒿素——一种用于治疗疟疾的新药物，并且首次提取出青蒿素。青蒿素的发现和成功创制挽救了全球特别是发展中国家数百万人的生命，青蒿素是中国多年来被国际科学界承认的唯一的创新药物。医药界权威人士认为，青蒿素的发现和研制不仅增加了一种抗疟新药，更重要的意义在于发现这一新化合物的独特化学结构，其将为合成设计有关新药指明新方向。

（3）在学科交叉点上寻找选题，论文体现新颖性。在学科交叉点上寻找选题，如用数学的方法来研究物理学的问题，用物理学或者化学的方法来研究生物学的问题，其获得的成果就能体现出新颖性，由此产生了生物物理学或者生物化学这类边缘学科。下面举例说明用数学的方法来研究物理学的问题。2016 年，诺贝尔物理学奖获得者戴维・索利斯（David Thouless）、邓肯・霍尔丹（Duncan Haldane）和迈克尔・科斯特利茨（Michael Kosterlitz）的成果是在物质的拓扑相变和拓扑相方面的理论发现。拓扑学是数学的一个分支，主要研究几何图形或空间在连续改变形状后还能保持不变的性质。专家们认为，三名科学家取得成功的诀窍在于将数学中的拓扑概念应用于物理研究。20 世纪 70 年代，索利斯和科斯特利茨用拓扑理论推翻了当时超导性和超流体不能在薄层中存在的理论，证明了超导性可以在低温状态中存在，还解释了其在温度升高时消失的机制与相变。几乎同一时期，霍尔丹发现可以利用拓扑概念解释一些材料中存在的小磁铁链的特性。这三位科学家使用高等数学方法研究了超导体、超流体和薄磁膜等物质的不寻常阶段和状态。正是由于他们开拓性的研究，人类对物质的探索步入了一个新阶段。

5.3.6 科技论文的撰写规范

1. 题名

题名又称题目或标题，是以最恰当、最简明的词语反映论文中最重要的特定内容的逻辑组合。论文题目是一篇论文给出的涉及论文研究范围与水平的第一个重要信息，也是有助于选定关键词和编制题录、索引等的实用信息。论文题目十分重要，必须用心斟酌选定。“题好一半文”，此语道出了题名的重要性，其具体要求如下。

（1）准确得体：要求论文题目能准确表达论文内容，恰当反映所研究的范围和深度，常见问题是过于笼统，题不扣文。例如，“35Ni-15Cr 型铁基高温合金中铝和钛含量对高温长期性能和组织稳定性能的影响的研究”，这样的论文题目，既长又不准确，解决办法就是要站在读者的角度，清晰地点出论文研究的内容，可参考的修改方案为：“35Ni-15Cr 型铁基合金中 Al 和 Ti 含量对高温性能和组织稳定性的影响”。

（2）简短精炼：力求题名的字数少，用词需要精准。对于我国的科技期刊，论文题目不宜超出 20 个汉字，外文题名不超过 10 个实词，常见的烦琐题名如“关于钢水中所含化学成分的快速分析方法的研究”。这类题名中，像“关于”“研究”等词汇如若舍之，并不影响表达，所以上述题名便可精炼为：“钢水化学成分的快速分析法”，读起来干净利落、简短明了。

（3）副标题：若简短题名不足以显示论文内容或反映不出属于系列研究的特点，则可以加副标题的方式来补充说明特定的实验材料、方法及内容等信息，使标题成为既充实准确又不流于笼统和一般化。

2. 作者署名及工作单位

作者署名应符合《标准化工作导则　第 1 部分：标准化文件的结构和起草规则》（GB/T 1.1—2020）的有关规定。个人署名只用真实姓名，切不可使用笔名、别名。署名一是为了表明文责自负，二是记录作者的劳动成果，三是便于读者与作者的联系及文献检索（作者索引）。作者署名大致分为两种情形，即单个作者和多作者，后者按署名顺序列为第一作者、第二作者……。作者署名应坚持实事求是的态度，对研究工作与论文撰写实际贡献最大的列为第一作者。工作单位包括全称、所在省市名及邮政编码，以逗号分隔。

3. 文献标识码

为便于文献的统计和期刊评价，确定文献的检索范围，提高检索结果的适用性，每一篇文章或资料应根据其内容性质标识一个文献标识码。《中国学术期刊（光盘版）检索与评价数据规范》中共设置以下五种文献标识码。

A——基础性理论与应用研究；

B——应用性技术成果报告（科技）、理论学习与社会实践札记（社科）；

C——业务指导与技术管理性文章（包括领导讲话、政策性评论、标准技术规范等）；

D——一般动态性信息（通讯、报道、会议活动、专访等）；

E——文件、资料（包括历史资料、统计资料，机构、人物、书刊、知识介绍等）。

不属于上述各类的文章以及文摘、零讯、补白、广告、启事等不加文献标识码。

4. 中图分类号

凡具有文献标识码的文章均应标识分类号。《中国学术期刊（光盘版）检索与评价数据规范》采用《中国图书馆分类法》（第四版）进行分类。文章一般标识 1 个分类号，多个主题的文章可标识 2 个或 3 个分类号，主分类号排首位，以分号分隔。例如，中图分类号：TP3 G250.76。

5. 摘要

凡文献标识码定为 A、B、C 三类的文章均应附中文摘要，其中 A 类文章还应附英文摘要。摘要是论文内容不加注释和评论的简短陈述，其作用是不阅读全文即能获得必要的信息。摘要应包含以下内容：①从事这一研究的目的和重要性；②研究的主要内容，指明完成了哪些工作；③获得的主要研究成果，突出论文的新见解；④结论或结果的意义。论文摘要虽然要反映较多内容，但文字必须十分简练，内容亦须充分概括，一般不超过 300 字。论文摘要不能列举例证，不讲研究过程，不用图表，不给化学结构式，也不做自我评价。其常见问题有：含有不必要的主语，如“本文”“作者”“文章”等；摘要过简，只有一句话，造成信息量少而无法表达正文内容；摘要过繁，一是照搬论文正文中的小标题或论文结论部分；二是内容不浓缩、不概括，篇幅过长。

6. 关键词

关键词是为了方便文献检索工作（主要是为了适应计算机检索的需要），从论文中选取出来，用以表示全文主要内容和信息的单词或术语。一篇论文可选取 3～8 个词作为关键词。关键词的一般选择方法是：由作者在完成论文写作后，纵观全文，标出能表达论文主要内容的信息或词汇，可以从论文标题中去寻找和筛选，也可以从论文内容中去寻找和筛选。

7. 引言

引言又称前言，属于整篇论文的开场白，主要用以说明论文主题、总纲。其写作内容包括：研究的理由、目的、背景；前人所做过的工作和知识空白、理论依据和实验基础；预期的结果及其在相关领域内的地位、作用和意义。引言一般不分段落，若论文内容较长、涉及面较广，可按上述三个内容分成三个段落。在引言中，作者不应表示歉意，也不能抬高自己、贬低别人。

8. 正文

一篇学术论文的正文是其核心部分，占据主要篇幅。一般来说，正文可以包括以下部分或内容：调查与研究对象、实验和观测方法、仪器设备、材料或原料、实验和观测结果、计算方法和编程原理、数据资料、经过加工整理的图表、形成的论点和得出的结论等。因此，这一部分要内容充实，论据充分、可靠，论证有力，主题明确，突出“新”。另外，为了做到层次分明、脉络清晰，常常将正文部分分成几个大的段落。每一段落可冠以适当标题（分标题或小标题），一般不超过 4 级，编号采用阿拉伯数字，形式为“1、1.1、1.1.1、1.1.1.1”。下面就研究与技术性论文进行具体说明。

（1）段落内容划分：应视论文性质与内容而定。一般常见的划分方式有：①实验原材料和材料/实验方法/实验结果和分析；②理论分析/实验装置和方法/实验结果比较与分析。根据论文内容的需要，还可以灵活地采用其他的段落划分方案，但就一般情况而言，正文大体上应包含实验部分和理论分析部分两个方面。

（2）写好“材料和方法”：应给出诸如实验所用原料或材料的技术要求、数量、来源以及制备方法等方面的信息，如果采用通用材料、设备和通用方法，只需简单提及；如果采用改进的特殊材料等，就应较详细地加以说明。实验方法应介绍主要的实验过程，不能根据实验先后时间次序进行描述，抓住主要环节，从复杂的事物中理出脉络，按其发展变化顺序进行撰写。这样做的目的主要是使有能力的科技工作者按照论文这一部分提供的信息，重复文中的试验及其结果，即达到“再现性”“可重复性”“确证性”的要求。缺少论文写作经验的人，容易将该部分写成实验报告，将实验过程一一罗列，这样易使重要的内容未得到充分体现。因此，正文应当阐述主要的、关键的和非一般常用的内容，如果引用他人之法，标出参考文献序号即可，不必详述，如有改进，可将改进部分另做说明。

（3）“结果和分析”是论文的关键部分：论文的新意主要在这部分体现，应充分表达。这部分需要列出实验数据和研究所得出的结果，数据是表现结果的重要方式，其计量单位名称、代号必须采用统一的国际计量单位制的规定。实验数据或结果通常可用表格、图解或照片等予以表达。“讨论”或“分析”通常也是较难写的一部分。好的“讨论”或“分析”具有以下几个主要特征：①要设法提出“结果”中证明的原理、相互关系以及归纳性的解释，但应对“结果”进行论述，而不是进行重述。②能指出研究者的结果和解释与以前发表的著作相一致或不一致之处。③论述研究者的研究工作的理论含义以及实际应用的各种可能性。④能指出任何的例外情况或相互关系中有问题的地方，并且应明确提出尚未解决的问题及解决的方向。由于科技论文的选题和内容性质差别较大，其分段及写法均不能做硬性的统一规定，但必须实事求是，准确完备，合乎逻辑，层次分明，简练可读。

9. 结论

论文的结论（结语）部分，应反映论文中通过实验、观察研究并经过理论分析后得到的学术见解。结论应是论文最终的、总体的结论，换句话说，结论应是整篇论文的结局，而不是某一局部问题或某一分支问题的结论，也不是正文中各段小结的简单重复。结论应当体现作者更深层的认识，且包括从全篇论文的全部材料出发，经过推理、判断、归纳等逻辑分析过程而得到的新的学术观念、见解，应准确、完整、明确、精炼。该部分的写作内容一般应包括以下几个方面：①研究结果说明了什么问题；②对前人的看法做了哪些修正、补充、发展、证实或否定。③研究的不足之处或遗留的未予解决的问题，以及解决这些问题的可能的关键点和方向。“结论”部分的写作要求是：措辞严谨，逻辑严密，文字具体，常像法律条文一样，按顺序“1、2、3……”列成条文，用语斩钉截铁，且只能做一种解释，不能模棱两可、含糊其词，如不能用“大概”“可能”“或许”等词语，对于尚不能完全肯定的内容注意要留有余地。不写结论的论文，可对实验结果进行一番深入讨论。

10. 致谢

致谢语句可以放在正文后，可体现对以下方面的感谢：国家科学基金、资助研究工作的奖学金基金、合同单位、资助和支持的企业、组织或个人；协助完成研究工作和提供便利条件的组织或个人；为研究工作提出建议和提供帮助的人；给予转载和引用权的资料、图片、文献、研究思想和设想的所有者；其他应感谢的组织或个人。

11. 参考文献

学术论文最后一般应列出参考文献（表），一些作者不怎么重视该部分，编排格式存在很多错误。认真列好参考文献的目的包括三个方面：①反映出真实的科学依据；②体现严肃的科学态度，分清是自己的观点或成果还是别人的观点或成果；③对前人的科学成果表示尊重，同时也是为了指明引用资料出处，便于检索。撰写学术论文过程中，若引用了很多篇文献，不需要全部列出。事实上，只需要将引用的最重要和最关键的文献资料列出即可。一些常见的参考文献著录条目的规范、编排格式及例句如下。

1）专著、论文集、学位论文、报告

专著、论文集、学位论文、报告的格式：[序号]主要责任者.文献题名[文献类型标识].出版地：出版者，出版年：引文页码.（文献类型标识：专著[M]、论文集[C]、报纸文章[N]、期刊文章[J]、学位论文[D]、报告[R]、标准[S]、专利[P]）。

例：[1]龙期威.金属中的分形与复杂性[M].上海：上海科学技术出版社，1992：15-18.

2）期刊

期刊的格式：[序号]主要责任者.文献题名[J].期刊名称，年，卷（期）：起止页码.

例：[2] 颜永年，张人佶，崔福斋，等.用于人工骨制造的喷射成形技术[J]. 中国机械工程，2000，11(10): 1116-1119.

3）国际、国家标准

国际、国家标准的格式：[序号]主要责任者.标准名 标准编号[S].出版地：出版者，出版年.

例：[3]中国建筑科学研究院.建筑内部装修设计防火规范（GB 50222—2017）[S].北京:中国计划出版社，2018.

4）电子文献

电子文献的格式：[序号]主要责任者.电子文献题名[电子文献及载体类型标识].电子文献的出处或可获得网址[发表或更新日期/引用日期].

例：[7]万锦坤.中国大学学报论文文摘（1983-1993)（英文版）[DB/CD].北京：中国大百科全书出版社，1996.

其中，文献类型标识/载体类型标识包括:[DB/OL]——网上数据库、[DB/MT]——磁带数据库、[M/CD]——光盘图书、[CP/DK]——磁盘软件、[J/OL]——网上期刊、[EB/OL]——网上电子公告。

5.3.7　科技论文撰写的常见问题

1. 创新性不足

创新是论文的灵魂，科技论文所要报道的研究成果应是前人或他人所没有研究的新观点、见解或结论。撰写科技论文时，首先要考虑的是选题，选题是写好论文的关键。因此，进行选题时要注意“文贵创新”，即论文选题应是前人未曾研究或研究过但未解决或未完全解决的问题；同时，选题应对其他的研究者有启发、指导和参考价值。另外，依据作者个人的专业知识、理论修养、笔记资料、实验条件等进行选题，要量力而行，不可贪大求全。然而，有些论文的选题偏大，面面俱到，篇幅可观，广而不深，掩盖或回避了创新点；有些论文含糊其词，令读者难以区分出前人和作者自己的工作，模糊了创新点；有些论文逻辑不严密，话题过多，离题较远，没有围绕创新点去论述，降低了创新点的可信度。

2. 论文结构失衡

科技论文的基本结构框架一般为引言、实验（包括材料、仪器、方法等）、结果与分析（全文重点）、结论，或者引言、结构设计（全文重点）、系统仿真及测试结果、结论（或结束语）。但是在日常的论文撰写中往往发现，有些作者避重就轻，写作时引入大量基础性的知识，对于一般性的、具体的实验操作过程或数学推导等进行详细的交代和说明，但很少分析与论述新观点、新结论。另外，某些科技论文在写作上犹如实验报告，或一般性的工作总结，造成理论依据不足，理论价值不高，可信度不够。

3. 摘要的信息量不全

摘要的内容是全文的核心内容，在文献检索中起着十分重要的作用。但是有些论文的摘要不能体现全文的主要内容，信息量少，要素不全，论述方法太笼统，主观评价太多；还有些摘要在撰写中存在内容与论文题目或小标题简单重复的问题；或者摘要的基本四要素（即目的、方法、结果和结论）不全；同时，在摘要的结尾处采用夸张的、不切实际的自我评价。

4. 引言内容空泛

科技论文的引言中除简要的历史回顾和现在国内外情况的横向比较之外，可简要说明本研究的主要目的、范围，即为什么写这篇论文以及要解决什么问题；重点论述前人在本课题相关领域内所做的工作（要有最新的、最具权威性的科技类期刊文献做支撑）和尚存的知识空白。然而，一定数量的论文引言过分描述宽而泛的实际问题背景以及相关名词，而忽略了文献综述。描述实际问题背景固然需要，因为其用事实和现象叙述研究问题所在及其重要性。但是提出问题后应就这一问题的研究现状做出交代。如果说“问题提出”是对问题的实际背景和价值做出说明，那么文献综述则是对问题理论背景和价值的阐述，二者缺一不可。

5. 分析与讨论中的理论依据不足

文章的分析与讨论中没有真正依据一定的理论基础进行论述，而是重复试验结果，主要体现在：讨论没有揭示各种观察结果之间的联系；讨论中没有强调研究中所发现的新的、重要的事实；讨论中没有回答引言中提出的拟解决的问题，未明确说明是否已达到预期目的，是否能证明原先提出的假说；对于实验或调查中发现的某些特殊现象或新线索，没有在讨论中分析说明；对于本研究存在的缺陷，某些实验条件未能控制之处，或一些尚待解决的问题，在讨论中也没有做出交代；没有实事求是地对本工作的理论意义和实际应用的可能性加以论述；讨论部分结构凌乱，没有主次，没有内在的逻辑性与条理性。

6. 参考文献引用与著录不规范

参考文献的正确引用能够反映作者的信息拥有量及对课题研究的深度和广度，省略参考文献只能降低论文的水平。有些科技论文的作者科研意识不强，信手杜撰，没有列出参考文献；或者认为参考文献无关紧要，故而少引用文献，或因文章拼凑，不列出文献。然而，参考文献不足使文章的论据不足。相反，有些作者参考文献引用过多，重复堆砌，其认为参考文献引用越多越能体现作者的眼界、水平，论文的依据就越充分，所以个别作者会在文后罗列许多文献，并且外文文献占相当的分量，但是正文却没有多少内容，从而使文章显得烦琐。过多地引用参考文献只会导致论文的篇幅增加，冲淡正文内容，影响论文的整体水平。另外，参考文献的引用时效性差，过于陈旧，一般近 5 年内的参考文献须占 80%以上；在正文中参考文献著录与使用不对应，标引太多；参考文献著录项目不全、不规范等问题也相当普遍。

5.3.8　科技论文的撰写要点

1. 摘要及关键词

摘要是科技论文的重要组成部分，其基本要素包括研究的目的、方法、结果和结论。摘要是以提供论文内容梗概为目的，因此不应增加任何评论和补充解释，应具有独立性和自明性，并拥有与论文同等量的主要信息，即不阅读全文，就能获得必要的信息。摘要的主要功能包括：①使读者了解论文的主要内容。现代科技信息浩如烟海，读者检索到论文题名后是否会继续阅读论文的其他部分，主要通过阅读摘要来进行判断。②为科技情报人员和计算机检索提供方便。随着全文检索光盘的出现和期刊上网，摘要吸引读者和介绍文章内容的功能越来越明显，换句话说，摘要质量的高低直接影响着论文的被利用情况和期刊的知名度。同时，英文摘要的规范化写作有助于我国科学技术界的国际交流，有利于扩大我国科技成果的影响，因此撰写科技论文的英文摘要时，应使用规范正式的专业词汇或适用范围较窄、意义更准确的“大词”，语态多使用现在式；撰写摘要时使用第三人称的写法，如采用“对……进行了研究”“报告了……现状”“进行了……调查”等，不必将“本文”“作者”等作为主语；英文摘要的翻译避免出现中国式英语，专业词用专业词汇表达，不能出现一对一翻译、主谓不一致、时态不一致等问题。

关键词是论文的检索标志，是表达文献主题概念的自然词汇，一般是词和词组。科技论文的关键词是从其题目、摘要和正文中选出来的，发表的论文不标注关键词，读者就检索不到，文献数据库也不会收录；关键词选用不当会降低论文的被检索率，甚至检索不到，每篇论文应专门列出 3～8 个关键词，其中主题词应尽可能多一些，泛词不可作为关键词出现。

2. 引言

作为科技论文的开端，引言要提出文中研究的问题，引导读者阅读和理解全文。因科学技术研究工作有继承性，最新研究都是在过去研究的基础上进行，一般都是前人研究成果或研究工作的继续和发展。因此，引言应言简意赅，突出重点地交代他人的研究成果，但需要避免大篇幅地讲述历史渊源和立题研究过程；不应过多叙述同行熟知的教科书中的常识性内容，确有必要提及他人研究成果和基本原理时，只需以参考引文的形式标出即可；论述论文的研究意义时，应注意分寸，尊重科学，实事求是，切忌使用“有很高的学术价值”“填补了国内外空白”“首次发现”等词语；引言一般应与结论相呼应，在引言中提出的问题，在结论中应有解答，但也应避免引言与结论雷同；简短的引言最好不要分段论述。

3. 正文

正文是科技论文的核心部分，占全文的主要篇幅，如果说引言是提出问题，正文则是分析问题和解决问题。这部分是作者研究成果的学术性和创造性的集中体现，决定着论文写作的成败和学术、技术水平的高低，正文的论述方式可以有两种形式：一种是将科学研究的全过程作为一个整体，对有关方面做综合性的论述：另一种是将科学研究的全过程按研究内容的实际情况划分为几个阶段，再对各个阶段的成果依次进行论述。由于研究对象、研究方法和研究成果的不同，以及学科的不同，正文的写作和编排不能统一规定，但一般的正文部分都应包括研究的对象、方法、结果和讨论这几个部分。实验过程、数据处理与分析、实验研究结果的得出是正文的主要部分，应重点地详细论述。讨论与分析中不应掺入主观成分，或妄加猜测，也不应忽视偶发性现象和数据。讨论与分析部分是全文的核心和重点，同时也是最不好写的部分，一篇论文学术水平的高低、对读者指导作用的大小与讨论部分写得好坏有密切关系。首先，讨论中应揭示各种观察结果之间的联系，可以强调本研究中发现的新的、重要的事实，并对这些结果做出必要的综合说明，重点是阐述事实之间的联系，论述其规律性，从中引出自己的结论。其次，讨论不能仅仅停留在与别人的报道相一致、相符合的层面，一定要说明自己工作的特点，不能把讨论部分写成文献综述。讨论部分如果篇幅较长可以加分标题，可排列序号，但最重要的是，整个讨论部分应有其内在的逻辑性和条理性。科技论文的语言不追求华丽，但要求思路清晰、合乎逻辑，用语简明、准确、流畅，内容务求客观、科学、完备，用事实和数据说理。凡是用简要语言能够讲述清楚的内容，应用文字陈述；用文字不容易说明白或说起来比较烦琐的，可用图或表来说明，但图或表要具有自明性，即图表本身给出的信息能够表达清楚要说明的问题；避免用图和表反映相同的数据，引用他人的成果时应注明出处；对用到的某些数学辅助手段，不应过分注意细节的数学推导，正文撰写中涉及的量和单位、插图、表格、数学式、化学式、数字用法、语言文字、标点符号、参考文献等，都应符合有关国家标准的要求。

4. 参考文献

著录参考文献可以反映论文作者的科学态度，使论文具有真实、广泛的科学依据，也反映了论文的起点和深度。论文中涉及的研究背景、研究目的等，通过著录参考文献就能清楚交代出该论文的起点和深度，在一定程度上为论文审阅者、编者和读者评估论文的价值水平提供了客观依据。著录参考文献能方便地将论文作者的成果与他人研究成果区别开来，论文所报道的研究成果虽然是论文作者自己的，但在阐述过程中不可避免地引用前人的研究成果，包括观点、方法、数据等。若对引用部分加以标注，则他人的成果将表示得十分清楚，这不仅表明了论文作者对他人劳动成果的尊重，而且也免除了抄袭、剽窃他人研究成果的嫌疑。著录参考文献能起到索引作用，读者通过著录的参考文献，采用追溯法即可方便地查阅到与此研究方向相关的一系列文献资料。著录参考文献能够节省文章篇幅，论文中需要表达的某些内容，凡已有文献记载便不必详述，只需在正文中标注参考文献顺序编码，而将相应的参考文献著录于文后即可。著录参考文献有助于科技情报人员进行情报研究和文献计量学研究。

5.4　知识产权撰写及申请

5.4.1　知识产权的定义

知识产权，也称知识所属权，是指权利人利用其智力劳动所创作的成果和经营活动中的标记、信誉所依法享有的专有权利。

知识产权是一种无形财产，具有专有性、时间性和地域性的特点，且大部分知识产权的获得需要法定的程序。

知识产权从本质上说是一种无形财产权，其客体是智力成果或知识产品，是一种无形财产或者没有形体的精神财富，是创造性的智力劳动所创造的劳动成果。智力成果或知识产品与房屋、汽车等有形财产相同，都受到国家法律的保护，都具有价值和使用价值。有些重大专利、驰名商标或作品的价值也远远高于房屋、汽车等有形财产。

1. 知识产权类型

知识产权有两类：一类是著作权（也称为版权、文学产权），另一类是工业产权（也称为产业产权）。

著作权是指自然人、法人或者其他组织对文学、艺术和科学作品依法享有的财产权利和精神权利的总称，主要包括著作权及与著作权有关的邻接权（即出版者权、表演者权、录制者权和广播电视组织权）。通常我们说的知识产权主要是指计算机软件著作权和作品登记。

工业产权则是指工业、商业、农业、林业和其他产业中具有实用经济意义的一种无形财产权，由此看来“产业产权”的名称更为贴切，主要包括专利权与商标权。

2. 知识产权权益

按照内容组成，知识产权由人身权利和财产权利两个部分构成，也称为精神权利和经济权利。

所谓人身权利是指权利同取得智力成果的人的人身不可分离，是人身关系在法律上的反映。例如，作者在其作品上署名的权利，或对其作品的发表权、修改权等，即人身权利。

所谓财产权利是指智力成果被法律承认以后，权利人可利用这些智力成果取得报酬或者得到奖励的权利。其是智力创造性劳动取得的成果，并且由智力劳动者依法享有其成果的一种权利。

3. 知识产权主要特性

（1）专有性，即独占性或垄断性，除权利人同意或法律规定外，权利人以外的任何人不得享有或使用该项权利。这表明权利人独占或垄断的专有权利受严格保护，不受他人侵犯，只有通过“强制许可”“征用”等法律程序，才能变更权利人的专有权。知识产权的客体是人的智力成果，既不是人身或人格，也不是外界的有形物体或无形物体，所以既不能属于人身权利也不属于财产权利。另外，知识产权是一个完整的权利，只是作为权利内容的利益兼具经济性与非经济性，因此不能把知识产权看成两类权利的结合。例如，不能认为著作权是著作人身权利（或著作人格权利或精神权利）与著作财产权利的结合。知识产权是一种内容较为复杂（含多种权能，如控制权、使用权、处分权和收益权等），具有经济和非经济两方面性质的权利。因此，知识产权应与人格权利、财产权利并立而自成一类。

（2）地域性，即只在所确认和保护的地域内有效，也就是说，除签有国际公约或双边互惠协定外，经一国法律所保护的某项权利只在该国范围内产生法律效力。所以知识产权既具有地域性，在一定条件下又具有国际性。

（3）时间性，即只在规定期限受到保护。法律对各项权利的保护，都有一定的有效期，各国法律对保护期限的长短可能一致，也可能不完全相同，只有参加国际协定或进行国际申请时，才对某项权利有统一的保护期限。

知识产权属于绝对权，在某些方面类似于物权中的所有权。例如，知识产权是对客体进行直接支配的权利，可以使用、收益、处分以及调派、安排（但不发生占有问题）；具有排他性，移转性（包括继承）等。

➢ **知识拓展【5-4】**

世界知识产权日的由来

2000 年 10 月，世界知识产权组织第 35 届成员大会通过了中国和阿尔及利亚提出的关于设立“世界知识产权日”的提案，经过讨论和表决，大会最终通过了这项提案，并决定自 2001 年起将每年的 4 月 26 日定为“世界知识产权日”。这一决定的背景可以追溯到 1970 年 4 月 26 日，《建立世界知识产权组织公约》正式生效之时，标志着世界知识产权组织的正式成立。因此，4 月 26 日被选为“世界知识产权日”。

设立世界知识产权日旨在全世界范围内树立尊重知识、崇尚科学和保护知识产权的意识，营造鼓励知识创新和保护知识产权的法律环境。

5.4.2　知识产权申请的优势

知识产权是在市场经济条件下保护知识成果的一项法律制度。凡具备申请条件的知识成果都应及早申请，以获得国家的法律保护。申请知识产权有以下几个优点。

（1）通过法定程序确定知识成果的权利归属关系，从而有效保护知识成果，独占市场，以此换取最大的利益。

（2）在市场竞争中争取主动，确保自身生产与销售的安全性。

（3）国家对知识产权的申请有一定的扶持政策，会给予部分政策、经济方面的帮助。

（4）构成技术壁垒，别人若想研发类似技术或产品就必须经产权人同意。

（5）可以促进市场与各类产品的更新换代，提高产品的技术含量，以及提高产品的质量、降低成本，使企业的产品在市场竞争中立于不败之地。

（6）拥有自主知识产权的企业既是消费者趋之若鹜的强力企业，同时也是政府各项政策扶持的主要目标群体。

（7）知识产权除具有以上优点外，其数量还作为企业上市和其他评审中的一项重要指标。总之，知识产权既可用作盾，保护自己的技术和产品，也可用作矛，打击对手的侵权行为。充分利用知识产权的各项功能，对企业的生产经营具有极大的促进作用。

➢ 知识拓展【5-5】

大学生申请专利的价值

1. 奖励与研究生保送

大学生获得国家专利，学校会给予奖励，或免试保送读研究生。

2. 获得基础创新学分

一般高校都设有必修的课外创新实践学分，申请专利，拿到受理通知书可加 0.5 分或 1 分，拿到专利证书可加 4～6 分。

3. 加分获取奖学金

学校会为取得国家专利证书的学生额外加分，专利证书属国家级证书。

4. 帮助申请创新基金

一般学校都设有针对国家专利的奖金，各个学校不同，少则几百多则几千，大学生还可以凭此专利去申请创新基金（理工类学生尤其重视）。

5. 增加应聘筹码

在激烈的求职竞争中，专利证书可以让面试专家眼前一亮，让求职者脱颖而出。获取国家专利证书的投资更少，获利更多。

5.4.3　知识产权的申请步骤

知识产权的申请大致可分为材料申报—受理—初步审查—公布—实质审查—授权六个阶段，在工科大学生创新创业实践中，所申请的知识产权大多为专利权，此处主要说明专利申报的主要步骤。

1. 专利申请材料的准备

申请发明专利时，申请文件应包括发明专利请求书、说明书（必要时应当有附图）、权利要求书、摘要及其附图，各一式两份。申请实用新型专利时，申请文件应包括实用新型专利请求书、说明书、说明书附图、权利要求书、摘要及其附图，各一式两份。

2. 受理阶段

国家知识产权局收到专利申请后进行审查，如果符合受理条件，将确定申请日，给予申请号，并且核实文件清单后，发出受理通知书，通知申请人。如果申请文件未打字、印刷或字迹不清、有涂改的，或者附图及图片未用绘图工具和黑色墨水笔绘制、照片模糊不清、有涂改的，或者申请文件不齐备的，或者请求书中缺少申请人姓名或专利名称及地址不详的，或者专利申请类别不明确、无法确定的，以及外国单位和个人未经涉外专利代理机构直接寄来的专利申请不予受理。

两个以上的申请人分别就同样的发明创造申请专利时，专利权授予最先申请的人申请发明或者实用新型专利，应提交请求书、说明书、权利要求书、说明书附图、摘要和必要的附图等文件。申请外观设计专利时，应提交请求书、该外观设计的图片或照片、简要说明等文件。专利申请文件可以由申请人自己撰写，也可以委托专利代理人撰写。

3. 初步审查阶段

经受理后的专利申请按照规定缴纳申请费后，自动进入初审阶段。发明专利申请在初审前首先要进行保密审查，需要保密的应按保密程序处理。实用新型和外观设计专利申请在初审前还应给申请人留出 3 个月主动修改申请的时间。

初审程序中应对申请是否存在明显缺陷进行审查，主要审查的申请内容包括：①是否明显违反国家法律、社会公德或者妨碍公共利益；②是否明显属于不授予专利权的主题；③是否明显缺乏技术内容而不能构成技术方案；④是否明显缺乏单一性。实用新型和外观设计专利申请还要审查是否明显与已经批准的专利相同，是否明显是一个新的技术方案或者新的设计。

初审中还要对申请文件齐备及其格式是否符合要求进行审查，此发明专利申请初审合格的，将发出初审合格通知书。实用新型和外观设计专利申请经初审未发现驳回理由的，将直接进入授权程序。

4. 公布阶段

发明专利申请从发出初审合格通知书起就进入等待公布阶段。申请人请求提前公布的，则申请立即进入公布准备程序。发明专利经过格式复核、编辑校对、计算机处理、排版印刷，大约 3 个月后，在专利公报上公布并出版说明书单行本。

没有提前公布请求的申请，要等到申请日起满 15 个月才进入公布准备程序；要求优先权的申请（包括外国优先权和本国优先权），从优先权日起满 15 个月进入公布准备程序。申请进入公布准备程序以后，申请人要求撤回专利申请的，该申请仍然会在专利公报上予以公布。

国家知识产权局收到发明专利申请后，经初步审查认为符合要求的，自申请日起满 18 个月内完成公布。申请公布以后，申请人就获得了临时保护的权利，也就是说，自申请公布之日起，申请人就可要求使用其发明的单位或者个人支付费用。申请公布以后，申请记载的内容就成为现有技术的一部分。

实用新型和外观设计专利申请没有授权前的公布阶段。

5. 实质审查阶段

发明专利申请公布以后，如果申请人已经办妥了实审请求手续（提出实质审查请求并已缴纳了实质审查费），申请将进入实审程序；否则应等待申请人办理实审请求手续。从申请日起满三年，申请人未提出实审请求的或者实审请求未生效的，申请即被视为撤回。

进入实审程序的申请将按照进入实审程序的先后排队等待实审。在实审中，审查员将在检索的基础上对申请专利是否具备新颖性、创造性、实用性以及按照《中华人民共和国专利法》规定的其他实质性条件进行全面审查。

实用新型和外观设计专利申请没有实质审查阶段。

6. 授权阶段

实用新型和外观设计专利申请经初步审查、发明专利申请经实质审查未发现驳回理由的，由审查员制作授权通知书，申请进入授权登记阶段。经形式审查人员对授权文本的法律效力和完整性进行复核，对专利申请的著录项目进行校对、修改确认无误后，国家知识产权局发出授权通知书和办理登记手续通知书。

申请人接到授权通知书和办理登记手续通知书以后，应当在 2 个月内按照通知要求办理登记手续并缴纳规定的费用。在期限内办理了登记手续并缴纳了规定费用的，国家知识产权局将授予专利权，颁发专利证书，在专利登记簿上记录，并在 2 个月后于专利公报上公布。专利权自专利证书颁发之日起生效。

7. 专利申请的规范撰写

申请文件的填写和撰写有特定的要求，申请人可以自行填写或撰写，也可以委托专利代理机构代为撰写。尽管委托专利代理机构是非强制性的，但是考虑到精心撰写申请文件的重要性，以及审批程序的法律严谨性，对于经验不多的申请人来说，委托专利代理机构是值得提倡的。

5.4.4 知识产权的撰写思路

知识产权特别是专利权的撰写中，有以下几种方式可供思考与补充。

（1）开拓性发明，是指一种全新的技术方案，在技术史上未曾有过先例，为人类科学技术在某个时期的发展开创了新纪元。开拓性发明同现有技术相比，具有突出的实质性特点和显著的进步，具备创造性。

（2）组合发明，是指将某些技术方案进行组合，构成一项新的技术方案，以解决现有技术客观存在的技术问题。进行组合发明的创造性判断时，通常需要考虑组合后的各项技术特征在功能上是否彼此相互支持、组合的难易程度、现有技术中是否存在组合的启示以及组合后的技术效果等。

（3）转用发明，是指将某技术领域的现有技术转用到其他技术领域中的发明。进行转用发明的创造性判断时，通常需要考虑转用的技术领域的远近、是否存在相应的技术启示、转用的难易程度、是否需要克服技术上的困难、转用所带来的技术效果等。

◆　案例【5-1】

潜艇副翼的发明

现有技术中潜艇在潜入水中时是靠自重和水对其产生的浮力相平衡而停留在任意点上，上升时靠操纵水平舱产生浮力，而飞机在航行中完全是靠主翼产生的浮力浮在空中，潜艇副翼发明借鉴了飞机中的技术手段，将飞机飞行的原理用于潜艇，使潜艇在起副翼作用的可动板作用下产生升浮力或沉降力，从而极大地改善了潜艇的升降性能。由于将空中技术运用到水中需克服许多技术上的困难，且取得了极好的效果，所以该发明具备创造性。

（4）要素关系改变的发明，是指发明与现有技术相比，其形状、尺寸、比例、位置及作用关系等发生了变化。如果要素关系的改变导致发明产生了预料不到的技术效果，则发明具有突出的实质性特点和显著的进步，具备创造性。

◆ 案例【5-2】

剪草机的发明

剪草机的特征在于刀片斜角与公众了解的不同，其斜角可以保证刀片的自动研磨，而现有技术中所用的刀片没有自动研磨的效果。该发明通过改变要素关系，产生了预料不到的技术效果，因此具备创造性。

（5）要素替代的发明，是指已知产品或方法的某一项要素由其他已知要素替代的发明。如果要素的替代能使发明产生预料不到的技术效果，则该发明具有突出的实质性特点和显著的进步，具备创造性。

（6）要素省略的发明，是指省去已知产品或者方法中的某一项或多项要素的发明。如果发明与现有技术相比，省去一项或多项要素（如一项产品发明省去了一个或多个零部件或者一项方法发明省去一步或多步工序）后，依然保持原有的全部功能，或者带来预料不到的技术效果，则具有突出的实质性特点和显著的进步，该发明具备创造性。

5.4.5 知识产权撰写与申请的注意要点

知识产权是工科大学生研究成果的体现，所以其必然是有所创新且可重复的，是对现有的生产方式等有益的。所以，知识产权特别是专利权的申报中，要尤其注意以下几点。

（1）不得具有无再现性。

（2）不得违背自然规律。

（3）不得是利用独特的自然条件完成的技术解决方案。

（4）必须产生积极效果。

此外，研究成果想要转化为知识产权，其研究必然是可重复的，运用到实际生产中是需要产生积极作用的。撰写知识产权申请的过程中，避开不具备实用性的情况。

★ 训练与实践【5-3】

1. 研究成果转化为知识产权需要敏锐的观察力与灵活的思维，不仅需要对自己的理论研究有深刻的认识，在工业生产领域，也要有着较为丰富的实践经验。请结合自己的专业研究知识，思考目前应用领域的更加高效经济的解决办法。

2. 申请专利是一个复杂的过程，不仅需要熟悉相关流程，还要了解相关的法规与办理要求，因此要投入很多的精力。目前有很多专利申请代理公司，但收费往往也比较高。请比较自主申请专利与代理申请专利的优缺点，并结合实际情况指出如果自己要申请专利，适宜采用哪种方式。

第 6 章　校内实践——大学生创新创业训练计划项目

■ 知识框架图

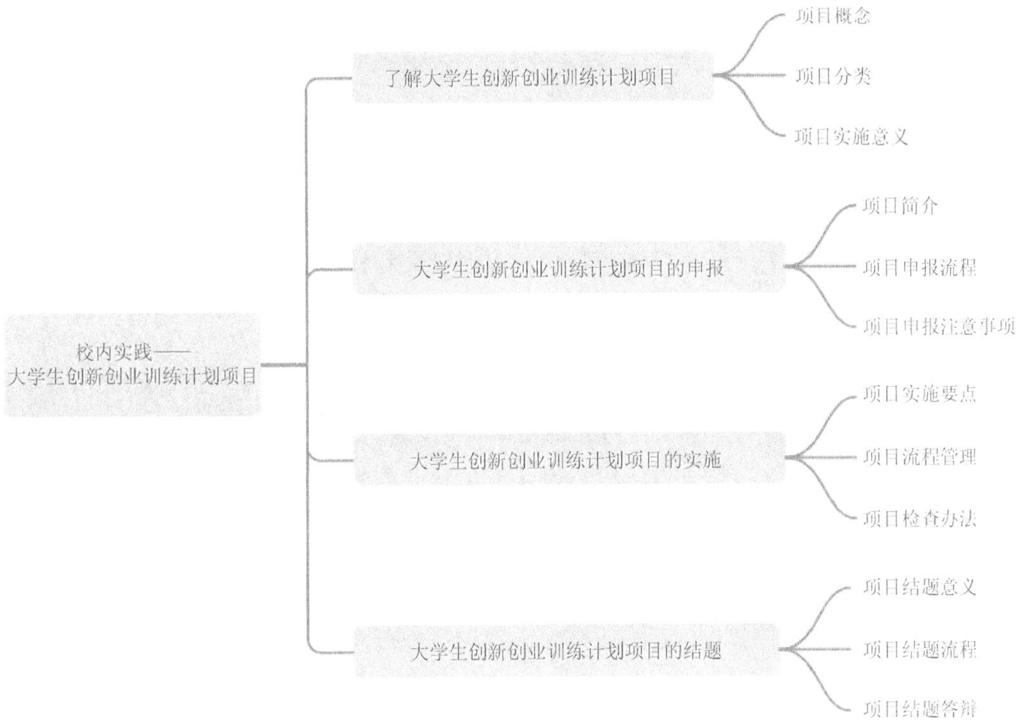

■ 知识目标

了解大学生创新创业训练计划项目的概念及实施意义；
掌握大学生创新创业训练计划项目的分类和实施过程；
掌握大学生创新创业训练计划申报流程及申报书撰写要点；
了解大学生创新创业训练计划如何实施与结题；
了解结题答辩的步骤和应注意的问题。

■ 能力目标

能够在老师的指导下进行大学生创新创业训练计划项目的申请、答辩、实施、结题的具体操作。

6.1 了解大学生创新创业训练计划项目

6.1.1 项目概念

教育部“大学生创新创业训练计划”，是基于导师的指导，学生自主完成创新性研究项目设计、研究条件准备和项目实施、研究报告撰写、成果（学术）交流等工作，即在导师的指导下，学生自主立项申请、参加学校评审、上报省教育厅或教育部批准的一项有利于大学生成长成才的教育工程。上级部门将根据获批级别，给予学生一定的经费资助，学校也提供相应的配套经费。

6.1.2 项目分类

大学生创新创业训练计划项目是围绕经济社会发展和国家战略需求，重点支持直接面向大学生的内容新颖、目标明确、具有一定创造性和探索性、技术或商业模式有所创新的训练和实践项目。大学生创新创业训练计划实行项目式管理，分为创新训练项目、创业训练项目和创业实践项目三类。

（1）创新训练项目，是本科生个人或团队在导师指导下，自主完成创新性研究项目设计、研究条件准备和项目实施、研究报告撰写、成果（学术）交流等工作。

（2）创业训练项目，是本科生团队由导师指导，团队中每个学生在项目实施过程中扮演一个或多个具体角色，完成商业计划书编制、可行性研究、企业模拟运行、撰写创业报告等工作。

（3）创业实践项目，是学生团队在学校导师和企业导师的共同指导下，采用创新训练项目或创新性实验等成果，提出具有市场前景的创新性产品或服务，以此为基础开展创业实践活动。

6.1.3 项目实施意义

大学生创新创业训练计划实施意义是：主动适应国家经济社会发展和人全面发展的需要，根据学校办学定位和人才培养目标，以学生为主体，以“导师引导，项目驱动，兴趣使然，自由发展，能力提升”为原则，创新理念、创新机制、立体训练，树立“将学习的自主权交给学生”的创新创业人才培养观，充分利用学校科研优势和与行业密切结合的特色，建立“教学与科研互促、教师与学生互动、课内和课外渗透、自主与引导结合”的创新创业训练模式，培养大学生创新思维和创业意识，培养学生“创新成才、创业报国”的社会责任感，不断提高大学生的创新创业能力。

6.2 大学生创新创业训练计划项目的申报

6.2.1 项目简介

大学生创新创业训练计划以本科生为主体，旨在探索并实施以问题和课题为核心的研究型教学模式改革。参加大学生创新创业训练计划项目的大学生应充分发挥自身的主动性、积极性和创造性，培养创新思维和创新意识，逐渐掌握发现问题、思考问题、解决问题的方法，提高创新实践能力。

大学生创新创业训练计划面向本科生个人或创新团队，以二、三年级学生为主开展。学生可根据自己感兴趣的研究主题和内容，由个人或创新团队向相关导师提出申请。学校组织专家评审，根据择优原则后确定国家级、省级、校级三个级别。项目获批后，学生需在导师的指导下，自主进行研究性学习、实验方案设计、设备材料购置、实验数据处理、研究结果分析、研究报告撰写等工作。

本科生创新团队参加大学生创新创业训练计划时，团队成员数量一般不多于 5 人，鼓励不同专业、不同年级、不同背景的本科生组成创新团队。创新团队需确定 1 名项目负责人，并明确每名成员在项目中的具体分工。

大学生创新创业训练计划选题范围要适当，要求研究内容新颖、研究目标明确、具有创新性和探索性。学生需对研究方案及技术路线进行可行性分析，并在实施过程中适时进行调整、优化和改进。

6.2.2　项目申报流程

每个学校的大学生创新创业训练计划项目的申请流程各不相同，大致为以下顺序。

（1）启动申报立项工作（发布申报通知，召开申报宣讲会）；

（2）学生组队、选题、论证、撰写申请书（具体填写方法详见本节第 4 部分）；

（3）项目答辩评审。项目答辩是掌握学生对项目设计和项目实施的一个好的监控方式，主要从学生的表达、学生的完成情况、学生的项目思路和学生解决问题的方法等方面了解学生掌握知识的情况。

（4）分类遴选项目。重点审查项目题目和简介（200 字以内）、项目是否可行等内容，创新训练项目是否具有创新性、预期成果除了结题报告外是否丰富等；重点推荐预期成果为学生以第一作者正式发表论文、专利、著作权、具有市场前景或创新性的产品或实物的项目。

其中，申报书的填写具体包括以下内容。

1. 项目名称

项目选题和项目名称是整个大学生创新创业训练计划项目的“门面”，也是在评审定级时具有决定性意义的方面之一。对于项目名称的设定及选择，本书提供几个比较通用的标准以供大家参考。

首先，针对性强。此标准实则指选题名称要突出研究对象或研究方法，目标也要简明扼要地概括出来。选题名称旨在为项目划定范围，如果研究对象或研究方法模糊不清，则无法显示出项目成员策划的逻辑思路，也就难以评定为国家级重点项目。

其次，时代性强。紧跟时代趋势，关注时代、社会发展的热点问题是任何研发项目的立足点，将突出时代特征的词汇置于名称中的适当位置，可以使项目选题更加新颖、符合时代发展需要。

最后，实用性强。选题要贴近生活，满足人们日常需求，时刻关注人们日常生活中急需解决的问题，并据此发掘研究点、创新点，将其进行明确概括置于名称中，并围绕该点在项目申请书中的“项目方案”一栏全面、深入地进行拓展。

除了上述三点以外，项目名称的选取还应参考其他标准，具体可以登录相关官网查找同类优秀项目，归纳总结其名称之间的共同点，进而结合自身项目方案进行调整完善。

2. 项目简介

项目名称确定完成后需要以此为基点撰写项目简介。项目简介在整个项目申报书中起到了提纲挈领、统筹概况的作用，是让评审专家迅速、准确获取项目信息的主要途径。因此，一份优秀的项目简介应是明确简约、全面综合的，具体可从以下几个方面进行分析梳理。

首先，概括项目背景。项目背景包括与项目有关的社会现存趋势、现存问题及人们对该对象的重视程度或态度等方面内容。需要注意的是，项目背景最主要的功能是要引出项目介绍，因此不必面面俱到，而应简明扼要。

其次，简要交代项目实施的方式方法。以开展某些系列活动为主要实施内容的项目为例，在考虑形式时可以采用“实地考察”“才艺汇报”“读书交流”“主题研讨”等多种途径，但是受字数所限，方式方法和项目背景一样，用具有概括性的短语词汇做简要排列即可。

然后，明确点出项目研究对象、模式路线等具体成分，并用通顺明了的语句表达出来。这一部分是“项目简介”中最主要的内容，应较其他几个方面更详细，同时点出此种研究模式在专业领域内的创新之处或优势。

最后，说明项目预期成果或项目价值。项目预期成果与项目书后单列的预期成果部分不同，前者更具有概括性，不具体分形式；后者则是以前者为基础所展开的，应依据形式进行归纳梳理。项目价值可以主体为单位进行分析。

以上几种方式是较为基础且实用的，除此之外，还可以根据项目的不同类型对其他方面进行介绍。需要注意的是，申请书中项目简介的字数是有要求的，一般在 200 字以内，因此必须提炼、简化语言，反复修改并达到最终完善的目的。

3. 申请理由

在撰写申请理由时，内部心理和外部环境的差异是采取不同具体行动的原因，因而可以从内外两方面分析动因。其中，最主要的是内部动因，其次则是现有外部环境所提供的各方面条件。具体可以参考以下几个方面，再以此为依据，横向拓展、纵向剖深。

首先，自身具备的知识条件。项目成员具备的知识包括与项目相关的专业知识涵养，如果项目成员来自不同专业，还可提及专业知识的综合交叉优势，全方面、多层次地为项目的策划与实施提供理论知识基础。

其次，自身特长、兴趣。项目成员的特长可以结合各自具备的专业知识来分析，如各个专业成员的全面性专业知识，及其与项目相关的生活及实践经验。项目成员的兴趣则指项目策划的主要内部动因，可以与特长放在一起写，如有相关经历，也可以单独列出进行说明。

最后，已有的创新成果，包括现有的调研、科研等成果，如经典文献、现有软件和调研报告。现有创新成果既可以视作项目实施的现有基础，也可以与项目成员的个人兴趣和研究方向相结合展开阐述。

以上几点可以融合起来表述，也可以分模块进行阐释，同时可增添其他能够体现项目或成员自身闪光点的内容。因此，具体内容应依据项目申报团队成员的专业、兴趣和生活实践经验来进行调整。

4. 具体撰写

1）项目背景

项目背景是个庞大的体系，能搜集到的许多现有成果都可以归入其中，鉴于许多同学在分析背景时不知所措，无法划分边界和模块，本书从以下几个方面详细讲解，使大家对项目背景的撰写更具有逻辑和条理性。

（1）国内外的研究现状。首先，总览项目提出的社会、学术大背景，如研究趋势、研究主张及相关著作等，并将其有条理地进行概括，以作为项目提出的大环境背景依据。

其次，全面考虑项目针对对象的现状。例如，项目是针对高校留学生，那么就需要综合考虑其现有汉语基础水平差异、课程模式、第二课堂活动频率等方面内容。这一部分是增强项目针对性的重要体现，也为项目顺利、高效开展奠定良好的基础。

最后，关注分析研究基础和研究价值，可以结合社会、学术等大背景进行分析。如果说大背景更侧重于趋势和总览，那么研究基础要明确列出现有学术成果和积累。研究价值也要立足于研究基础加以实际分析，并做适当的展望。

（2）研究意义。在研究现状的基础上，应对项目研究意义进行剖析。研究意义是很具抽象性的一个部分，需要从不同层面来分析，使内容更有条理性，在文字排版上也较为整齐。根据研究对象或模式的具体情况来划分意义层面，本书为大家提供几个比较基础且实用的层面。

首先是理论意义层面。理论是行动的依据，如果项目都不符合理论层面的逻辑思维，那么在其他层面就更无法找出其研究价值。这一层面需要阅读相关文献，查找现有理论成果，结合自身专业知识，分析项目在理论层面有何发展前景和存在的价值依据。

其次是现实意义层面。这一层面主要结合现实需要来分析，较有逻辑性的方式是从不同主体或职能部门的现实需求出发，并寻求不同主体或职能部门之间的联系，最终目的是展现出在项目顺利开展的情况下能形成的一个较大范围的、积极的辐射效应。现实意义层面相比于理论意义层面更趋向于实践性，平时需要多留心现实生活，结合自身经验，不断发掘其实际作用。

最后是应用意义层面。相比于现实意义层面，应用意义层面的价值更侧重项目在进行过程中或最终研发出的创新成果，可以是某种新型软件，也可以是生物化学方面的科研成果。立足项目研发的不同创新成果，再具体探究其在实际操作中的可行性及积极影响。

（3）已具备的条件。可结合申请理由（6.2.2 节项目申报流程的第 3 条）进行撰写。这一部分可以从主观和客观两个层面来阐述。

主观层面即项目成员自身具有专业知识、生活经验及特长等，和现有社会对项目涉及对象的主观态度趋向一致；客观层面即结合各种现有研究成果和外部有利资源进行分析。分别梳理好两个层面的内容后，最后再将其进行归纳总结。

（4）尚缺少的条件及方法。分析上述三项内容的同时，还需要注意的是，由于是在梳理项目背景，因此必须客观实际地分析现状，既要谈及项目开展的有利条件，也要考虑到尚缺少的条件及方法。这就需要在策划项目时尽量细致地去考虑满足各环节顺利进行的实操条件，再同现有研究成果和外部资源进行对照，找出参差点并列出。

需要注意的是，大学生创新创业训练计划项目申请书内的内容最终都应落到项目实施可行性及其价值的点上，虽然可以客观考虑现有条件的不足，但内容不宜过多，不要自己为项目的实施寻求过多阻碍。

（5）项目研究目标。在申报大学生创新创业训练计划项目时，研究目标是否清晰、定位是否准确同样是至关重要的。撰写这一部分内容时语言尽量简洁明确，在形式上可以用“1”“2”“3”等阿拉伯数字标注出来，也可以用连贯性的语言简明扼要地进行提炼。与此同时，也要注意研究目标的具体性、实用性与展望性等标准。具体性指的是研究目标的指向越有针对性越好，这样能够向评审专家显示出项目成员清晰的思维逻辑；实用性指的是目标应较大程度地体现出项目的实际价值，及其研究成果与现实需要之间的对接性；展望性则指在撰写研究目标的最后进行一些适度的展望性规划。

2）项目内容

（1）项目背景的实际价值是作为一个“引子”，引出接下来要详细阐述的项目主体内容。因此，这一模块内，可以将之前撰写好的项目背景进行提炼，简单概括与项目有关的研究及发展现状，同时也适度点出现存问题，为接下来对项目内容的详细介绍做好铺垫。

（2）相关理论分析。不论是项目研究价值还是项目策划的主体内容，在介绍实践性活动之前，一定要将理论基础垒实，从实践中探索所需的理论成果，再用理论知识指导实践。这一部分的撰写需要注意以下几个标准。

首先，注重理论分析的模块性。例如，某大创项目的研究对象与中原地域文化相关，则可以从饮食文化、景观文化、古都文化以及诗词文化等方面展开叙述。当然，不同地域的特色文化与该地域的实际情况密切相关，如历史积淀、经济发展、特色产业，因此在划分模块时应紧密结合项目研究对象的实际情况，发掘出其最具特色的几个方面，将各个亮点清晰地展现出来。

其次，注重理论分析的全面性。大创中的申报项目很多是跨学科、综合性的，所涉及的理论知识也应是全面且融合的，因此在分析理论时敏锐地考量项目所涉及的不同专业学科，选择其中某（几）个最基础的学科作为基点，适度拓展发散，尽量使理论内容更加全面、综合。

最后，注重理论分析的概括性。由于这一部分的名称为“项目内容”，撰写时一方面要将内容写得尽量全面，另一方面也要考虑如何在维持内容全面的基础上提炼出其精髓，提纲挈领地用语言表述出来，注意理论分析的概括性，使得整个项目的理论逻辑清晰，让评审专家在最短时间内抓到指导理论的重点。

（3）实践性活动（研究）安排的简要介绍。实践性活动是整个大创项目中的主体部分，通过写好一份实践性活动（研究）安排，可以让评审专家直观地看到项目策划的逻辑和实施安排，也进一步加固了项目的可行性基础。这一部分可以分别将项目进展的各个环节进行简要概括介绍，同时突出项目实施过程的连续性、延展性和逻辑性。

（4）评价和反馈。评价和反馈的形式有很多种，包括线上和线下、自评和他评等；依据时间段也可以分为项目中期的阶段性评价与反馈、项目后期的总结性评价与反馈。可以从时间段出发，先将评价和反馈环节安插在项目各个重点实施阶段的后期，再分不同形式进行下位分析，这样在纵向和横向上都很好地兼顾了评价与反馈环节的完整性和客观性。

（5）难点。关于项目研究或实施过程中的难点，首先可以依据时间阶段划分不同模块，从策划准备阶段、实际操作阶段以及评价反馈阶段进行分析。例如，在项目策划准备阶段，成员们需要做一些联络协调工作，这就涉及和不同职能部门之间的联络障碍；在项目实际操作阶段，不同环节内有各自的突破点，各个环节之间也涉及过渡与衔接；在项目评价反馈阶段，项目成员难免会遇到评价反馈的对象是否全面、所得反馈结果是否客观等问题。

在各个时间段内，难点可以依据主体或职能部门再次进行划分，如在联络沟通阶段和某机关部门、某受众群体之间的互动协调问题。主体的划分可以将各自项目的实际情况作为参考，如果所涉及的主体很有限，那么也可以不以此标准为划分依据。

分析难点时一定要注意适度原则，客观分析的同时也要注意篇幅，切勿长篇大论。

（6）项目创新特色概述。上述项目的主体内容和过程安排是大创申请书的主要基石，项目创新特色也是评审专家为同学们的大创项目定级的一个重要参考内容。本书建议项目创新特色概述从以下四个方面展开论述。

首先，专业研究方面。结合之前写好的项目研究现状进行分析，主要探索在该项目主要归属的专业学科内，所研究的项目能够在哪些现有研究成果的基础上进一步发展，或者能够填补哪些现有研究的细小漏洞。致力于专业学科内的研究是大创项目的主要存在价值，也是其创新特色的主要来源。

其次，研究视角方面。可以使用“着眼于”“聚焦于”“从泛化到具体”等短语或词汇，尽量找到项目与现有其他研究视角的不同之处，并进一步点出自身研究视角的创新特色以及进步性价值。

然后，研究时效方面。需要考虑纵向时间因素，思考项目是否脱离于现有大的研究趋势与进程，是否融合在现有主流研究中与其同步发展，是否在项目完成后依旧能够产生较长时效的积极影响。如果项目尚未符合这几点要求，建议申请者再调整一下项目安排；如果已满足，那么就可以结合实际情况详细展开论述。

最后，成果影响方面。不同类型的大创项目所研发出的成果各有差异，但不论是科研成果、文创产品还是活动效应，作为大创项目的评价参考标准之一，一定要具有较强的创新性和开拓性，建议申请者立足于各自的项目成果，从横向辐射与纵向延伸两个角度剖析其创新特色。

3）项目研究技术路线

项目研究技术路线是同学们在策划准备、实际操作以及最终获取研究成果或达到研究目标时所采取的技术手段、具体步骤以及各种技术手段之间的逻辑关联。科研类项目的技术路线较为简单，将涉及的操作方式以及环节叙述清楚即可；人文社科类项目的技术路线则不如科研类项目的研究路线具体，而是较为抽象泛化，学生需要立足于项目实施的各个阶段活动，梳理出一条清晰的逻辑线。

首先，技术路线可采取流程图的表达形式。流程图是能够很直观地展现项目研究技术以及各个实施环节之间逻辑关系的一种形式，不同于长篇大段的文字论述，其可以简明扼要地呈现出主要内容，目的性更加明确，也能够使评审专家迅速把握住各个环节中研究技术之间的紧密联系。

绘制流程图的过程中，可以先将主要研究技术分别用短句提炼概括出来，再根据在项目操作中的具体位置将其放置于不同流程框内，使用箭头、括号等符号标注出各个流程框之间的逻辑顺序。在纵向上，一个程序框可以与另一个程序框形成时间上的前后关联；在横向上，每个程序框又可以作为基点，进而拓展出新的程序框。

其次，技术路线可根据项目的实施阶段或环节来划分模块。最基本且常用的划分方式包括前期调研准备环节、中期创新实践环节以及后期反馈总结环节。例如，对于人文社科类大创项目，学生在制作前期调研准备环节的流程图时，就可以根据准备工作的难易程度排列各项工作，每一项工作又可以横向拓展出与不同主体相关的衍生工作。

不论是科研类项目还是人文社科类项目，学生一定要注意体现“路线”这一重要内容的含义，相比于突出项目中某部分的技术手段，更应放眼全局，清晰、准确地呈现出各种技术手段或工作活动之间的逻辑关联。

技术路线也可以采取纯文本形式进行表达，但一定注意要明确体现出其中的逻辑关联性。各种形式均有其表达上的优势和特点，申请者可以根据大创项目的实际情况以及个人倾向酌情考量。

4）研究进度安排

首先，对于研究进度安排的撰写，建议申请者将实施环节写得详细且全面。所谓“详细、全面”是指尽量呈现出项目的整个实施过程，就像一份前后连贯的活动策划，所考量的方面越周全越好，使评审专家看出项目成员在策划项目时缜密的思维逻辑。撰写时可以将各个环节的研究技术、研究实操、研究目标以及成果融合起来，多方位地展现不同季度的策划安排。

其次，严格根据项目实施的进度展开阐述。每一年的大创项目都有相应的时间节点，其中包含季度报告、中期检查等任务，因此需要提前规划好项目进行时间，以季度月份为单位安排各个实施环节。

项目实施的各个时段内，需要提及的内容包括项目所涉及的主客体、项目实施方式以及项目具体实施过程等。对于科研类项目，建议申请者将研究的具体操作过程交代清楚，同时要考虑到研究过程中所需的内外部条件，以及各个阶段发生特殊状况时的应对措施；对于人文社科类项目，则可以将各个季度的项目进程分为多个活动策划来进行撰写，其中包括活动时间和地点、活动背景、活动目标、活动流程以及总结评价等方面内容。不论是哪类项目，都需要注意项目在各个季度内工作的连贯性与承接性，将环节有层次感、由浅入深地贯穿下去。

最后，涉及软件开发、文创产品设计等重要研究阶段时，要全面思考研究成果的自身定位、实际功能与价值及其可行性和积极影响。不论是最初阶段的大创申请书，还是中间阶段的季度报告和中期检查，撰写时必然会涉及阶段性研究成果，这时应较为详细、全面地展现项目研究成果，突出其在整个项目实施过程中的重要地位和实际创新价值。只有将研究成果很好地展现出来，整个大创项目的进展才具备阶段性和终结性的评价标准。

5）项目组成员分工

项目组成员的分工问题可以从侧面反映出项目实施是否具备充足的人员保障。

虽然不同类型的项目在实施过程中所需要的人力资源有所差异，但是同样可以按照一个较为通用、简单的标准进行划分。推荐申请者从“项目联络通信”“项目活动策划”“项目资料搜集”以及“项目文字策划”等方面进行人员分配，这几个方面基础且通用，适用于大多数项目。申请者可以此为基础，再根据项目的实际需求增加一些其他的工作安排，各项工作的人员可以承担多种不同的工作。

以上申报书中的关键环节如表 6-1 所示，表内项目填写时一律用黑色签字笔或打印，字迹要端正、清晰，此申报书可复印。填写时可以改变字体大小等，但要确保表格的样式没有被改变；填写完后用 A4 纸张打印，不得随意涂改。

表 6-1　大学生创新创业训练计划申报表部分内容

<table>
<tr><td rowspan="6">申报者情况</td><td>姓名</td><td colspan="2"></td><td>性别</td><td></td><td colspan="2">出生年月</td><td></td></tr>
<tr><td colspan="3">学院/年级/专业/班级</td><td colspan="5"></td></tr>
<tr><td colspan="3">学号</td><td colspan="5"></td></tr>
<tr><td>项目名称</td><td colspan="7"></td></tr>
<tr><td>宿舍地址</td><td colspan="3"></td><td>宿舍电话</td><td colspan="3"></td></tr>
<tr><td>电子邮箱</td><td colspan="3"></td><td>联系电话</td><td colspan="3"></td></tr>
<tr><td rowspan="6">合作者情况</td><td>姓名</td><td>性别</td><td>年龄</td><td>专业班级</td><td colspan="4">学号</td></tr>
<tr><td></td><td></td><td></td><td></td><td colspan="4"></td></tr>
<tr><td></td><td></td><td></td><td></td><td colspan="4"></td></tr>
<tr><td></td><td></td><td></td><td></td><td colspan="4"></td></tr>
<tr><td></td><td></td><td></td><td></td><td colspan="4"></td></tr>
<tr><td></td><td></td><td></td><td></td><td colspan="4"></td></tr>
<tr><td rowspan="3">指导老师</td><td>姓名</td><td>性别</td><td>职称</td><td colspan="3">所在单位及职务</td><td colspan="2">联系电话</td></tr>
<tr><td></td><td></td><td></td><td colspan="3"></td><td colspan="2"></td></tr>
<tr><td></td><td></td><td></td><td colspan="3"></td><td colspan="2"></td></tr>
<tr><td colspan="9">一、项目简介（不超过 600 字）</td></tr>
<tr><td colspan="9">二、申请理由（包括项目负责人/项目团队具备的前期研究基础、知识专长、特长兴趣等，不超过 2000 字）</td></tr>
<tr><td colspan="9">三、项目方案（研究思路、研究框架和内容、研究方法，不超过 5000 字）</td></tr>
</table>

6.2.3　项目申报注意事项

（1）一年级学有余力且有一定基础的学生可申请参与创新训练项目，但不能作为项目负责人；四年级学生若前期参与创业实践类项目，且项目进展情况良好，在项目继续受到资助时可继续参与该项目的相关研究与实践工作，但不能作为项目负责人；创业实践类项目参与学生毕业后，若该项目继续进行，其可继续参与项目的相关研究与实践工作，但不能作为项目负责人。

（2）创新训练项目参与人数为 1～4 人，其中项目负责人 1 人；创业训练项目参与人数为 2～8 人，其中项目负责人 1 人；创业实践项目参与人数为 3～15 人，其中项目负责人 1～2 人。

（3）创新训练和创业训练项目组成员按承担工作情况进行排序。项目申报完成后，项目组成员排序不得更改。创业实践项目组成员均应有明确的岗位分工，项目组成员在项目训练实践过程中地位平等，排名不分先后。

（4）指导教师应具有中级以上专业技术职称或硕士学位，或为联合国国际劳工组织开发项目“创办你的企业”（start your business，SYB）的创业培训、创业模拟实训专项培训师资库成员，或持有教育部、人力资源和社会保障部等上级部门颁发的就业创业资格证书，且在所指导的项目研究领域具有相关的研究与实践经历。初级职称教师须由副高及以上专业技术职称或博士学位的教师协助指导。副高及以上专业技术职称的指导教师每年指导不超过 4 项（含协助指导），其他职称教师指导不超过 2 项。创业实践项目应选择至少 1 名企业专家作为指导教师，参与项目指导的企业专家应具有企业运营及管理方面的丰富实践经验，且有时间和精力参与项目实践指导工作。

★　训练与实践【6-1】

1. 同学们各自组建团队，每组构思一个创新创业计划，进行一次创新创业计划的申请。

2. 各组对组建的项目进行答辩，一组答辩时其他组和老师担任评委，找出各自项目的优点和不足。

3. 以小组为单位对今年以来的创新创业型比赛获奖项目进行总结，找出这些项目的共同点（申请选题、申请书排版等方面）。

6.3　大学生创新创业训练计划项目的实施

6.3.1　项目实施要点

1. *确定研究课题*

课题是大学生创新创业项目的“眼”，一个好的课题不仅可以引导项目的顺利开展，还可以使项目在评审时脱颖而出。构思研究课题时，有几点建议可供参考。

（1）在生活中多留心观察。一般来说，贴近生活的选题在评审时更能引起共鸣，给人留下更深的印象。

（2）关注前沿的科技资讯。前沿的科技资讯有助于团队成员构思和筛选创新创业项目中的“创新点”。出于各种条件的限制，大多数前沿的科技成果并不为学生所接触，但是学生可以通过其发散思维来寻找课题的方向和灵感。

（3）多与他人交流。有时候灵感来源于他人口中的生活中的“痛点”，与他人的交流有助于挖掘生活中一些可以优化的产品设计或流程设计。事实上，该要点与（1）都是“灵感来源于生活”的应用。

2. 收集课题相关资料

为尽量避免项目在实施时出现错漏，需尽可能全面完善地收集课题相关资料，以下有几种信息检索方式可供参考。

（1）查阅相关书籍。若要获取较全面的资料，需要尽量在多个渠道获取靠谱的参考书目。一般来说，在多个渠道获取的参考书目会有一定程度的重合，重合的部分通常为参考性较强的书籍，需重点关注。

（2）在网络上进行信息检索。信息检索平台有中国知网和知乎等，可根据个人的习惯灵活选择。理论上说，中国知网上检索到的信息可引用性较强，高校学生可以通过校园网进入中国知网，享受免费查看或下载文献的服务。

（3）与专业人士进行交流。交流之前建议对自己需要获取的信息要点进行排列，以保证交流所得到的信息质量，在交流过程中将信息尽量记录下来，交流结束后立即将信息进行分析总结。

（4）与项目导师进行交流。一些实施上的要点可以多向导师进行请教。事实上，项目从开始到结束，都应多与项目导师进行交流沟通，以确保项目顺利进行。

3. 对资料进行分析整合

对收集的资料进行有效的信息提取。“有效的信息提取”一般指对材料进行去粗存精、去伪存真、由表及里的过程，这个过程需要对材料进行细致的阅读、厘清项目的实施思路，明真才能去伪，知精才能去粗。

结合专业人士、项目导师、团队成员的意见对重要信息进行保留。通常而言，专业人士的意见参考性最强，项目导师的意见可行性最强，团队成员的意见最具创造性。

寻找项目实施的难点。难点是资料中很重要的部分，难点的存在可以突出项目的创新性，而在项目实施前发现难点有助于及时修正或完善项目的实施方案。

4. 研究分析

（1）进行专业研究：对于项目课题与所学专业无关的同学来说，进行专业性的研究并不是容易的事情。前文已经提到，研究课题时可以查阅相关书籍或者是与专业人士进行交流，进行专业的课题研究时自然也是如此，这里便不做赘述。

（2）提供多个研究视角：与（1）相对，专业研究是以项目课题所在的专业研究视角对项目进行研究，所谓“提供多个研究视角”则是以区别于项目课题专业的其他专业的视角进行研究。

（3）对成果影响进行研究：事实上，一个项目的成果影响可以是被发掘出来的，在项目实施前，对成果影响的分析通常需要宽泛化一些，给项目执行后的成果研究留下余地。项目实施后会进行更加细致的成果研究，那么实施前是否就不需要对成果影响进行研究了呢？其实并非如此，实施前对成果影响进行研究可以为项目实施提供一定的方向指导，使项目实施过程更加顺利。

5. 确定项目研究技术路线

对于同一个项目而言，不同层面的人员进行研究有不同的技术路线，可以将现有的可以接触运用的技术资源进行列举，再结合项目课题以及研究目标构思项目，确定研究技术路线。

6. 评价反馈

评价反馈要对项目的实施产生正向的推动作用。结合研究中所记录的数据情况列出实施时需要解决而未解决的问题以及可以进行优化的地方，对研究方案进行完善。

6.3.2 项目流程管理

项目投入实验并进行到一定阶段时，为防止发展方向产生偏移、过程出现漏洞、进度掌控不准等问题的出现，对现有完成部分进行总结整理，并对后期发展进行二次规划；研讨项目可持续性，反思、归纳、深化、细化。项目负责人与项目成员应按照流程进行中期报告。

1. 中期报告撰写

中期报告即中期检查，是在项目研究周期过半时，以书面材料的形式进行的对课题研究（包括研究过程、阶段项目成果）的客观详细阐述，以及项目执行人向科研管理部门（即学校）的汇报。

中期报告的目的就是总结已完成阶段工作中的经验与成绩，并与管理部门进行沟通反馈，便于及时调整研究方向与内容，安排下一步研究工作。一份优秀的中期报告，需要清晰有力地回答出“经典三问”，即为什么研究，怎样进行研究，获得哪些收获，这都是需要在汇报中一一阐明清楚的。明白了这一原理，同学们就能知道，一次合格的中期检查要包含哪些方面，如研究工作进展状况（如是否超前、是否滞后等）、阶段性成果（如收集了哪些数据、达到了多少预期等）、项目创新点（如新材料、新能源等）、存在哪些问题（如经费超支、场地变更等）、重要变化（如项目工作变更、研究方向变更等）、下一阶段计划（如如何分配剩余资金、如何调整人员分工等）、可预期成果等。

因此，本书将给出中期报告的一种形式模板作为参照，在不包含课题概述的情况下，可分为工作内容情况、存在问题、下一阶段计划。

课题概述分为课题由来、研究目标、研究内容三个方面，要求项目成员用简洁清晰的语言文字说明选择研究这项课题的原因和理由，也包括项目背景和社会现实意义，且项目内容须与申报书阶段保持一致。在第一阶段汇报时，课题概述需严谨全面，后期阶段汇报不做严格要求。

工作内容情况指的是已完成阶段的工作进度与阶段性成果，需按照时间顺序或分类分工客观阐明研究小组完成的研究部分、达成研究指标的情况，通过回顾整理、提炼归纳的方式具体详细地描述项目实施的主要过程（包括工作思路整理、采取的措施与策略、工作方式等），进而说明小组观点或思考结果，以及在阶段工作过程中发现的现状、探明的规律、产生的效果等研究收获（如以数量、个体案例、影响等形式呈现），且需要具体罗列出项目中已获得的研究成果（如项目作者、项目名称、发表情况、获奖情况等）。

存在问题要求小组成员善于发现研究工作中的疑难困惑，包括研究内容本身的难度和课题研究的外部环境与客观条件的制约影响，并且说明进度中的问题是否已经对项目研究方向产生影响。

下一阶段计划包括对后续工作人员和资金的计划安排、对前段滞后或未完成工作的补救方法、对课题所面临的问题有哪些解决方法的思考，以及按时完成项目所做出的进度规划和如若不能完成项目的结题方式与时间安排。

2. 注意要点及举例

（1）课题研究成果这一部分是中期报告中较为重要的一部分，旨在全面、准确地反映课题研究的基本情况，其应占整篇报告内容的 1/3 以上。

（2）讲述课题研究成果时，要理论与实践并进，既说明实践训练过程中所获得的经验与知识，也要罗列项目中完成的论文、作品、所获奖项等。

（3）按时间划分的工作计划进度、资金使用凭据等都需要以严谨的态度一一落实，保证内容的真实性、准确性。

（4）中期报告须按照完整、详细、严谨的标准作为附件进行提交，每个模块的内容需精简、凝炼、有重点。

6.3.3　项目检查办法

在中期考核时，指导教师负责指导并督促项目负责人按时提交中期进度报告，帮助学生总结经验，修正错误，为下一步工作提出建设性意见。发生项目负责人变更、研究内容有重大调整、申请延期、终止项目运行等情形时，需经指导教师同意。

6.4　大学生创新创业训练计划项目的结题

6.4.1　项目结题意义

1. 结题工作是研究者对本项研究工作的全面总结

研究者既然已申请并承担了项目，就有义务完成项目的研究开发，所以在规定时间内对申请的项目开展全面总结便成为必要环节。总结的内容应包括在整个研究过程中研究方法的使用是否恰当、获得的研究结论是否明确、取得的研究成效是否明显、设定的目标是否达成等，即用各种方式表达研究成效，显示被批准项目的达成度。

2. 结题工作是对指导教师工作成效的全面评估

指导教师会对项目的研究内容、研究方法、研究目的确立以及研究成果展现等产生影响。但是他们比较注重的研究成效往往是在实践中所发挥的作用，将功夫用在工作的改善上。在结题时，研究者除了宣读报告或论文，还可以组织有效的结题活动，能够展现研究环境、展示课堂与课程、展现活泼的教育生态。评审人员除了“听他们怎么说”，更能观察“他们怎么做”，既有利于专家学者辨别指导教师是否指导了学生的研究工作，也有利于评审人员对成果拥有者付出的实践探索和工作绩效进行评估，形成全面认识，发挥激励作用，使这些成果的研究者产生精神上的愉悦。

6.4.2 项目结题流程

1. 结题成果展示

结题成果是前期研究工作的结晶，是个人能力和方案可行性的证明，只有做出了成果，才能顺利结题。结题成果形式多样，创新训练项目有论文形式、研究报告形式、专著、作品出版物、软件开发应用、论文集、产品实物、专利、产品效果图等；创业训练项目和创业实践项目有论文形式、创业类比赛获奖证书、注册实体、投资合同等。

2. 填写结题申报表

满足以下结题的条件后即可填写结题申报表申请结题：项目负责人需在结题申报表中填写作品形式、项目经费使用情况、项目实施情况以及项目的创新点。其中，项目实施情况包括研究意义、项目计划内容与完成情况对比、成员个人完成项目情况，若有相关资料可以附件的形式提交。

3. 撰写结题报告

结题报告是对项目研究过程及成果的全面总结，通过书面报告的形式告诉评审老师项目的进展方式、从中获得的收获以及遇到的问题。

1）格式要求

在封面填写项目名称、项目级别、项目类别、项目负责人、指导老师等基本信息；在第一页填写项目名称、项目负责人、指导老师与项目成员的具体信息及项目完成情况；撰写项目总结；指导老师填写指导意见。

2）项目总结内容要点

（1）项目研究的内容。项目研究的内容陈述的是课题研究的范畴、课题研究的着力点。项目研究主要内容的表述应当紧扣研究目标，简明扼要，准确中肯。案例【6-1】中项目的研究内容便是设计一款新型的病床陪护床。

（2）项目的创新情况。大学生创新创业项目最看重的便是创新，因此报告中一定要清晰地点明项目的创新情况。案例【6-1】中便通过“创新点”一词直接指出项目的创新情况，清晰明了。

（3）项目研究所采用的技术与方法。项目研究的技术与方法是指研究者根据什么样的原理、运用什么样的技术、通过什么样的途径来达成项目研究的目的，从而取得项目成果。案例【6-1】中“基于交互设计”“以用户为中心”等都是研究的技术与方法。

（4）项目的执行情况。一般将执行计划分成准备、实施研究、总结三个阶段，然后，在每个阶段中简要陈述所做工作，所采取的研究策略或措施是什么，简明扼要，不必详细陈述。

（5）项目的研究成果。项目研究成果这个部分是整篇结题报告中最为重要的部分，直接决定了项目的优秀等级。研究者一定要把研究成果充分明白地写出，若有多个成果，将成果按从大到小依次写出。案例【6-1】中的成果便是陪护床机构的设计、专利的申请、已经发表的论文。

（6）项目研究的收获。研究者的收获见证了其成长，也反映了比赛或项目赋予研究者的意义。这里需要研究者对研究的收获进行总结与概括。案例【6-1】中研究者学习到的有关机械设计方面的知识，以及处理问题的方法都属于收获。

（7）项目研究存在的问题与不足。这个部分要求比较简单，只需简单陈述研究过程中遇到的问题以及项目依然存在的缺陷。

（8）项目的经费使用情况。项目都会获得国家经费的支持，在报告中阐明经费使用情况很有必要，需要写清经费的去向及金额。

3）撰写技巧

（1）厘清思路：要了解研究报告格式所要求的思路，并将格式的各个项目与自己的研究工作建立对应关系，回顾和确立课题研究的假设与依据、措施与效果之间的因果关系。这两个关系的确立能有效地帮助研究者迅速厘清思路。

（2）占有材料：撰写课题研究报告之前，要尽可能地了解和占有材料，这些材料包括课题研究的实施材料、课题研究的效果材料、课题研究的参考材料以及原来撰写的课题研究的文件材料等。能否全面地占有材料，关系到课题研究报告在多大程度上反映出课题研究的深度和广度，以及课题的理论价值和实践价值。

（3）加强思考：厘清思路和占有材料之后、动笔撰写之前还要做一项工作，那就是加强思考。重点对研究过程的资料进行分析综合、比较、抽象概括和提炼，将一些好的做法经验化，上升到理论的高度，并将理论联系实际进行思考，深化原有的理性认识。本书建议利用中国知网，了解别人在某一问题研究上的最新结论，有助于将研究中的感性认识提高到理性认识。

（4）利用图表等技术：研究报告的撰写要用到一定的技巧，如数据的处理可以用图表形式，有关的内容可以用图示或表格形式加以简化等。

（5）分点陈述：分点陈述的方式可以让总结的条理更加清晰。

◆ 案例【6-1】

项目总结

（1）本项目研究的方向是在不改变原有病床的前提下，找到通用的折叠方式和固定方式，来设计一款新型的陪护床。该项目的创新点在于将病床和陪护床结合起来，便于陪护者使用，节省空间。采用的设计方法是通过了解常规陪护床的使用与制作原理，对医疗陪护器械进行优化改良，从人性化的角度出发，基于交互设计，以用户为中心的思维方式，运用四杆机构的“死点”原理，优化陪护床的折叠结构。

执行计划分为以下几个步骤。

准备阶段（2019年5月前）：制定项目，确定项目实施办法与大致方向。

实施阶段（2019年5月后）：实地调查，了解现状，根据陪护床的使用规律设计出新型陪护床的模型并不断改进。

总结阶段（2020年3月后）：将模型试用于现实生活中，确定新型陪护床的可行性，总结整理整个实施阶段所接触到的信息与问题。

结题阶段（2020 年 5 月）。

（2）本项目已经设计出我们所需要的陪护床机构，相关专利和论文成果已在准备中。研究者运用制图软件将所设计的结构进行了绘制，并将动画模拟在项目进行的过程中，学习到很多关于机械设计方面的知识，了解了有关医疗器械的设计与制造方面的现状。在指导老师的指引和项目研究过程中，每个课题研究的都是新的问题，没有现成的方案，需要自己去找文献查资料，抓住问题的本质寻找规律，然后确定创新的方向，不断地努力，独立思考。在创新方面，首先要确定创新的方向和目标，要始终围绕创新点，不能偏离主题，也不能随意猜测，而是要有根据、有目的地做出假设，再一步步通过实践去论证自己的猜测。研究团队的其他成员在项目研究中也将获益匪浅。

（3）本项目在后期受到新型冠状病毒感染的影响，无法按照原有安排进行 3D 打印模型进行结题，所以只能将所设计的结构运用制图软件进行了绘制和动画模拟。

（4）关于学院所提供的经费，因为新型冠状病毒感染的影响，后期并没有经费方面的使用，并且项目的专利和论文也正在申请和发表过程中。

4. 进行结题答辩

结题答辩时以 PPT 汇报及专家提问的方式进行，同时需提交结题报告纸质版，结题验收表中所涉及的相关成果须提供佐证材料，如实物（电子版图片）、软件（电子版图片）、正式发表的论文（电子版）、专利（电子版图片）、竞赛获奖证书（电子版图片），详细内容见 6.4.3 节。

6.4.3 项目结题答辩

1. 答辩要求（以 2017 年为例）

根据《国家级大学生创新创业训练计划管理办法》，对 2016 年度国家级大学生创新创业训练项目以及省级创业项目进行结题验收，具体要求事项如下。

（1）答辩时间及地点。

时间：×月×日下午×时×分。请参加答辩的学生提前半小时到现场查看分组情况以及拷贝 PPT。

地点：××楼（具体教室见现场通知）。

答辩形式：PPT 汇报，专家提问。

（2）答辩要求。

2016 年立项的国家级项目、省级创业项目及 2015 年延期的国家级项目均须按时参加答辩验收，无故缺席则视为答辩不通过。如有特殊情况须填写延期申请，逾期不再单独组织验收，2015 年项目不得再延期，必须参加本次答辩。

（3）每个项目汇报时间 5min，专家提问 3min。

（4）答辩时提交结题报告纸质版。结题验收表中所涉及的相关成果须提供佐证材料，如实物（电子版图片）、软件（电子版图片）、正式发表的论文（电子版）、专利（电子版图片）、竞赛获奖证书（电子版图片）等。

2. 答辩技巧

（1）克服紧张、不安、焦躁的情绪，相信自己一定可以顺利通过答辩。

（2）注意自身修养，有礼有节。无论是听答辩教师提出问题，还是回答问题都要做到礼貌应对。

（3）听明白题意，抓住问题的主旨，弄清答辩教师提问的目的和意图，充分理解问题的根本所在再作答，以免出现答非所问的现象。

（4）若确实没有弄清楚某一个问题，要虚心向答辩教师请教，尽量争取教师的提示，巧妙应对。用积极的态度面对遇到的困难，努力思考作答，不应自暴自弃。

（5）答辩时语速要快慢适中，不能过快或过慢。过快会让答辩小组成员难以听清楚，过慢会让答辩教师感觉答辩人对这个问题不熟悉。

（6）不要在答辩中提及没有把握的观点和看法。

（7）不论是自述，还是回答问题，都要注意掌握分寸。强调重点，略述枝节；研究深入的地方多讲，研究不够深入的地方最好避开不讲或少讲。

（8）通常提问会依据先浅后深、先易后难的顺序。

（9）答辩人的答题时间一般会限制在一定的时间内，除非答辩教师特别强调要求展开论述，否则不必要展开过细。直接回答主要内容和中心思想，去掉繁枝细节，简单干脆，切中要害。

3. 注意事项

（1）答辩按照步骤，分为介绍、分析、评价三步。

介绍部分需要向评委老师说明大创项目名称、项目背景、课题来源及课题现阶段发展状况。

分析部分需要详细描述有关项目的具体内容，其中包括答辩人所持的观点看法、研究过程、实验数据、结果等，重点讲述答辩人在此课题中的研究模块、承担的具体工作、解决方案、研究结果，并且要侧重创新部分，评委老师对此比较重视。

对于一部分评价，答辩人要对研究结果进行分析，得出结论，包括新成果的理论价值、实用价值和经济价值，进而展望本项目的发展前景；对于另一部分评价，答辩人需对自己的研究工作进行评价，要求客观、实事求是、态度谦虚，如通过参加模拟项目答辩，撰写专业水平上、个人能力上有哪些提高，取得了哪些进步，以及研究的局限性、不足之处、心得体会。

（2）大创结题答辩采用 PPT 汇报的形式，受时长限制，PPT 内容需要在符合语言介绍的基础上，做到精简翔实，时间控制在 5～10min，用较短的篇幅展示工作内容及成果，故而不建议在 PPT 内设计大量文字、文章截图等。

（3）面对专家提问，可以提前了解一些答辩时导师常问的问题，将有关材料提前整理好，在答辩时可以做到精准快速地回答；也可以在原有工作调研的基础上拓展信息，进一步了解本项目在国内外的发展状况与发展趋势、有关技术、社会经济效益成果等，辅助分析本课题范围内的有关问题。

（4）结题答辩是整个创新训练项目的终点也是重点，承担了汇报整合整个项目内容的职责，可以称为训练计划的重中之重，要足够重视结题答辩，仔细阅读校方结题答辩的通知详情（如时间地点、答辩要求），避免因信息获取不到位对结题答辩展示产生影响。

★ 训练与实践【6-2】

（1）组建一个团队，通过与老师积极沟通，尝试独立完成创新训练项目、创业训练项目和创业实践项目的申请。

（2）结合亲身经历，谈谈你认为实施创新训练项目应具备哪些能力。

第 7 章　社会实践——创业计划书撰写及项目路演

■ 知识框架图

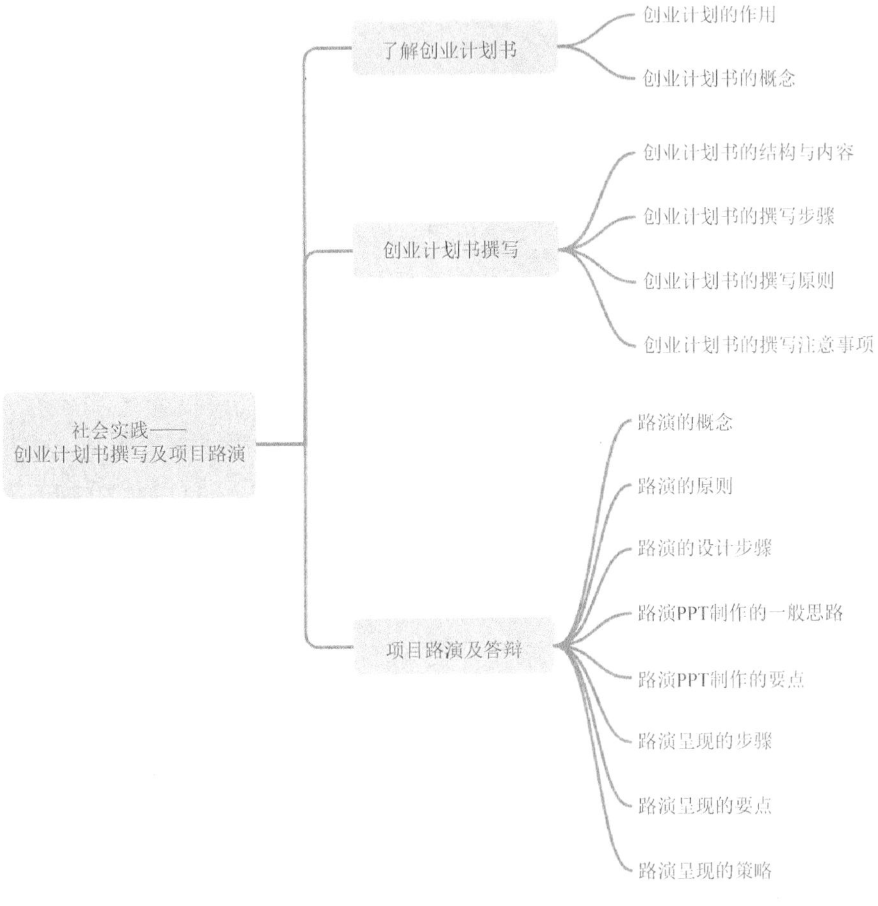

■ 知识目标

了解创业计划书的概念；
掌握创业计划书的结构与内容、撰写步骤、撰写原则和撰写的注意事项；
了解项目路演的概念和原则；
掌握路演的设计步骤和路演 PPT 的制作方法；
掌握路演呈现的步骤、要点和策略。

■ 能力目标

能够针对自己的创业项目，撰写一份清晰、完整、有说服力的创业计划书；学会制作内容恰当、页面精美的PPT，锻炼语言表达及现场发挥的能力，能够将创业计划以项目路演的方式精彩呈现。

7.1 了解创业计划书

7.1.1 创业计划的作用

创业者制定的创业计划具有以下三个方面的作用。

1. 帮助创业者厘清思路

在创办新企业时，创业者必须清楚市场机会究竟在哪，产品又该如何设计；如何让人们更倾向于购买自己的产品而非竞争对手的产品；和谁竞争，该如何与他们竞争；如何为自己准备足够的客户资源，使企业从正式创立之日起，就有源源不断的收入；准备在产品开发、人员使用、办公地点租用、原材料购买上花费多少资金；有没有一套适合自己的盈利模式；如何管理公司，公司的员工有多少、组成结构如何、各自的工作目标是什么；融资渠道是否可行等。这些都需要创业者将其写在创业计划中，创业计划越详细越可行，将是创业者创业路上遇到困难时最可靠的支撑，也是巩固创业者创业信心的坚实保证。

创业计划是创业者事业的蓝图，有了明确的创业计划，创业者才不至于在创业过程中迷失方向和打乱思路，在受到干扰或遭遇挫折时，才不至于打乱创业活动的节奏和进程。许多创业者在刚开始投入一项事业时凭借的仅仅是一腔热情，当真正着手去做时，会发现需要考虑的问题多而杂。制定创业计划需要创业者以认真务实的态度分析市场状况及自己所拥有的资源等，冷静地观察和分析自己的创业理想是否切实可行，清晰地认识创业机会与创业风险，明确创业活动的方向和目标，并对某一项具有市场前景的产品或服务进行总体安排，进而厘清思路。

2. 寻求外部资源支持

除了使创业者更加了解自己要做的事情外，创业计划更大的意义是要向他人进行展示，尤其是那些能给创业者提供资金帮助的人。因此，创业计划的一个重要作用就是帮助创业者把新企业推销给风险投资者，说服其对创业者的创业活动进行投资。

几乎没有一家新企业不在创业初期遇到资金问题，如果这时创业者能清晰地向潜在投资者和其他风险投资者描述本企业正在追寻的创业机会，以及实现这种机会的有效商业模式，则能够显著增加企业获取投资的机会，而创业计划的好坏，往往决定了投资交易的成败。目前，中国企业在国际上的融资成功率不高，主要是因为创业项目计划书编写草率和创业者的策划能力不高。

对于新企业来说，创业计划的作用尤为重要。当选定了创业目标与确定了创业动机后，创业者就必须提供一份完整的创业计划，创业计划将是整个创业过程的灵魂。从企业成长经历、产品服务、市场、营销、管理团队、股权结构、组织人事、财务、运营到融资方案，只有内容翔实、数据丰富、体系完整、装订精致的创业计划才能吸引投资者的注意，让他们看懂项目商业运作计划，才能使外部资源支持成为现实。

3. 帮助企业员工明确方向

员工是创业者所需要的重要人力资源，将人力资本投资于新企业的目的是获取投资回报及个人的发展。因此，创业计划应明确拟建企业需要什么样的员工来从事什么样的工作，将带来什么样的回报。通过描述新企业的发展前景和成长潜力，员工对企业及个人的未来充满信心；明确员工要从事什么项目和活动，从而使其了解将要充当什么角色，完成什么工作，以及自己能否胜任这些工作。因此，创业计划可以为企业的发展定下比较具体的方向和重点，从而使新企业的员工了解企业的经营目标，有助于企业员工协同工作，并通过一致的行动向目标前进。

✧　课堂讨论【7-1】

（1）没有创业计划的创业能够成功吗？请谈谈你的看法。

（2）如何让你的投资者相信你的创业计划？

7.1.2　创业计划书的概念

创业计划书又称商业计划书，是创业者在企业成立之前就某一项具有市场前景的新产品或服务，说服潜在投资者、风险投资公司、合作伙伴等，以取得合作支持或风险投资的可行性商业报告，用来描述创办一个新企业时所有的内部要素和外部要素。创业计划通常是各项职能计划（如营销计划、生产和销售计划、财务计划、人力资源计划等）的集合，同时也是创业计划提出的前三年内所有中期和短期决策制度的方针。

创业计划书的编写一般是按照相对标准的文本格式进行的，是全面介绍公司或项目发展前景，阐述产品、市场、竞争、风险及投资收益、融资要求的书面材料。拥有一份详尽的创业计划书，就好像拥有一份业务发展的指示图，可以时刻提醒创业者应注意什么问题，规避什么风险，并最大限度地帮助创业者获得来自外界的帮助。

7.2　创业计划书撰写

7.2.1　创业计划书的结构与内容

一般来说，比较全面的新企业的创业计划书的基本结构与内容如图 7-1 所示。

1. 封面

创业计划书的封面页一定要给人以积极、正面的印象，应看起来既规矩又专业，一般应包括创办企业的名称、地址及传真，创业者的姓名、电话、电子邮件、日期、计划书编号、保密要求等内容。创业计划书的标题页可以放一张企业的项目或产品彩图，但需留出足够的版面排列上述内容。

创业计划书的编号是为了记录其发放的具体情况，以免创业计划书流转到未授权的人手中。保密要求是有关报告保密性的陈述，为了安全起见，其对创业者来说很重要。保密要求可放在标题页，也可放在次页，主要是要求投资方的项目经理妥善保管创业计划书，未经融资企业同意，不得向第三方公开创业计划书涉及的商业机密。

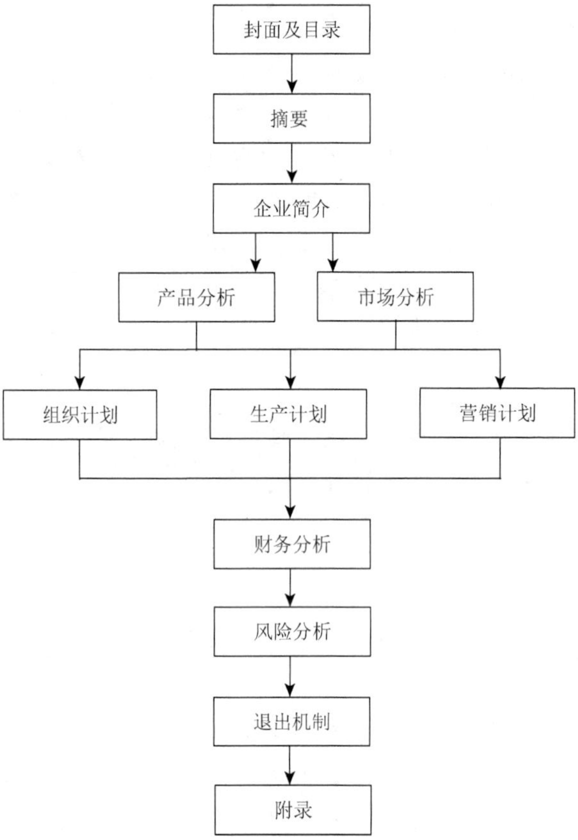

图 7-1　创业计划书的基本结构与内容

创业计划书是比较正式的文件，不可过于耀眼或花哨，封面的设计要具有艺术性，简洁、美观的封面会使阅读者产生好感，形成良好的第一印象。

2. 目录

目录紧接于封面页之后，列出创业计划书的主要章节、附录及其对应页码，以便于查找创业计划书的内容。在创业计划书送出之前，增减计划书上的内容会打乱原来的页码，且一般较容易忘记修改目录中的页码，因此创业者要反复核对目录中的页码是否与正文页码一致。

3. 摘要

摘要是对整个创业计划书的概括，目的在于用最简练的语言将计划书的核心、要点、特色展现出来。摘要列在创业计划书的最前面，然而其并非仅仅是创业计划书的前言部分，而是整个创业计划书的精华和核心，可以吸引阅读者仔细读完全部文本，因而一定要简练，一目了然，以便在最短的时间内评审计划并做出判断。

创业计划书的摘要十分重要，是读者首先要看的内容，因而必须能让读者感到有兴趣，进而渴望得到更多的信息，给读者留下长久、深刻的印象。创业计划书的摘要应从正文中摘录出投资者最关心的问题，包括对公司内部的基本情况、公司的能力以及局限性，公司的竞争对手、营销和财务战略，公司的管理队伍等情况的简明而生动的概括。

摘要如同推销产品的广告，撰写人要反复推敲，精益求精，使其形式完美，语句清晰流畅而富有感染力，以引起读者阅读创业计划书全文的兴趣。摘要特别要详细说明自身企业的与众不同之处及企业获取成功的市场因素。

此外，对于一些以技术研发为重点的高新技术企业来说，其还要对相关技术以及企业研发情况进行分析，包括企业技术来源、技术原理、技术先进性、技术可靠性，公司的技术研发力量和未来的技术发展趋势，公司研究开发新产品的成本预算及时间进度，技术的专利申请、权属及保护情况、技术发展后劲和技术储备等，以便投资者对公司的技术研发队伍的实力、公司未来竞争发展对技术研发的需要有所了解。

4. 正文

正文是创业计划书的主体部分，创业者要分别从企业简介、经营管理团队、产品或服务、技术研究与开发、行业及市场预测、营销策略、产品制造、经营管理、融资计划、财务预测、风险控制等投资者关心的问题进行介绍，既要有丰富的数据资料，使人信服，又要突出重点，实事求是。

1）企业简介

企业简介是创业计划书正文的第一个部分，在很多情况下，创业者还没有建立起实际的企业，此时创业者应尽可能地介绍自己的创业设想和企业未来的发展规划，让投资者认识自己。在介绍新企业时，创业者首先要说明新企业的发展思路、创意的形成和发展过程，以及企业的目标和发展战略。这一部分主要介绍企业基本情况（如企业名称、地址、性质等信息）、企业理念和宗旨、企业近期以及未来发展规划和前景等。

2）产品分析

具有市场前景的产品或服务是新企业利润的源泉，创业伙伴和风险投资者最关心的问题之一就是新企业的产品或服务的创新性和实用性。创业者要对新产品或服务做出详细的说明，且该说明应准确、通俗易懂，尽量避免使用专业性很强的术语，这样即使是外行的投资者也能清楚地理解。需要注意的是，创业者在描述新产品或服务时，应力求实事求是，计划中的每一笔承诺都要在未来尽力去兑现。

通常产品分析应包括以下六个方面的内容：①产品的名称、特征及性能用途；②产品的研究和开发情况；③产品处于生命周期的哪一阶段；④产品的成本分析；⑤产品的市场前景和竞争力如何；⑥产品的技术改进及改进的成本。

3）市场分析

市场分析有助于创业者确定企业的业务性质和种类，也有助于创业者了解消费者需求和购买行为，从而为其提供相适应的产品或服务。此外，市场分析能够描述出企业预期的销售额和市场份额，有助于企业说服投资者相信创业者对于创业机会的把握是准确的。市场分析主要涵盖需求调查、购买行为调查及销售预测等。

通常来说，市场分析应包括以下五个方面的内容。

（1）市场对这种产品或服务的需求。企业若想在市场中取得有利地位，就必须对市场及需求有深入的了解和敏锐的洞察力。

（2）细分市场及其特征。市场细分即把潜在的消费者按某种特点进行细分，如地理因素、人口统计学变量（年龄、性别、家庭人数、收入）、行为变量（利益追求、产品使用率、品牌忠诚）和产品种类（因产品而异），并在此基础上确定本企业的目标市场，包括销售对象（目标消费者与主要消费者）、销售区域以及销售范围。

（3）目标市场的竞争状况。创业者要明确新企业面临的主要竞争对手，他们的产品优势、产品定位和销售策略，以及他们在市场中占有的份额，通过与本企业进行对比，评估自己的市场竞争力和竞争地位，进而说明本企业的相对竞争优势及其来源。

（4）未来市场的发展趋势。创业者要结合具体的企业营销战略和竞争情况，建立营销预算，然后根据预算结果及创业者对竞争的分析，综合预测未来市场的前景和发展趋势。

（5）预计的市场份额和销售额。创业者应以上面陈述的各种因素为基础，从行业协会中寻找一家具有可比性的企业或出售具有可比性产品的企业，分析其销售数据，预测本企业 1～3 年能够获取的市场份额百分比，以及 1～3 年的销售额。

4）组织计划

作为创业计划书的一部分，组织计划主要介绍以下内容：①公司的组织情况。具体包括公司的性质（股份制公司、合作经营公司还是个人独资公司）；公司的股本情况和股权结构；公司的组织结构图及各个部门的职能。②团队介绍。介绍当前或未来有可能参与公司经营和业务发展的主要人员（包括董事、监事、高级管理人员以及主要技术人员），描述他们的背景以及能够为公司业务发展做出贡献的特殊才能。③人力资源发展计划。具体包括公司的人才招聘计划、员工培训计划、公司的报酬和分红体系以及激励机制。④聘请中介机构情况。介绍公司聘请的财务顾问、会计师、律师以及关联银行等中介机构。中介机构的作用不可忽视，其一般有一定的行业背景，新企业聘请中介机构可以借助“外脑”高效地拓宽公共关系。

5）生产计划

如果新企业是零售店或服务型企业，则这一部分计划内容为“经商计划”，其内容应对货物购买、存储控制系统以及库存需求等进行具体描述。

生产计划应主要介绍以下内容：①产品的生产流程；②产量或生产规模；③需要的生产设备和购置设备的成本；④产品的质量控制和质量改进计划；⑤该产品进一步的研发计划。

6）营销计划

潜在的投资者通常认为营销计划是新企业成功的关键。营销计划是系统性的经营计划，包括产品从生产直至到达最终用户手中的全过程。

营销计划的质量可以充分展示创业者的创业能力，其主要包括以下内容。

（1）预期的销售渠道构成及实现的方案。创业者在选择销售渠道时，应从畅通高效、覆盖适度、稳定可控等方面来考虑，并确定销售渠道的构成及如何实现。

（2）销售队伍人员的配置及管理方法。创业者应比较完整地介绍销售队伍的组建方式，包括人员安排、具体职责、培训计划以及考核和管理办法等，尤其是要提到与培训计划和激励机制相关的内容。

（3）销售渠道建设中可能遇到的问题及解决方案。创业者应列出销售渠道建设中可能出现的问题，并提出可能的解决方案，提前做好准备。

（4）销售渠道的发展方向及各阶段目标。创业者需要展示新企业营销渠道的动态变化过程，明确销售渠道未来的发展方向和目标，统一、协调、有效地引导各渠道充分合作，确保总体营销目标的实现。

（5）产品的价格及制定依据。产品的价格受多种敏感因素的影响，如成本、市场需求等。创业者既要考虑成本的补偿，又要考虑消费者对产品价格的承受能力，因此创业计划书中应明确表述这些内容，并讲清缘由。

（6）产品的促销策略。产品的促销策略主要包括人员推销（推销人员和消费者面对面进行推销）和非人员推销（广告、公共关系、营业推广等）。创业者在创业计划书中应结合市场和产品的实际情况，设计贴合实际的促销策略，通过向消费者传递产品信息，引起他们的注意和兴趣，激发他们的购买欲望和购买行为，从而达到扩大销售的目的。

7）财务分析

投资者会根据财务分析这部分内容来判断企业未来经营的财务损益状况，进而从中判断能否确保自己的投资获得预期理想的回报，因此财务分析需要创业者花费较多的精力来做具体分析，以吸引风险投资者。

财务分析一般要包括以下内容。

（1）投资估算。准确全面估算创业计划书的投资需求是创业计划书可行性研究的重要内容，对投资决策具有重大影响。投资估算包括创业者预计的投资金额、创业者期望从风险投资者那里获得的投资金额、可能的融资方式、投资资金的收支安排、企业的投资收益和未来再投资的安排。

（2）制作现金流量预估表。现金流量表是反映企业一定时间内现金及现金等价物流入和流出信息的财务报表。通过现金流量表，创业者可以评价企业的支付能力、偿债能力和周转能力，可以了解企业未来的现金流量，有助于分析企业收益质量及影响现金净流量的因素。这些信息对于外部投资者来说非常重要，因为现金流量影响银行的贷款能否顺利地收回，风险投资者的资金能否及时地退出。

（3）制作损益预估表。损益表是反映一定时间内经营成果的财务报表，主要提供有关经营成果方面的信息，包括收入、成本和费用、利润等。利用这些信息，投资者可以了解这一期间内收入实现情况和费用使用情况，了解生产经营活动的成果、企业的盈利能力和变化趋势。

（4）制作资产负债预估表。资产负债表是反映企业在某一特定时期财务状况的报表。通过资产负债表，投资者可以了解企业资产和负债的总额及构成情况，可以了解所有者的权益。企业未来的每一笔经济业务都会影响资产负债表。

资产 = 负债 + 所有者权益，资产负债表就是根据这一关系，依照一定的分类标准和顺序，把企业一定时期的资产、负债和所有者权益的各个项目予以适当排列。创业者至少应给出新企业开始的 3～5 年的预计财务报表，以便对企业的长期经营有一个全面的估计和认识。资产负债预估表应与损益预估表和现金流量预估表的数据保持一致，汇总创业者的资产、负债、财产净值。

（5）盈亏平衡分析。盈亏平衡分析是通过盈亏平衡点分析创业项目成本与收益的平衡关系的一种方法。各种不确定因素（如投资、成本、销售量、产品价格、项目寿命期等）的变化都会影响投资方案的经济效果。当这些因素的变化达到某一临界值时，就会影响投资方案的取舍。盈亏平衡分析的目的是找出临界值，即盈亏平衡点（即在这一点上，项目刚好不亏不盈），以此判断投资方案对不确定因素变化的承受能力，为决策提供依据。

（6）预计投资回收期。投资回收期是指项目投产后用所获得的年净收益抵偿全部投资（包括固定资产投资和流动资金投资）所需要的时间，又称投资返本期。投资回收期的计算分为静态和动态两种。静态投资回收期是指项目从建设开始之日起，到用项目每年所获得的净收益将全部投资补偿所需的时间，通常以年来表示；动态投资回收期是指项目在某一特定折现率下，各年净现金流量现值累计和为零的年限，是使累计净现金流量现值从负变正的临界点。

8）风险分析

由于创业环境的动态变化性，任何一家新企业都将面临一些潜在的风险，即使这些风险对新企业构不成威胁，创业计划书中也应讨论为什么新企业不受这些风险的威胁。

一般来说，创业计划书中的风险分析应包括市场风险、技术风险、经营风险、财务风险、人力资源风险、自然灾害风险及其他不可预见的风险等，且创业者要针对所提出的各种风险逐项进行风险应对分析。

对于企业可能面临的各种风险，创业者最好采取客观、实事求是的态度，不能因其产生的可能性小就忽略不计，也不能为了增大获得投资的机会就故意缩小、隐瞒风险因素，而是认真分析企业所面临的各种风险，并针对每一种可能发生的风险制定相应的防范措施，这样才能取得投资者的信任，也有利于促进投资后双方的合作。

9）退出机制

如果新企业准备吸引风险投资，那么创业计划书中必须说明风险资本退出的方式，因为风险投资家并不愿意长期持有企业的股份。风险投资者退出的方式包括以下几种。

（1）偿付协议退出。创业者在一定时间按照约定的价格和比例回购风险投资者持有的股份。

（2）上市退出。如果企业能够实现公开上市，则风险投资者能够通过证券市场把手中持有的股份抛出，这样就能够成功地退出企业。

（3）兼并收购退出。创业计划书中规定风险投资者在一定的条件下可以将手中持有的股份通过协议的方式转让给其他股东或企业。

5. 附录

创业计划书的附录主要是对创业计划书中涉及的一些问题的细节和相关的证书、图表进行描述或证明，如企业的营业执照、公司章程、验资审计报告、税务登记证、高新技术企业（项目）证书、专利证书、鉴定报告、市场调查数据、主要供货商及经销商名单、主要客户名单、场地租用证明、企业及其产品的介绍、宣传资料、工艺流程图、各种财务报表及财务预估表、专业术语说明等，其与创业计划书主体部分一起装订成册。

★　训练与实践【7-1】

1. 案例分析。

废旧塑料加工成颗粒后，依然具有良好的综合材料性能，可满足吹膜、拉丝、拉管、注塑、挤出型材等技术要求，大量应用于塑料制品的生产。创办再生塑料颗粒厂，投资规模大小均可，既可从一条生产线起步，也可同时购进多套设备规模生产。

以一条生产线为例，厂房为 30m^2 左右，要求通水、通电；一条生产线只需工人 2～4 名；建厂周期只需 5～7 天；一条生产线流动资金应不低于 5000 元，规模生产可适当增加流动资金。

（1）请分析废旧塑料再生有哪些技术要求。

（2）如何对员工进行生产技能培训？请列出培训计划安排。

（3）请列出废旧塑料回收的渠道。

（4）废旧塑料再生过程中应采取哪些环保措施？

（5）如何才能保证废旧塑料的合理回收与利用？

（6）请分析该项目的社会效益和经济效益。

2. 围绕创业计划分别寻找一个创业成功的案例和一个创业失败的案例，并谈谈创业计划在其中发挥的作用。

7.2.2　创业计划书的撰写步骤

创业者在经过信息搜集、市场调查等准备工作后，就可以开始进行创业计划书的撰写工作。创业计划书的撰写可遵循以下步骤。

1. 研讨创业构想

创业构想是对创业实践的憧憬与规划的可行性思路框架，其对创业实践具有一定的导向作用。创业者与合作伙伴、同事们研讨创业构想就是对创业构想进行测试的一个过程。在撰写创业书计划前，创业者与创业团队的成员进行交流、磋商能够有效地判断创业构想能否取得成功。研讨创业构想可以让创业者获得朋友、同事等多方面的真诚建议，了解即将面对的难题，这是一种很好的启发灵感的方式。创业构想的研讨可以从以下方面展开。

1）创业构想的长期发展目标和近期目标

创业者与创业团队成员研讨创业构想的长期发展情况时，应主要讨论确定以下几个问题：是否制定了长期创业计划和长期发展计划，创业构想是否能给创业团队带来发展机遇，近期的主要目标是什么，在短期内要达到什么样的发展状态。

2）创业资源状况

创办企业的过程实际上就是联系供应商、承包商、行业专家的过程。在创业前，创业者应考虑以下问题：是否拥有一个服务于新企业的社会关系网络，能否找到合适的合作伙伴。

3）对创业项目的综合研讨

对创业项目的综合研讨主要包括以下几个方面的内容。

（1）产品分析。研讨如何塑造产品形象，如何发布广告，服务项目有哪些，是否提供个人定制信息服务，如何建立良好的口碑。

（2）技术分析。研讨新企业在自主研发中获得了哪些技术，是否为核心技术，是否具有市场竞争优势，如何利用技术资源，如何吸纳专业技术人才。

（3）竞争对手。研讨新企业在市场上真正的竞争对手是谁，目前市场上是否尚未出现类似的企业。

（4）营销计划。研讨新企业制定了哪些产品策略、价格策略，采取哪些销售方式，如何做产品推广，项目的市场容量有多大，在市场的启动期、成长期、成熟期是否拥有个性化的营销方案，在哪些方面取得优势，如何建立销售的战略优势。

（5）组织管理。研讨新企业应选择哪种类型的企业法律形态，企业的组织结构如何，各部门的主要职责是什么，企业的人力资源发展计划有哪些，是否制定了企业章程，是否明确分工，是否落实各部门的工作责任。

（6）财务计划与投资报酬分析。预测项目的启动资金是多少；分析财务计划表，计算投资者可能的投资报酬率；评价现金流量计划等。

（7）风险评估。研讨投资项目可能存在的主要风险因素有哪些；一旦主要风险因素发生，对投资项目会造成哪些影响；有哪些风险应对方案；投资者投资回收的方式有哪些；分析投资回收的时间。

（8）其他。研讨优势项目主要有哪些。此外，还要综合考虑新企业的人、财、物、市场细分、市场定位、管理体系、财务控制、退出机制、资金预算等一系列问题。

4）对创业项目的理性选择

创业者应重视对创业项目的理性选择，仔细分析项目选择的影响因素，如季节性、宏观经济形势、要素供给的充裕情况、行业发展阶段状况、技术变革的状况、市场竞争程度、产业进入的难易程度等。对项目的选择就是对市场机会的判断，在考虑各种因素的基础上运用定性与定量的分析方法来判断项目。例如，讨论新企业自身有哪些局限性，创业资源能否有效使用、可持续性使用，企业能否满足项目的资金需求量。创业者应立足于企业的资源，以市场需求为导向，这样创业者就可以在科学分析的基础上，理性地选择富有特色的创业项目。

2. 分析创业可能遇到的问题和困难

创业者撰写创业计划书之前必须充分考虑企业今后可能面临的各种问题及困难，并提前制定有针对性的解决方案，以有助于提高计划的可行性和可操作性。大学生在创业中可能遇到以下问题和困难。

（1）准备不足。大学毕业生在创业时普遍存在创业准备不充分的问题，如对创业认识不客观、缺少创业精神、盲目选择创业项目、没有进行市场调查、创业决心不坚定、创业风险意识不强、不能理性地评估自身的创业条件等。创业前的准备不足会影响企业今后的发展。

（2）对创业优惠政策不了解。大多数大学生对政府的创业激励政策不了解，没有主动关注这方面的信息，因而很难做到第一时间了解最新的创业信息和政策动态，以至于不能及时了解市场最新发展态势以调整发展策略。

（3）自我激励欠缺。自我激励是使个体处于积极主动的最佳状态的办法。大学生在开展创业活动的过程中普遍缺乏自我激励的能力。当面对创业的艰辛与突如其来的挫折和打击时，大学生往往手足无措、沮丧气馁，容易在问题和困难面前选择放弃，而不是主动寻找症结所在。绝大多数大学生创业者选择创业不是因为对创业成功的自信，而是源于外在求职的压力，因此他们缺少追求创业成功的激励，缺乏持之以恒的精神，往往容易导致失败。

（4）自身能力不足。创业实践活动是一项挑战性很强的活动，对创业者的能力和胆识等有较高的要求。现阶段的大学生普遍存在着专业技能基础薄弱、眼高手低、会说不会做，缺乏团队协作能力、社交能力、经营管理能力，在开发项目时不了解市场需求、无法把握市场未来的发展方向等状况。

（5）资金短缺。大学生创业基本上是零起点，资金来源除由家人、亲戚、朋友资助外，部分依靠银行的小额贷款。资产的积累对于刚刚走入社会的大学生来说是一件非常困难的事情，资金短缺的情况非常严重。资金短缺的局限性将严重地制约创业的企划、创业计划的实施，削弱抵抗市场风险的实力，使得大学生在创业投资过程中困难过多、压力过大，导致其往往由于资金短缺而“力不从心”，白白地丢失了许多发展机会。

✧ 课堂讨论【7-2】

结合自身的情况，谈谈自己在创业中可能遇到的问题和困难，并找出解决的办法。

3. 凝练创业计划的执行概要

执行概要是浓缩的创业计划，是创业计划书的第一项内容，是整个创业计划书的概述，其能够在很短的时间里让投资者对新企业有一个整体的了解，使投资者很快理解创业者的基本观点，掌握创业计划的重点，然后做出是否愿意继续读下去的决定。

执行概要主要包括企业宗旨、拟投资规模、资金需求情况、企业所有权分配；行业及市场、企业的生产经营规模、融资说明、风险防范、未来 3～5 年各年可实现的销售额和利润额、投资者在未来 3～5 年可望获得的投资报酬等。这与后面要进一步阐述的创业计划的其他部分的内容是一致的，只不过执行概要的内容比较简练，涵盖了创业计划的要点，简洁突出、一目了然。

1）执行概要的写作技巧

在撰写执行概要前，创业者可以先写出整个创业计划书，然后从中提炼出计划的精华内容，将其写成执行概要。为了突出重点，执行概要每段的开头可以写上标题；为了吸引投资者的注意，执行概要的内容应当突出本产品或服务的优势或特色。

执行概要的内容应保持清晰、切中主题。创业者若想把执行概要雕琢得尽善尽美，也可以请同行业的专家们帮忙提供一些技巧和建议，如利用醒目的格式和图表来强调重点的信息；为每段落添加标题，让执行概要看上去更加清晰，方便阅读；图表应经过精心挑选，精美的图表能让核心内容更加容易被理解。创业者要对执行概要做多次整理，使其能够涵盖整个创业计划书的有价值的内容，使投资者阅读以后能被他们重视并得以实施。

执行概要的写作方式与创业计划书的其他部分是完全不同的，其需要有效地表达关键信息，保持强大的说服力，论证确凿。在凝练执行概要时，创业者应从投资者的角度考虑问题，投资者比较关注的一些关键词，如价格或者收益等，一定要在执行概要中突出表现。

2）撰写执行概要的要求

执行概要应尽量简明生动，其撰写应重点突出以下几个方面。

（1）创新点定位。执行概要应说明创新点能解释或解决现有产品或服务正在解决或解决不了的问题；阐述创新点的主题内容；论证创新点所提出的解决模式能否为企业带来利润，以及如何带来利润；指出创新点的持续时间。创新点的描述应简练、清晰、引人入胜，促使投资者做出积极的判断。

（2）明确需求。执行概要需要表明对潜在客户需求的准确把握，把其放在所提出的产品或服务的投资回报部分中。执行概要还应描述创业计划最终的成果，陈述对企业效益的影响，特别应强调创业项目的独特性及市场前景、管理团队、预期回报率和退出机制，尽最大的努力说服投资者，让他们认识到这是一件非常值得去做的事情。

（3）推荐解决方案。执行概要应当推荐创业项目的解决方案并解释其价值，需要提供有力的证据，指出关键的原因，论述为什么企业最适合采用这种解决方案而不是其他方案。创业者可以突出企业自身的情况，陈述企业的历史、产品和服务、实施步骤，采用独特的方法展开分析，或者提供一个过去的工作案例进行分析，应将客户曾经做出的肯定评价包括在内，在执行概要中提及客户的次数应大大超过提及自己企业的次数。

（4）回答重点问题。执行概要应从投资者方面进行考虑，回答以下重点问题：企业处于哪一个行业，企业经营的性质是什么，企业的经营范围有哪些；企业主要产品的内容是什么；企业的市场在哪里，谁是企业的目标顾客，顾客们有哪些需求；企业的合伙人及投资人有哪些；企业的竞争对手是谁，竞争对手对本企业的发展有哪些影响。

4. 把创业构想变成文字方案

把创业构想变成文字方案，就是创业计划书的撰写过程，是全面梳理创业项目、客观审视自身条件的过程。“提出问题、解答问题”这一过程是制定创业计划的真正核心所在。创业者必须考虑创业项目的可行性，考虑是否真正具备创业成功的能力和条件。将创业构想转变成文字方案不但能够增强创业者的信心，也能够增强合作伙伴、风险投资者、员工对创业者的信心。创业计划为业务的发展提供了指导，并成为衡量业务进展情况的标准。创业计划书是整个创业过程的灵魂，其详细记录着一系列创业的内容，是创业过程中不可或缺的元素。

5. 创业计划书的检查

创业计划书撰写完成后可从以下 6 个方面加以检查。

（1）是否显示出创业者具有管理企业的经验。

（2）是否显示出创业者有能力偿还借款。

（3）是否显示出创业者已进行过完整的市场分析。

（4）是否容易被投资者所领会（创业计划书应备有索引和目录，以便投资者可以较容易地查阅有关章节）。

（5）是否在语法上全部正确。

（6）是否显示出创业者独特的商业模式，能否打消投资者对产品或服务的疑虑。

7.2.3　创业计划书的撰写原则

创业者在撰写创业计划书时应遵循以下五项原则。

1. 针对读者，突出主题

创业计划书的读者可能是风险投资者、银行、供应商、消费者、雇员以及顾问。创业者在编制创业计划书时一定要考虑目标读者，因为每位目标读者感兴趣的内容不同，如风险投资者对创业计划书中的市场增长及盈利感兴趣，创业伙伴主要关注产品或服务、市场、盈利及管理团队的运作能力，主要雇员、管理团队则主要关注新企业今后的发展前景。因此，为了引起目标读者的阅读兴趣，创业计划书的编写要确定主题，围绕创业产品或服务展开阐述，避免出现与主题无关的内容。

2. 结构完整，内容规范

创业计划书要有一套完整的格式，各部分的内容应具有连贯性并严格按顺序编排。首先，创业计划书要有索引和目录，以便于读者查阅各个章节；摘要应位于创业计划书的最前面。其次，在具体内容上，产品或服务的描述、行业分析、营销策略、创业团队等应使用管理学专业术语，尽量做到规范化、科学化；财务分析最好采用图表描述，形象直观。此外，还应注意创业计划书的排版和校对，拼写和排印错误很可能使创业者丧失获得投资或创业伙伴的机会。

3. 周密计划，协调统一

由于创业计划书涉及的内容很多，创业者应事先做好计划工作，使写作过程有条不紊地进行。通常创业者可成立一个写作小组，制定编写计划，确定创业计划书的种类与总体框架，并确定创业计划书编写的日程安排与人员分工。小组成员分工协作，各负其责，最后由组长统一协调定稿，以免零散、不连贯、文风相异等。

4. 合理预测，数字准确

创业者在编写创业计划书时，一定要对相关数字以合理的方式进行预测。例如，市场占有率、财务预测分析、投资报酬率等都尽可能做到数字准确，不应做大而化之的粗略估计，不要过分强调或夸大收益状况与可能的成就，不要依据生产能力来预估销售量。

同时，创业计划书中对目标市场消费特性的描述也要有确实的依据，为此创业者需要做好市场调查研究，并引证官方或学术研究机构的客观统计资料。如果已有具体产品原型，创业者应考虑先进行消费者使用测试并取得专家的检验意见，这样有助于提高创业计划书的质量与可信度。另外，还要注意使用资料的时效性，及时更新有关资料数据。

5. 保护产权，注意保密

创业计划书是创业者辛勤的智力劳动成果，其内容往往具有巨大的商业价值，涉及一些技术和商业机密，因此要求目标读者阅读创业计划书后对其内容进行保密是合理的，也是必要的。创业者应尽量不把敏感信息写进创业计划书，但要有充分的阐述以令人信服。在创业计划书中处理保密问题有多种办法，如在创业计划书中添加一段保密条款，其内容的多少和复杂程度视情况而定或者要求读者在保密协议上签字等。

✧ 课堂讨论【7-3】

（1）一份成功的创业计划书是怎样的？请谈谈你的评价标准。

（2）风险投资公司是如何考察创业计划书的？

（3）为什么有些新企业很难获得创业融资？

7.2.4 创业计划书的撰写注意事项

创业者在撰写创业计划书时应遵循一定的写作方法，并注意一些相关问题。

1. 创业计划书撰写应遵循的方法

创业者在撰写创业计划书时，应遵循正确的写作方法。

（1）做好工作计划，使创业计划书的写作过程有条不紊。

（2）始终围绕创业产品或服务进行展开，并经常性地评估产品或服务的创业价值。

（3）要充分寻求外部有关人员的指导与协助。

（4）在不断修改补充中完善创业计划书。一般来说，最终形成的创业计划书的正式文本与创业计划书草案可能相差很大，有的甚至面目全非。

（5）要针对创业计划书的目标读者设置计划项目的不同侧重点。风险投资者对创业计划书中的市场增长及营利性比较感兴趣；战略伙伴与主要客户最关心产品、服务、市场、盈利、管理团队的运作能力等；主要雇员、管理队伍则希望了解新企业过去的成功业绩及今后的发展前景。

2. 创业计划书撰写应注意的问题

创业者在撰写创业计划书时应注意以下问题。

（1）完整和规范。完整是指按照相关政策法规，新企业必须以书面形式显示出与企业业务有关的全部重要信息。规范是指新企业必须按照创业计划书的基本格式写作，避免一些与主题无关的内容；长短适度，概要特点突出，各部分比例适中。

（2）具体可行。创业计划书撰写的目的是为创业融资、宣传提供依据，同时作为创业实施的规划方案。因此，创业计划书的撰写除尽可能地展现创业项目的前景及收益水平外，还要展现出创业项目的可操作性、可营利性和可持续性。

（3）市场导向。市场导向意味着创业者要在详细的市场调查和分析的基础上尽可能获得可供参考的数据和资料，并对数据资料进行必要的审核、鉴定，确保数字客观、准确，不能为了获得风险投资者的资助，而人为地夸大、缩小甚至编造数据。

（4）科学严谨。创业计划书的撰写要条理清晰，主题明确，逻辑严密。对经营中的关键问题，如产品、消费者、经销渠道、顾客群体、制造成本、盈利平衡点等的解释要清楚一致；创业计划书的前后假设或预测要相互照应，逻辑合理；市场分析和技术分析要从调查所得的数据中得出结果，财务预测必须根据市场分析与技术分析的结论进行报表的规划。

（5）优势和能力。创业计划书要呈现出新企业的产品在技术、质量、价格、营销等方面的竞争优势，为投资者明确指出投资的利益所在；同时，创业计划书要尽量展现出创业团队强大的企业经营能力及丰富的经验背景。创业计划书中应显示出创业者已对产业、市场、产品、技术及营运等做好充分的准备。

3. 创业计划书撰写应规避的误区

创业者撰写创业计划书时应注意规避以下误区。

（1）过度描述和分析。创业者在撰写创业计划书时尽可能避免不必要的描述和分析，而应清晰、简洁地展示创业者市场调查的结果及其预期的市场容量，清晰地描述顾客未来的需求特点，以及顾客愿意购买企业产品或服务的理由，使投资者信服。

（2）认为创业计划书不需要修改。创业计划书的撰写是无法一次性就完美无缺的，修改是必然的，尤其是大型的投资项目必须集合数人的意见，经过多次修改才能完成。当策略改变时，整个创业计划书将全部改变。例如，企业原计划做两种产品，后来改为一种产品；原定自行制造产品，后来改为委托制造，这些都会使创业计划书发生改变。此外，随着投资组合与经营组合的逐步确定，市场、销售渠道就会变得更加清晰，通过不断地沟通、协调并修改创业计划书，可以使创业实践更趋合理。

（3）妄图单独完成计划。创业计划书内容多，涉及面广，单独由创业者完成是很难的。因此，创业计划书的撰写需要创业团队成员分工合作。

（4）过分乐观。有些创业计划书的数据没有说服力，仅仅以产品或服务为导向，而不是以市场为导向，对竞争状况没有清醒的认识、盲目乐观，容易导致选择错误。有的创业计划书甚至出现与产业标准、常规经验相距甚远的数据，非常不专业。

★　训练与实践【7-2】

假设你准备创业，请阐述你选定的创业项目，并撰写一份完整的创业计划书。

7.3　项目路演及答辩

为了创业项目的推广和融资，创业者需要在很多场合（从面对面交流、创业私董会到大型会议等）做项目展示，路演（road show）就是最主要的展示方式之一。

7.3.1　路演的概念

路演源自美国华尔街路边的证券推销，经过多年的发展，路演的概念已经扩展到众多领域，通常是指在公共场所进行演说、演示产品、推介理念，以及向他人推广自己的公司、团体、产品和想法的一种方式。

通常，进行路演必须满足以下几个条件。

（1）进行路演的项目必须有明确且清晰的融资需求和融资标的范围。

（2）进行路演的项目要确保成功运作时间为 1 年以上。

（3）进行路演的项目要有完整的历史财务资料及完整的商业计划。

（4）进行路演的项目团队的人数至少为 2 人。

（5）进行路演的项目要有具备独特商业价值的创业类型和商业模式。

（6）进行路演的项目要有可供演示的项目内容。

7.3.2　路演的原则

进行路演时应遵循以下几个原则。

（1）认真对待每个细节。正所谓“细节决定成败”，在路演的准备阶段要尽可能地进行预演，解决各种可能发生的问题，做好细节工作。

（2）掌握好时间。时间对于路演来说是十分重要的，恰到好处的时间掌控可以有效帮助完美地进行路演。时间不要太长，因为投资人没有耐心去看冗长的路演；时间也不要太短，因为太短的时间无法展示出真实的情况。

（3）坚持就是关键。创业是一个长期的过程，融资也不是一蹴而就的，需要用心去打动投资人。融资过程中，并不一定进行一次路演就能够获得投资人的青睐，很可能会进行多次多场的路演，这时一定要坚持，不要因很多次没有被投资人看中而心灰意冷，应查找不足，继续坚持。

（4）要有积极的心态。积极的心态是事业成功的保障，任何一个投资人都不会将资金投给一个具有颓废状态、消极心态的创业团队。

（5）超前一步。进行路演时，注意做事情不要拖泥带水，要确保效率和掌控时间，超前一步，能够获得主动权。

（6）对路演工作人员友好。创业者要友好地感谢路演工作人员为你所做的工作，这样即便路演进程变得艰难，他们也会帮助你。

（7）严格检查每项准备工作。路演开始前，要严格检查路演所涉及的各种软硬件及人员是否到位，确保路演顺利进行。

7.3.3　路演的设计步骤

1. 细分听众

路演设计的第一步就是细分听众，对路演的对象进行定位。若想在路演中胜出，就必须了解路演即将面对的听众。事实上，做路演就要面对不同的听众，那么如何了解听众并准确定位听众呢？有两个群体特别重要，就是投资人和评委。在创业者的项目路演过程中，这两类人起着举足轻重的作用。

投资人每天要面对很多的创业者，也希望给创业者更多的建议，所以投资人想知道的并不是创业者的一些“虚空”的抱负，而是创业者现在做的这件事情有什么样的结果、能不能成功，如做一些试推广时有什么样的结果，从这个结果可以看到这件事情成长的潜力，也会从这个结果判断这件事情未来是不是有机会。如果结果非常好，投资人其实非常想知道原因，如找到了未被满足的市场需求或痛点，而他们的产品或服务解决了这些问题。此时，创业者再讲自己怎么思考这个市场、为什么这样设计产品结构、怎样运营、融资的需求是什么样的、团队是什么样的等。

评委也是路演过程中创业者必须面对的听众。创业者在路演过程中要注意，不同身份的评委所关注的关键点是不同的。例如，如果评委是高校教授，那么他就会比较关注学术类的问题，关注创业者的产品如何实现或达成应有的效果；如果评委是投资人，则他必然会关注三个关键性的问题：你的公司是做什么的？如何与其他同类竞争者区分开来？你的公司如何盈利？

所以，创业者在路演前一定要对听众进行细分，关注听众所关心的，打动投资人，促成融资。

2. 谋势

所谓势，是指客观形势的变化、战略战术的运用、敌我力量的布局和事物发展的方向。

古语云：善弈者谋势，不善弈者谋子。善弈者谋势的意思是，善于下棋的人总是先把握棋局发展的总体趋势，把能够左右胜败发展的“局”布好、“框架”搭好，控制能够影响棋局发展的关键“方位”“站点”，把棋局的发展纳入自己预设的轨道，最终胜出；不善弈者谋子的意思是，不善于下棋的人只从局部着眼，计较一时的得失，结果常常因小失大。

因此，这里所说的“谋势”是指要掌握好大局。

路演前，一定要弄清楚以下几个重要的信息。

（1）避开项目路演收费的“潜规则”。目前的创业投资形式从国家到民间，都服务于创新创业，大批的政策松绑和补贴都落到实处，不管创业者参加的是科学技术部组织的中国创新创业大赛项目评审，还是教育部组织的大学生创新大赛项目评审，对于项目方和创业者而言都是免费的。

（2）警惕陷阱。有一些活动会打着项目路演的幌子，实际上是招揽业务，推销其微商运营、众筹课、微课堂等。

（3）正视高校系统的路演弊端。教育部组织的中国国际大学生创新大赛倒逼和驱动高校教育改革，并将高校多年积累的技术和专利开始有序地向市场转移。但这也为一些伪机构或平台提供了可乘之机，其联合一些企业以组织类似大赛为名收取企业家费用，包装成创业导师招摇撞骗。

3. 取势

所谓取势，是指把握透外部形势的态势和发展走向，并顺势而为的一种行为。取势是一种能力，要能敏锐地把握外部环境的变化，从中分析和判断出未来的趋势，结合个人的情况做出调整。

作为路演设计的第三步，取势要求路演流程的设计者谋篇布局，具体应做到以下几点。

（1）产品演示，能够有效地演示产品。有效的产品演示要有数据、有逻辑、有分析，让人明白创业者做的是什么，懂得怎么做，有计划地执行，有备选可抗风险。

（2）战略定位，要准确地描述公司并提供数据支撑。在路演中，创业者必须向听众阐述自己公司的战略定位，以期获得各方面的支持。阐述公司战略定位就必须对自己的公司进行描述，如公司的经营业务范围、公司的历史、公司的市场开拓业绩，尤其要重点介绍公司的发展规划和远景。

（3）市场规模，掌握投资人数量、转换率和区域覆盖率。设计路演需要做市场分析，这个市场分析主要是针对投资人的，因此必须明确投资人的市场规模有多大，详细了解投资人数量、投资人转换率、投资人区域覆盖率等。

（4）商业模式，应包括简单而有效的运作流程和盈利模式。一个好的商业模式应包括简单而有效的运作流程和盈利模式，具体包含以下几个基本要素：①用户的价值定位，即满足什么样的用户需求；②业务运作链，即公司的业务形态；③资源整合，即内、外部的相关资源如何合作；④盈利模式，即采取什么方式盈利。

4. 明道

所谓明道，是指学习多种知识和理念，并通过研习、实践不断地领悟、明确认知和掌握客观规律。

作为路演设计的第四步，明道要求路演流程的设计者具体做到以下几点。

（1）自主创新。有创意、能创新，才能使路演新颖，才能获得良好的效果。

（2）增长策略。路演设计注重亮出通向未来的增长策略路线图，这是项目方价值理念的呈现。在设计路演时，创业者要考虑到告诉别人做这件事的顺序及未来的发展前景。

（3）管理团队。向投资人介绍自己如何管理团队，是路演过程中必不可少的一项内容。

（4）股权结构。股权结构是路演设计必须把握的关键要领之一，要求在设计中能够体现出明确、清晰的公司股权结构，从而传递出共赢精神。创业者必须明白，股权不仅是分红比例，而且是掌权比例，其涉及人类最敏感的财富和权力两个话题。权力越大的人就越能控制团队的方向，包括一些日常小事的决策。而财务直接关系到将来创业者能分多少钱，如果一个团队不把这些事说清楚，就等于埋了一颗定时炸弹，爆炸也只是时间早晚的问题。

（5）财务亮点。所谓财务亮点，是指要在路演设计中，通过营收增加、毛利增加、净利增加、经营杠杆、充足现金、成本优势、商业模式、扭亏为盈等内容，向投资人展示出创业者的财务管理能力。

5. 优术

所谓优术，是指不断提升解决问题的方法、技术、创新产品等，探索和积累实训中实用的各种策略，积淀适合自己的“术”的经验，持续更新所需要的信息技术、知识、技能和综合能力及素质。

作为路演设计的第五步，优术要求创业者做到以下几点。

（1）竞争分析，要全面分析市场，明确竞争优势。路演中必须有市场竞争情况分析，这样才有利于投资人全面、准确地把握投资项目。

（2）营销策略，要说明想做的、能做的和可做的。“想做的”就是创业者的激情、梦想；“能做的”就是创业者的先天基因，先天基因不同导致擅长的领域不同，发展方向当然也有所区别；“可做的”就是行业的发展趋势。

（3）盈利能力，要通过财务指标评价项目。几乎所有的投资人都会对项目的盈利能力感兴趣，常常会问“怎么盈利”的问题，因此在设计路演时要充分体现盈利能力。

（4）融资方案，旨在“玩转”资本、“玩转”融资。融资方案也就是通常所说的融资设计，其内容十分广泛，如融资需求、出让多少股权、未来的计划如何等。融资方案是路演的重中之重，一个好的融资方案会使路演获得理想的预期效果，因此创业者在路演设计时要做好筹划，形成方案，在路演中为投资人进行必要的讲解并回答他们的提问。

7.3.4　路演 PPT 制作的一般思路

路演 PPT 是在项目路演中展示项目精华的重要工具。制作精美的路演 PPT，往往会使投资者在较短的时间内获得相对准确、实用的创业项目信息，因而也成为吸引投资的敲门砖。路演时间一般控制在 8～15min 或者按照投资方约定的时间。项目路演 PPT 页数不宜过长，8～15 页即可，如图 7-2 的路演 PPT 目录。制作路演 PPT 可按照以下思路进行。

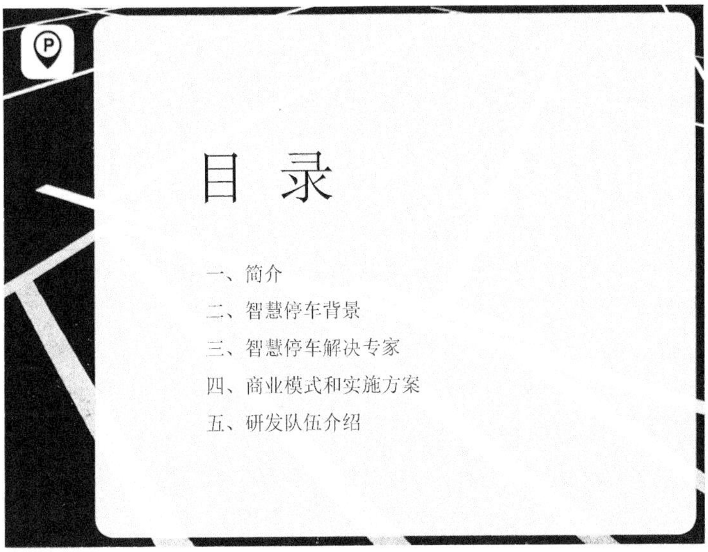

图 7-2　路演 PPT 目录

1. 提炼项目精髓

首先介绍创业项目的整体背景及产生来源，简要概括项目内容，用简短的语言介绍创业项目的特色以及核心优势，以求在最短时间内使投资者产生兴趣。例如，创业项目有哪些创意，满足消费者什么需求，通过什么营销渠道进行销售，目前市场形态是什么样的（尽量用数据说明），目标客户是谁，为客户解决了什么难点和痛点，项目具备的理念优势和前景目标是什么。

2. 指出目标市场

（1）项目基本情况：包括行业的现状、现存的问题、市场的发展空间及未来行业发展的趋势、消费者需求情况、消费者需求频率。

（2）同业竞品：包括目前以及潜在的竞争对手、竞争程度、竞争范围和地域优势、政府政策和社会舆论导向对该行业发展的影响。

（3）成长潜力预测：包括项目实现方式、耗费时间、可以取得的市场份额、可预测的市场规模（对于预测的市场规模，不应过分夸大）。

3. 紧贴客户需求

（1）目标客户的范围，依据商品的属性明确不同客户群的特点和需求。

（2）对于各个环节和不同类型的客户，产品应满足用户的实际需求，方便了解用户痛点具体在哪里。

4. 描述产品或服务

（1）业务结构：包括商业逻辑体系、业务基本流程和具体的解决方案等。

（2）产品形态：通过网站、APP、商业服务、实体产品或线下门店等形式展示产品（产品展示一定要突出核心优势）。

（3）商业模式：包括商品定价策略、企业盈利模式、消费者购买的逻辑、企业是当下盈利还是未来盈利、资本运作体系。

5. 凝聚核心竞争力

（1）内在价值主张：主要包括企业如何解决客户的痛点、解决方式的特点、项目的实际意义。

（2）项目现有的优势和支持：对项目技术的壁垒、技术拥有的专利和知识产权、区域特有保护政策、已经拥有的用户数量和企业已经开拓的产品渠道等进行说明。

（3）团队文化：这部分需要展现团队成员之间特有的阅历、具备的资源、超前的理念和创新的意识等。

6. 展现核心团队

（1）团队现状：对包括核心团队人数、个人的从业履历、曾经的商业经验或参与过的成功案例等方面在内的关键点进行展示。

（2）关键岗位：简要介绍公司的关键岗位及从事该岗位人员的业务能力。

（3）项目顾问：包括种子轮或天使轮投资者、创业、融资、技术等多方面团队聘请的顾问。

7. 财务预算分析

（1）盈利点分析：包括项目是如何盈利的、盈利点分布、预计收益率、项目预计资金使用情况等。

（2）融资说明：包括融资金额、使用周期、股权比例等。

8. 提问环节

在路演过程中，针对投资者可能的提问，创业者可以事先将答案、数据等内容提前放入 PPT 中，如果碰到相关的提问，可根据 PPT 的内容回答投资者提出的问题。投资者经常会问到的问题有：产品的实际用户是谁，项目是如何开展运营的，目前项目的业务量有多少，产品的营销方式有哪些渠道，企业目前拓展的市场在哪里，项目融资后是如何使用的，资本退出方式和已达成的合作是什么样的。

7.3.5　路演 PPT 制作的要点

路演 PPT 制作的关键是引起投资者的兴趣，获得投资者的认可，从而为获取投资创造条件。

1. 项目要有亮点

投资者大多阅历丰富，有着敏锐的商业嗅觉和投资眼光，见识过各种商业模式和创业项目。所以，路演者必须将项目最大的亮点在路演 PPT 中予以展示，通过展示创业项目最大的亮点来唤起投资者对项目的兴趣。路演 PPT 可以重点介绍项目的盈利模式、团队成员、专利技术和产品特色等。开始 5min 的时间内如果不能引起投资者的兴趣，那么后面的陈述意义就很有限了。

2. 巧用细节

路演 PPT 制作的过程中，可以在页面上使用的图片中加入团队成员的电话号码，充分利用“黄金广告位”。台下的有心人也往往通过这一细节规避中介人员，直接联系团队成员。同样，结束页面也是黄金位置，建议页面上放置二维码。观众中的投资者或中介人员会通过扫描二维码添加团队成员的联系方式，这样有助于项目获得二次投资机会。路演过程中应注意小细节，每一分、每一秒都要做到准确无误。

3. 投其所好

（1）项目要有针对性。路演 PPT 当中涉及的内容一定要和路演项目高度一致，并且一定是投资者想听和乐意听到的内容，不能太以自我为中心，仅仅描述自己认为重要的内容。

（2）要容易被听者接受。首先，路演 PPT 在设计和内容上要简洁明了，重点突出。例如，普屏原稿，涉及信息多，看起来吃力。宽屏改进后，信息相对集中，配色比较合理，使人视觉上更容易接受。其次，路演 PPT 不一定使用过于专业的术语、数据等内容。投资者不一定是这方面的专家，过于晦涩难懂的专业知识会使投资者在理解项目时出现障碍。路演者最好能深入浅出地进行项目描述。

7.3.6 路演呈现的步骤

创业计划路演的方法有很多种，依据不同的场合、目的分类，有多种不一样的步骤，此处根据大学生创业者中常见的进行步骤的讲解。创业计划路演之前，已经将项目蓝图撰写成一份文字版的创业计划书，接下来就是创业计划的路演，大体有如下步骤。

1. 剖析路演的目的

按照大学生常见的三种情形进行分析：第一类，针对大学生的创新创业赛事，此类赛事以高校或者政府事业单位组织居多，组织目的在于挖掘优质的创业项目，支持并达到宣传创新创业效果，此类概况为创业赛事准备的路演；第二类，面向天使投资人或创投机构的路演，此类路演的主要目的是获得风险投资机构的投资，为创业计划融资，此类概况为投融资准备的路演；第三类，面向合伙人或者创业团队的路演，此类路演的主要目的是招募合伙人或者创业团队。

2. 准备路演所需的 PPT 及演讲稿

根据路演的不同目的，创业者要准备路演的 PPT，创业计划书文字版的信息全面而且内容很多，无法在短时间内让听众理解，所以路演的核心是向观众及评委展示 PPT。

创业计划书是一个很详尽的创业蓝图，而路演 PPT 可以在较短时间内向听众展示自己的创业产品或服务、创业团队及商业模式。PPT 的框架需要按照创业计划书的大纲构建，主要包括市场调查、产品或服务介绍、公司或团队介绍、商业模式、财务分析等。

3. 准备路演演练及工具

正式路演之前需要进行内部的路演演练，根据正式路演的时间严格按照路演的要求，安排计时人员、安排录像，记录下路演者的姿态及演讲效果。一般来说，准备路演之前，需要提前准备好路演 PPT 讲稿文本，进行演练时一般按照文本稿来汇报，保证路演的时间；要有专门的人员记录路演每个板块所花费的时间，以此来调整将时间花在最重要的部分。

在演讲稿中，创业者需要设计一个开头或者结尾，给评委或者投资人留下更好的印象，一般表达愿景使命或者价值观，有几种常见的方式：第一种，描述产品或服务，即没有之前和有之后的巨大落差；第二种，以用户主人公视角去阐述一种产品或服务的功能，此处最好能融入与评委或投资人及观众的互动；第三种，从企业的角度出发，表达出作为创始人或者创业者的使命，强烈希望通过某种产品或服务达到改变。

准备工具应包括翻页笔、PPT、合适的路演服装等。提前准备一套得体的衣服，正式的商业路演专业性极强，选择一套得体的衣服能够为路演加分。

4. 正式路演

按照既定的演练方案进行创业计划书的汇报，其中，需要特别注意的是要加入与评委或者投资人的互动，如果有多名评委或投资人，一般采取公平原则与其互动。

正式路演有几点是重要的事项，即使之前演练较多次，创业者在实际过程中还是会紧张，所以，创业者需要更多地把握重点，讲清楚“3W”，即 What、Why、How，一般来说，没有顺序要求，根据具体情况来定。

What，即陈述清楚创业者的产品或者服务是什么？此处需要告知提供的具体的产品或服务是什么。

Why，即陈述清楚创业者为什么要做这样的产品或服务？此处需要分析市场的现状分析，结合 SWOT 分析。

How，即陈述清楚创业者准备进行怎样的产品或服务市场运营？此处需要告知提供的商业模式。

在正式路演时，主陈述者对商业计划书进行汇报之后，一般需要对评委或者投资人的提问进行回答，大多围绕“3W”。主陈述者应本着自信、真实的原则，对评委或者投资人的提问进行回答，如所提出的问题涉及项目核心机密，也可以根据场合向评委与投资人合理的陈述，总之围绕的原则为直面回答问题，而不是跑题，否则会让整个路演丢分。

5. 路演总结

每一次路演都是一次创业计划对外的展示，创业者或创业团队都应珍惜机会，做好几个方面的总结：围绕“3W”，总结是否用最精简的话语把产品或服务阐述清楚？是否用足够的理由阐述清楚市场优势？是否用充分的计划和付诸的市场行动陈述清楚商业模式？

创业计划的路演是创业计划书面向用户、评委或者投资机构的一次表达，是一种很常见的商务活动，创业者及其创业团队应重视其意义，明确其原则，使用其方法，这样才能助力创业。

实际路演过程中，也会发现很多创业者及团队在路演中表现出不足，这是由不够重视造成的，还有一部分是缺乏足够的方法论。乔布斯、雷军、罗永浩等都有过经典的路演，正是因为他们利用好路演这种方式，使得企业的品牌和产品深入用户的内心，既获得了市场，又获得了投资机构的青睐。

7.3.7　路演呈现的要点

1. 做好准备

路演前的准备工作主要包括以下几个方面的内容。

（1）调整路演心态，克服恐惧心理。路演需要当众讲话，这种形式很容易让人产生恐惧心理，所以每个人都是一样的，“当众讲话”时恐惧、怯场，这时就需要通过一些必要的手段调整心态，克服恐惧心理。

（2）确定留言内容，力求有说服力。路演的内容是路演的核心部分，其不仅要根据自己的实际情况加以设定，还要力求使内容具有说服力。

（3）多做模拟预演，判断是否调整。为了达到完美的路演效果，创业者需要多次模拟预演，准备完路演 PPT 和商业计划书之后就可以安排模拟预演，以便于发现问题，改进路演。

（4）确定彩排的物品、场地和费用。要做好路演彩排，必须确定彩排的设备、场地和费用，这是一项非常细致的工作，主要包括以下几个方面：①确定物品准备要达到的效果；②确定场地要达到的效果；③确定费用要达到的效果。

（5）掌握路演 PPT 设计技巧和宣传片制作。路演 PPT 和宣传片是路演呈现中的一个重要元素，事实上，支撑路演活动的重要条件就是 PPT 和宣传片，一套完善的 PPT 和宣传片能给投资人带来无与伦比的现场体验，为实现使投资人“从接受到投资”奠定基础。

2. 文字修辞

在路演演讲过程中，演讲者所使用的文字经过加工处理，不仅能为演讲稿增光添彩，更容易引起听众的关注，获得投资。为此，演讲者需要做到以下几点。

（1）精雕细琢，写逐字稿。所谓逐字稿，是指演讲中所说的每句话、每个字都要进行反复的排练演习，甚至每句话的声调、停顿、眼神、表情、肢体动作也都需要精心设计。另外，从逐字稿的字数也能推算出演讲所需要的时间，将时间与内容做平衡处理，以使效果达到最佳。

（2）善于使用表述语、提神语和说服语。一个成功的演讲应当由三种语言组成，即表述语、提神语和说服语。表述语的作用是陈述事实、抛出事实、陈述现状；提神语的作用是鼓励、激励、唤起情感，注重情感；说服语的作用在于进一步说服听众，唤起行动和认同，注重道理。

（3）做好故事演绎。对于一场演讲来说，能否创作出打动人心的故事，也是决定演讲效果的核心因素。投资人对路演已司空见惯，看过的项目不计其数，如果创业者能在路演开始后的 3～5min 把自己企业的亮点提炼出来，吸引投资人的眼球，那么投资人对创业者整个项目的兴趣就会大幅度提升。

3. 语音语调

路演的演讲者必须认真对语音进行研究，努力使自己的声音达到最佳状态。为此，演讲者应从气、声、音三个方面入手，做到以下几点。

（1）气发丹田，持久有力。气发丹田才能使声音洪亮，持久有力。所谓气发丹田，并非真有气从丹田发出，而是强调身体协调一致。气发丹田首先要气沉丹田，气沉丹田最重要的就是要建立正确的呼吸方法，也就是通常人们所说的胸腹联合式呼吸法，胸腹联合式呼吸法的操作要点是“深吸慢呼”。

（2）声情并茂，声若洪钟。发声讲究“声情并茂，声若洪钟”，这是路演必须遵循的原则。“演讲”中的“讲”就是演讲者所发出的声音，“演”就是演讲者实实在在的现场表现，包括手势、衣着、眼神等肢体语言，这些部分组合得恰到好处的演讲就是成功的演讲。

（3）把握音量，控制节奏。音量和节奏是演讲者发音时必须掌握的两个要领，在路演演讲中同样需要掌握这两个要领。把握音量就是控制声音的大小，控制节奏就是把握说话的语速。

4. 肢体表达

演讲是一种综合能力的展现。要在短时间内把所要表达的思想传达给听众并触动听众的心灵，是一件难度很大的事情，演讲者除了应具有深厚的文化底蕴、良好的心理素质和标准的普通话水平外，还需要辅以适当的肢体语言，以更好地传达情感。

通常来说，路演中有以下几个重要的肢体语言。

（1）走姿。走姿是一种动态美。人体是一个流动的造型体，优雅、稳健、敏捷的走姿会给人以美的感受，产生感染力，反映出积极向上的精神状态。演讲者在行走之前应注意自己的仪态与风度，稳健、自如、轻盈、敏捷是仪态优雅、风度不凡的体现。

（2）站姿。站姿是静力造型，显现的是静态美。良好的站姿是从侧面看，后脑勺、肩部、臀部、后脚跟尽可能在同一条直线上。

（3）手势。手势在演讲中是不可缺少的动作，是最有表现力的体态语言，其可以加重语气，增加感染力。做手势的同时，要配合眼神、表情和其他姿态，尤其应注意配合内容特别设计并反复训练，才能使动作自然、流畅、大方。

（4）表情。面部表情是一种深刻、直观的表达方式，甚至比语言、手势等的表达效果更好。面部表情包括眼神、眉目、脸部、口唇等，主要是指演讲者通过自己的脸、嘴和眉目所表达出来的情感。

（5）眼神。有效而充分的眼神接触是一个专业的演讲者所具备的素质，好的眼神接触有助于把演讲者的信息传递给每位听众。演讲中运用眼神接触的技巧是很重要的，可以增加演讲者的信心，帮助演讲者建立一种亲切、友善的形象。

5. 应对突发情况

路演过程中难免会遇到一些突发情况，为了保证路演的顺利进行，必须制定一些应对突发情况的应急预案，针对不同突发情况采取有力的措施予以处理。

6. 反思改进

路演并不一定就是成功的，路演之后要及时总结经验，吸取失败教训，反思改进，以便下次能够顺利、成功地进行路演。

➢ 知识拓展【7-1】

项目路演为什么会失败

1. 模式陈旧

创业者的错误在于切入点已经是“红海”（指某产业的发展已经很成熟，规则已经完善，竞争非常激烈，剩下的市场份额很小，大家都“杀”红了眼，所以新进入者生存非常艰难），但整个路演中却在讲市场多大、有多少比例的人用、自己的项目有多少收入等。其实，这样的市场与创业者没有任何关系。

例如，创业者说，按照 100 万用户计算，每个人每周为平台贡献 100 元，那么一周就是 1 亿元的存量、流量。平台从这 1 亿元中提取 10%作为基金，那么可支配的基金就是 1000 万元。

创业者这样分析的逻辑是没有错的，但是你知道为什么每个人要去为你这个平台贡献 100 元吗?

2. 不懂调研

有的创业者在做项目之前只调研了几十个人。需求调研不一定需要大量的样本，但如果没有足够的样本，那也要有足够的调研维度。从定性中发现的问题和要求证的结论用大量的用户去定量认证，否则，调研将会得出错误的需求。

3. 目标用户定位不清

一个创业者想做一个“互联网+影像”的创业项目，该项目的痛点建立在摄影作品版权上。这样的商业模式面向中小企业购买平台上的图片，是可以探索的，如全景、华盖等，如果比别人更便宜、照片更好、用户体验更佳等，都可能有机会。但是，如果仅仅因为期望用户尊重摄影师版权而让他们购买上面的图片，这样的模式就是有问题的。

4. 梦想远大，但第一步无法落地

某个自己动手制作（DIY）衣服设计项目模式较旧，做的人很多。初期切入的产品是内裤，演讲者谈到后续会推出其他各种个性化、定制化服装产品。在谈到竞争优势时，他把可能的东西都阐述成一种必然的东西，并作为核心优势来讲。例如，设计师队伍大，有设计能力的人都将进入设计师队伍，甚至成为合伙人，这就是他们提到的项目核心优势，但这是可以实现的吗?

5. 关系资源型企业

一个做房地产金融的房产众筹平台想消灭中间环节，重组优化，做债券和产品的混合众筹，然而只从销售和推广角度进行切入，还提到将与自己合作的几家知名房地产商作为合作机构。这样依赖资源和关系的项目并不是因为自己的模式创新和产品或服务的积累，关系往往是最靠不住的资源。

6. 太贪心，不够聚焦

有一个创业者想做宠物狗的一站式服务，也就是关于狗的整个生命周期的项目都要做。

创业者谈到想建立自己的养狗场，准备做狗狗的上门美容等服务，该项目太贪心、不够聚焦，这或许是首次创业者的通病。

7.3.8 路演呈现的策略

项目路演一般只有短短的几分钟，而创业者的项目往往包含大量的信息，所以必须有一些针对演讲的战术策略，从而使得项目能够得到最大限度的展示。通常，创业者可采用以下几种策略。

1. 不要什么卖点都讲

在路演之前，有的创业者将自己的产品/项目总结出“十大卖点”，然后训练自己在5min之内将这十大卖点讲完。这样做的结果就是，投资人一个卖点都记不住。按照人的思维模式和记忆方式，如果只讲1～3个卖点，投资人基本上都能记住；如果讲5～7个卖点，投资人会记住2～3个；如果讲7个以上的卖点，投资人可能会把所有卖点都忘光。因此，创业者一定要有所取舍，不要什么卖点都讲。一般来说，根据参加路演投资人的情况，讲清楚3～5个卖点足够。

2. 有的卖点可以有所保留

事实上，在5min的时间内讲清楚5个卖点也不太容易，因此还需要再做“减法”。对于5个很重要的卖点，创业者可以做以下分类。

（1）投资人知道的卖点和常识，尽量少讲。

（2）投资人不知道，但是很重要的卖点则主动讲。

（3）对于不是两句话能讲清楚的卖点，可先只讲结论，等评委或者投资人提问时再细说。

（4）对于有些涉及敏感信息、台上不方便说的卖点，可以在台下交流。

经过上述分类之后，5个很重要的卖点就只剩下2～3个必须在前5min讲清楚，剩下的等待投资人提问时再从容应对。

3. 引导投资人提问的方向

创业者有选择性地不讲某些卖点时，可以分析这些卖点是不是投资人感兴趣想提问的；如果是，则可以在展示时少讲，在问答时从容展示。

4. 提前准备常见问题

路演经验丰富的人几乎可以提前预判出投资人会提出的80%问题。在路演现场仅靠机智回答好投资人的问题是很难的，需要就常见问题进行提前准备。

★ 训练与实践【7-3】

将自己所撰写的创业计划书的精华提炼出来，做成页面精美、内容精良的PPT，并以项目路演模拟比赛的方式呈现给大家。通过组织项目路演，学生能够掌握项目路演的技巧，提升演示水平，为成功获取投资创造条件。

实施步骤如下。

（1）教师对全班学生进行分组，每组5～8人。

（2）小组可自行拟定创业项目，也可由教师分配项目；然后小组成员自行收集、整理相关资料，制作路演PPT。

（3）每个小组推荐1名演讲人上台演讲，将自己小组的商业计划完整、精彩地展示给教师和其他同学。

（4）教师根据每组的表现打分并做出评价，然后组织学生对每组的创业计划和路演表现进行讨论。

以下是创业路演汇报设计示例。

项目名称：一句话描述（例如，小米电视：打造年轻人的第一台互联网电视）。

第一部分（1～2 页）：分析市场现状和行业背景（why？ now？）。

第二部分（1 页）：讲清楚你要做什么（what？）。

第三部分（6 页左右）：如何做以及现状（how？）。

第四部分（1 页）：介绍项目团队（who？）。

第五部分（1 页）：介绍财务预测与融资计划（how much？）。

第六部分：结束语（强有力的震撼结尾）。

第四篇　工科大学生创新创业综合实践案例

第 8 章　“互联网+”大赛——车停哪儿

8.1　项目计划书

8.1.1　项目概述

1. 团队基本介绍

（省略）。

2. 专利技术情况

本团队目前已经开发出 6 项专利技术，正在研发 1 项专利技术。

3. 产品基本介绍

（省略）。

4. 产品市场分析

（省略）。

5. 市场竞争分析

市场竞争分析包括核心相关专利技术、较强的线上线下推广能力、软硬件结合模式、室内室外车库联合管理技术全方位解决车主停车问题。

6. 商业模式

商业模式包括三种类型：室内停车场的分成、诚招代理加盟商、自有开发资源。

7. 业务拓展计划

第 1 年：产品的研发与试运行；

第 2 年：与各地停车场联系，招代理商拓展产品试用范围；

第 3 年：产品在北京、上海、广州、深圳使用，并力争全城覆盖；

第 4 年：产品大范围应用到各个城市，并对产品进行不断升级。

8.1.2　市场分析与定位

1. 市场前景分析

1）行业背景

我国居民收入增长，汽车保有量持续增加和停车场建设滞后（如土地问题、财政收入机会成本问题、法规落后问题等），全国有 31 个城市的汽车数量超过 100 万辆，其中北京、天津、成都、深圳、上海、广州、苏州、杭州 8 个城市的汽车数量超过 200 万辆。由于城市交通环境逐渐恶化，停车问题越来越受到人们的关注，解决好大城市的停车问题显得尤为重要。

2）行业发展趋势

（1）商业地产的停车场。近年来，我国商业地产停车场建设施工市场规模持续增长，估算停车场建设施工市场规模与每年商业地产新建规模同比例增长，受国家对商业地产政策调控的影响，政策周期较为明显。

（2）商业住宅地产的停车场。自 2006 年以来，我国商品房住宅停车场建设施工市场规模在逐年下降，估算采用停车场建设施工市场规模与每年商业住宅新建规模同比例增长，受国家对房地产政策调控的影响，政策周期较为明显。

3）经济环境

我国人均 GDP 的增长，必然会使汽车及与汽车消费相关的各个领域的经济发展水平对机动化水平（即机动车拥有量与使用量的增长过程）尤其是小汽车化水平有直接影响。有研究指出，私人小汽车拥有率与国民收入成正比，总的趋势为国民收入高的城市，小汽车拥有率也高。

4）投资环境

由于汽车消费与日俱增，在城市中心区有限的空间或室内停车场兴建智能停车系统是解决当前城市停车难的必由之路。目前，由于停车消费者不熟悉地下车库，停车、找车、付款等问题非常烦琐，地下停车仍未被认可，地面泊车仍是人们的停车首选，致使多数商业地下停车库出现空库现象。对于投资者来说，其在短期内通过收取停车费回笼资金并不现实。合理规划地下停车位，减少资源的浪费，帮助投资者提高商业客流，进一步提高地下车库停车的饱和度。

2. 目标市场定位

公司作为处于创业初期的企业，将受到经济实力、人力资源和管理经验等诸多因素的制约，公司不可能服务于合肥市的所有大中小型停车场，企业只有在市场细分的基础上，集中企业优质资源服务于某一特定市场才能成功。

进行市场细分时，综合考虑土地利用性质、开发强度、人口规模、路网密度、公交发达程度等因素，首先将合肥市的室内停车场分为两种：一种是商厦、办公楼以及医院、酒店等公共服务设施拥有的室内停车场；另一种是住宅区所拥有的停车场。对于这两种，又可以分别将其划分为三类停车区域。对于商厦、办公楼、医院、酒店等拥有的室内停车场，第一类是位于区域最中心的热门地段内商厦和办公楼等的地下车库；第二类是商厦和办公楼等所拥有的室内停车场，离中心区域但仍有一段距离、客流量适中；第三类是远离中心区域、客流量较小的室内停车场。

创业初期将主要的目标客户定位为两类，均属于商厦、办公楼、医院、酒店等公共设施所拥有的停车场，一类是位于市中心热门地段的停车场，另一类是靠近城市中心但客流量不是非常大的停车场。

3. 竞争对手分析

停车场智能化管理由 1998 年引进国内，经过多年发展，已经发展较为成熟。本公司首先以合肥市为研究区域，对合肥市现存在的几个竞争对手进行如下分析（表 8-1）。

（1）A 公司推出了“合肥城泊”手机 APP，帮助用户查询到全市路边临时停车位的空闲数量、具体位置和收费标准等详细信息。本公司开发的系统不仅能查询路边临时停车位，还能查询商厦、酒店、办公楼等拥有的地下停车场的相关信息，产品服务范围更广泛，使用户能掌握各个区域停车位的实时使用状况，方便根据车流量进行相应管理，并且车位的使用数据对于城市停车场的规划建设具有重要的参考意义，因此拥有更大的竞争优势。

（2）B 公司主要销售智能广告闸、岗亭等硬件设备，没有配套的相应软件和系统，也没有室内地图导航的功能，并且主要和住宅区、别墅的物业管理公司合作，并不直接面向广大市民用户，远远没有本公司的 APP 和系统功能齐全、应用广泛。

（3）C 公司销售智能门禁门控系统设备，以及停车场所需要的地锁、岗亭和道闸，不过其主营业务是电控门系列产品的销售，产品种类多而杂，智能停车门控设备的技术也落后于本公司。本公司的智停地锁是基于智能手机操控的车位硬件，将传统地锁智能化之后，硬件具备连接的能力，实现互联网服务的加载，让用户不仅能远程找到车库，而且可以提前占用车位，具备了大数据等附加价值。

（4）D 公司开发出能查找车辆的智能手机客户端和室内地图技术。但本公司所开发的 APP 不仅能帮助车主找到合适的停车地点和车位，也能帮助车主快速找到停好的车辆；本系统所拥有的室内地图技术，相比于现有的室内停车场地图采集显示技术，具有如下优点：地图数据采集简单，速度快；动态更新地图简单方便，实时性高；轻松设计、实现用户交互。

表 8-1 本公司产品与竞争对手的比较

同行业竞争对手	竞争对手特点	本公司特点
A 公司	推出“合肥城泊”手机 APP，帮助用户查询到全市路边临时停车位	不仅能查询路边临时停车位，还能查询各大商厦、办公楼等拥有的地下停车场信息
B 公司	销售智能广告闸、岗亭等硬件设备，主要和住宅区、别墅的物业管理公司合作	不仅拥有智能停车整套硬件设备，也拥有配套的相应软件以及室内地图导航技术，且 APP 直接面向广大消费者
C 公司	主要销售智能门禁门控系统设备，以及停车场所需要的地锁、岗亭和道闸，产品种类多而杂	本公司的智停地锁性能不同于传统地锁，具备连接的能力，可以实现互联网服务的加载，具备了大数据等附加价值
D 公司	开发出能查找车辆的智能手机客户端和室内地图技术	本公司所开发的 APP 能实现车主和车位或车辆的查找；本系统所拥有的室内地图技术将地图采集过程简化，动态更新地图实时性高，并能实现用户交互

4. 产品竞争力

1）服务竞争力

随着我国经济社会的快速发展，近些年来，我们身边的汽车数量以肉眼可见的速度快速增长。据公安部门统计，2016 年我国新注册登记的汽车达 2752 万辆，保有量净增 2212 万辆，全国平均每百户家庭拥有 36 辆私家车，成都、深圳、苏州等大城市每百户家庭拥有私家车超过 70 辆。汽车数量的快速增长带来了很多问题，特别是“停车难”的问题几乎困扰过每个“有车一族”。

在停车过程中，我们往往遇到种种不便，如“附近有哪些空闲的停车场？”“空位在哪里，怎么开过去？”“忘记车停哪儿了，怎么找到我的车？”“付现金太麻烦，能手机支付吗？”等，给我们带来了很多麻烦，却也意味着人们在“停车”这个市场有着潜在的巨大需求。而我们的智慧停车系统可以完美满足这些需求，为用户提供全方位、一站式的解决方案。我们的服务器实时更新每个停车场的空闲车位数量，可以帮助“有车一族”选择合适的停车场；我们的 Wi-Fi 室内定位技术提供全球定位系统（GPS）无法胜任的室内地下定位，可以引导“有车一族”找到空闲车位；我们提供的智慧停车系统手机 APP 能够实现停车费一键支付，汽车“无障碍”出车库……我们相信，这样一款免费的、只要安装一个 APP 就能拥有的“停车助手”能为停车带来不少便利，无疑对广大“有车一族”产生巨大的吸引力。

2）技术竞争力

（省略）。

5. 市场调研分析

1）合作基础

本项目主要选择的战略合作对象包括：①公共停车场管理公司（一般都是国有独资）；②商业集团或者商业集团外包的物业管理公司；③医院等大型公共服务机构。因为公共停车场的管理公司受国家委托，管理城市中大量的公共停车位，多数商业集团（商业地产）会自建配套的地下停车库，医院等公共服务机构也会自建配套的停车库，所以我们选择这些作为合作伙伴和营销对象。

2）实地市场调研

本项目以合肥市为调研地点。作为省会城市，面向全省 6000 多万人口，加上外省的流动人口，合肥在消费群方面有着一定的优势，因此规模较大的商业购物中心数量在省内也排在前列。通过统计，合肥现有万达、银泰中心、银泰城、新地购物中心、华润万象城、港澳广场、中环城、百大 CBD、长江西路华联商厦等比较知名的购物中心，拥有大型地下停车场的商业集团大致为 15 个，万达一个地下停车场的车位平均在 1200 个左右，银泰城一个地下停车场的车位平均在 1500 个左右，百大 CBD 的停车位为 400 个，新地购物中心的停车位为 2800 个，其他商厦的停车位平均在 1000 个左右。

合肥市大型商业中心地下停车场总车位在 17600 个左右，综合考虑上述合作基础和合肥市商圈的现状，从本团队的营销策略出发，估计本团队产品的初期市场占有率在 20% 左右，车位数预计在 3500 个。

6. SWOT 分析

1）优势

本团队开发的 APP 软件，可以实现找车库、找停车位、反向查找自己的车以及一键入库、掌上缴费等功能，整个过程中，无须办卡、智能登记，通过手机应用即可完成收费，可极大地提高效率，节约成本，提升客户体验。

从用户的角度来看，本系统时尚便捷、使用方便、服务高效、收费透明度高、准确无误；从管理者角度来看，其易于操作维护、自动化程度高、大大减轻管理者的劳动强度和人工干扰因素；从投资者角度来看，其实现对多个跨地域的停车场的统一管理，杜绝各种形式的作弊，防止停车费用流失，使投资者的回报有了可靠的保证。

2）劣势

目前市场上国外品牌的停车场管理系统主要有联邦停车系统、加拿大友安、速宾、西门子、安满能等，通过对客户及工程商的调查问卷进行数据分析，人们普遍表示国外的停车场管理系统稳定性强、可靠性高、价格高。这就表示国外品牌停车场管理系统走的是高端路线，主要在大的项目工程上，对形象要求较高。而一些中小项目，中低端市场基本上都是国产停车场管理系统。从市场份额来看，国外品牌产品占领了高端市场的大部分份额，国内的停车场产品还只是走中低端路线。

对于 APP 软件，合肥 A 公司，已经率先推出了“合肥城泊”手机 APP，帮助用户查询到全市路边临时停车位的空闲数量、具体位置和收费标准等详细信息。本公司作为智能停车系统和手机 APP 市场的新加入者，需要在新市场的开发和培育方面做出很大的努力。

3）机遇

目前，由于停车消费者不熟悉地下车库，停车、找车、付款等问题非常烦琐，地下停车仍未被认可，地面泊车仍是人们的停车首选，致使多数商业地下停车库出现空库现象。对于投资者来说，短期内通过收取停车费回笼资金并不现实。合理规划地下停车位，减少资源的浪费，一方面帮助投资者提高商业客流，另一方面提高地下车库停车的饱和度。无论对于停车消费者还是停车场，我们的智慧停车系统和手机 APP 都能完美解决现阶段人们停车过程中遇到的种种问题，满足用户的需求。因此，我们认为在停车场市场中，该智慧停车系统有着广阔的前景和不可估量的吸引力。

4）挑战

国外的停车场系统已经发展得较为成熟，合肥市存在一些同行业竞争者或者即将进入行业的潜在竞争者。总之，最近几年内，国内将迅速发展智能停车，但现在还处于行业的开拓期，行业格局还未真正形成。随着公司的不断发展壮大及新竞争者的进入，这个行业的竞争将越来越激烈。

5）综合分析

如表 8-2 所示，采用 SWOT 分析法对本项目进行综合分析。

表 8-2　本项目的 SWOT 分析

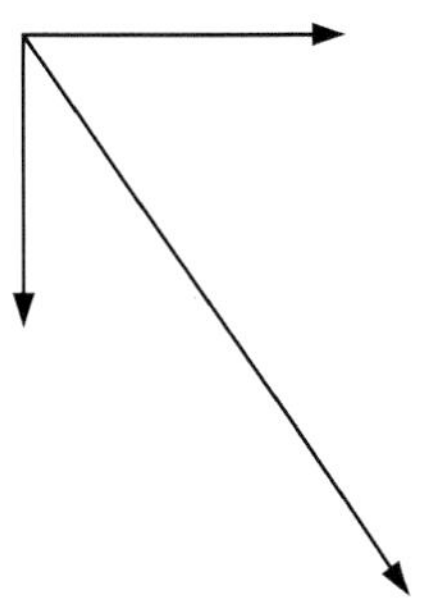	机遇（O） 国家人均 GDP 的增长，带来了汽车及与汽车消费相关的各个领域的发展；汽车保有量和销售量的增长，也必然导致停车场服务业快速发展； 当前，由于停车消费者不熟悉地下车库，停车、找车、付款等问题非常烦琐，给消费者造成不便，地下停车仍未被认可，地面泊车仍是停车消费者的首选，致使多数商业地下停车库出现空库现象，投资者迫切需要考虑如何合理规划地下停车位，减少资源的浪费	挑战（T） 国外的停车场系统已经发展得较为成熟，国内普遍认为国外停车系统的设备和性能更为优异； 合肥市存在一些同行业竞争者，同样研发室内地图技术以及智能地锁、智能道闸等设备； 在国家层面对停车建设方面的关注和投入，使更多的人或公司等潜在竞争对手进入市场

续表

优势（S） 本公司开发的APP使得停车消费者无须办卡、智能登记，通过手机应用即可完成收费，可极大地提高效率，节约成本，提升客户体验； 本公司的系统使得车库管理者易于操作维护，自动化程度高，减轻管理者的劳动强度和人工干扰因素； 对于投资者，该系统能实现对多个跨地域的停车场的统一管理，使投资者的回报有可靠的保证； 就国内而言，本公司的诸多核心技术短期内难以被模仿，有较高的附加值	SO战略：利用强大的公司研发团队，采用创新带动创业，促进公司的产品研发改进实现跨越式发展，扩大在国内技术领域的影响力和市场； 充分利用公司成本优势，抓住我国智能停车系统持续快速发展的机遇，快速切入市场； 充分利用公司研发实力，进一步开发适宜不同类型的停车场的无人化管理的智慧操作系统，减少停车场的人力成本以及部分物力成本； 结合相应的大数据分析手段，建立大数据分析及共享平台，可以更好、更快地指导车主寻找到最近、最佳的停车空间	ST战略：利用公司主营产品在成本、性能方面的优势，与公司建立良好的信用关系，拓展销售渠道，首要目标就是建立一整套自主知识产权的产业链体系； 创业初期主要利用成本优势快速发展省内市场，增大信用度，尽快站稳脚跟； 强化公司产品和技术优势，在顾客企业中形成良好的认知和口碑； 充分利用先行优势，限制潜在竞争对手将来的发展潜力
劣势（W） 互联网和软件行业发展迅猛，产品更新换代速度快，研发投入很大，需要充足的资金支持； 作为智能停车系统和手机APP市场的新加入者，公司对新市场的开发和培育需要做出很大的努力； 国外品牌产品占领了高端市场的大部分份额，国内的停车场产品还只是走中低端路线	WO战略：利用国家对互联网产业的重视，尤其是政策方面的优惠和资金方面的支持，与商业集团合作，互补优势，加快发展； 密切关注国家优惠税收及产业政策； 积极参与国家级、省部级创新活动的申报，与政府、公司和大型商业集团建立良好的合作关系	WT战略：减少公司弱势，回避外部威胁； 加大营销力度，创业初期重点主攻少数重点顾客； 密切关注技术发展趋势，在赶上趋势的同时，争取利用公司以及外部合作研发力量引领技术和产品的发展

8.1.3 项目产品介绍

1. 产品基本介绍

（省略）。

2. 项目核心技术

（省略）。

3. 项目核心的优势

（省略）。

4. 项目的延伸服务

（省略）。

8.1.4 团队介绍

1. 项目发展回顾与现有成果

1）项目发展回顾

2015年6月，团队与消防相关部门进行业务沟通，希望能研制出高层/超高层建筑、城市大型空间火灾避难智能疏散指挥系统。

经过反复交流讨论，我们认为，要完成这个课题，必须有室内高精度地图。最初团队希望可以与合适的地图供应商合作，但遍寻无果，目前没有专业的室内高精度地图供应商。于是，团队抓住这一市场空白，对此展开专项研究，自主完成了室内或局部区域高精度地图项目。同时，随着停车需求以及停车位有效管理、实时导航的市场需求的日益高涨，经过 2 年的努力，终于在 2017 年，团队结合自己的技术，开发了基于实时导航（可以室内停车导航）的 APP，以及一体化的室内外停车场管理系统。

2）取得的现有成果

（1）专利情况：已经申请 6 项专利（都已经进入专利申请的受理阶段）；

（2）资助情况：获中国科学技术大学青年创新基金项目资助；

（3）获奖情况：本团队参加安徽省“互联网+”大学生创新创业大赛，获得省赛创意组的冠军（共 2629 支队伍，排名第一）；

（4）广泛关注：截至目前，已经在《新安晚报》《安徽商报》《江淮晨报》《安徽日报》等 10 余家媒体进行积极报道，在安徽地区的多个主流论坛上也受到广泛关注。

2. 团队成员分工

本团队拥有一批具有博士（8 名）、硕士（15 名）学位的高端专业技术人才，技术开发实力雄厚，能够全方位满足政府与企业信息化需求，具体分工如表 8-3 所示。

表 8-3 团队成员基本信息与分工

姓名	学历	专业	团队分工	身份
陈××	博士	安全科学与工程	市场开发小组负责人	核心成员
周××	博士	安全科学与工程	技术研发负责人	核心成员
李×	硕士	物理电子专业	硬件研发小组负责人	核心成员
王××	博士	电磁场与微波技术	软件研发小组负责人	核心成员

除了团队创始人和上述 4 名核心成员以外，还有一批从事技术研发或者运营的创业伙伴，整个团队 80%以上具有硕士及以上学历。

8.1.5 商业模式

1. 商业模式概述

本项目的商业模式主要包括两个部分：一是基于项目开发的停车引导系统——“车停哪儿”的平台收益模式；二是项目团队基于停车场本身建立自有开发资源的收益模式。

基于项目开发的停车引导系统——“车停哪儿”，我们可以利用该 APP 的路径导航，来提高部分停车场的车位饱和度，对于通过该 APP 引导进入停车场停车的车辆，我们应对由此种方式产生的停车费用进行合理分成；另外，我们可以按照顾客的需求，对私有车位安装地锁，车主可将车辆品牌、车型等信息以及费用信息通过本团队 APP 终端上传至服务器，当需要使用车位的车主通过 APP 搜索到方便、合适的车位时，可对该车位进行预约、付款、使用，我们对此种方式引入的车辆而使车主增加收益的部分进行合理提成。另外，我们还可以通过招收加盟商以及代理商，收取相关的加盟费，以及代理费用。

2. 盈利模式内容

1）室内停车场的分成

（1）地理位置的错位分成。对于不同区域的停车场，其采用数据共享、资源互换、路径引导，以提高停车场的车位饱和度，对 APP 导航引入车辆的停车费用进行合理分成。

（2）时间节点的错位分成。商用写字楼的停车场在晚上下班后及周末时间段车位是充足的，晚上下班后至第二天上班前的时间段或周末时间，可对 APP 导航引入车辆的停车费用进行合理分成。

2）室外停车位的分成

个人资源共享平台分成：对于私有车位安装的锁，车主可将车辆品牌、车型、车辆位置信息、费用信息通过本团队 APP 终端上传至服务器，当需要使用车位的车主通过 APP 搜索到方便、合适的车位时，可对该车位进行预约、付款、使用。车位车主从所支付费用中获得分成。个人资源共享平台的行为模式见图 8-1。

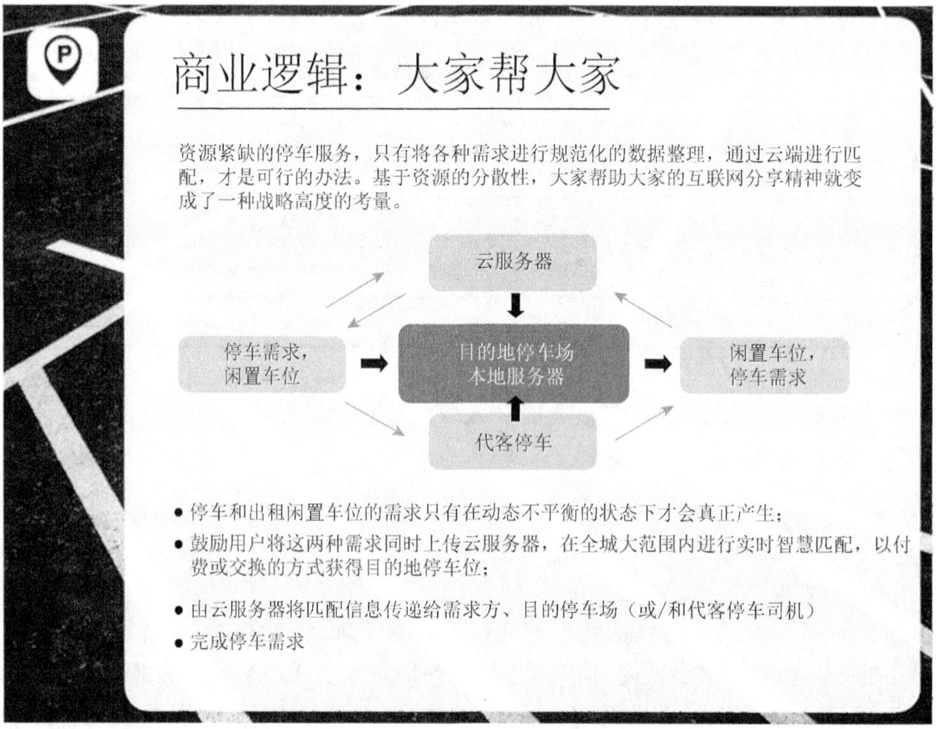

图 8-1　个人资源共享平台的行为模式

3）诚招代理加盟商

（1）代理加盟。采用行政区域划分级别招加盟商，加盟商需缴纳一定的加盟费，获得区域市场独家代理权，可在区域内销售并招收下级加盟商，获得公司提供的相应市场支持。

加盟费用：一线城市加盟费用 500 万；二线省会城市加盟费用 300 万；三线城市及地市级城市加盟费用 50 万～100 万。

市场支持：①总部免费投入 5 个停车场（合计不超过 5000 个车位）软硬件设备，包括软硬件安装建设费；②每个城市每年获得总部投入 10 万的市场推广费用；③获得总部以加盟商优惠价格提供的各类软硬件设备及相关服务。

（2）代理招商。代理招商不分区域，只提供单纯的软件、硬件和设备销售，当所处区域有加盟商时，划归加盟商业绩，并受加盟商管理。

4）自有开发资源

（1）自建停车场。在城市中，许多地方是没有停车场的。我们可以通过 APP 的数据共享，计算出某些区域在某个时间段的车流量，找出比较适合建立停车点的位置，以此在一些需要大量停车空间但是尚没有建立停车场的地方，通过自建的方式或者改建的渠道，直接建立属于自己的停车场，依托软件的引导，收取该区域停车场进驻车辆的停车费。

（2）停车场汽车美容。停车场汽车美容是指针对停车场顾客，依托停车场，利用停车时间，为顾客提供各种汽车美容服务，实现车场服务一体化。此外，本项目所定义的汽车美容包含两个部分，除汽车养护外，还包括传统意义上的汽车维修。

（3）停车场传媒。停车场传媒是覆盖城市主流商圈、高档写字楼、高档住宅等场所的停车场的一种户外新媒体，属于网络化户外媒体，人群覆盖面广，通过不同商圈、不同楼宇类型的组合，来最大限度地覆盖目标受众。停车场广告经营形式为：停车场自营广告位，或专业停车场传媒公司承包经营广告位。

（4）广告收入。在 APP 达到一定的保有量时，广告业务量及广告商将会为本项目带来一笔不小的收入。

3. 战略合作对象

1）公共车位（停车场）的停车管理公司

对于公共车位（停车场），一般是国家委托国有投资或者国有控股的停车管理公司统一进行管理。停车管理公司掌握着城市中大量的公共停车位或者公共停车场。

2）商业集团（商业地产）的停车管理机构或物业公司

商业集团（商业地产）一般会配套建立自己的停车场，多数以地下停车场为主。商业集团所在的地点，一般车流量比较大，车主对于停车的需要比较刚性。商业集团为了给停车消费者提供更好的服务，往往会更加重视停车场的建设与管理，建立专业化的停车管理机构，或者委托物业管理公司进行管理，他们掌握着大多数的地下停车场。

3）医院等大型公共服务机构的停车管理机构或物业公司

对于以医院为代表的大型公共服务机构，因其具有公共服务性，来往车流量密集，所以会建立自己的停车场来满足人们的停车需求，提供免费或者收费的停车位。医院等大型公共服务机构是重要的车辆聚集地，停车位的有效管理在一定程度上会直接影响到服务效率。这些公共服务机构建立自己的停车管理机构，或者委托物业管理公司进行管理。

4. 战略发展规划

1）市场目标规划

该项目第一、第二、第三年在合肥辐射式推广试用，争取前三年在合肥及周边地区占有较大的市场比例，第四、第五年在北京、上海、广州、深圳大范围推广。

目标：前五年的目标是占领合肥周边市场，进入北京、上海、广州、深圳市场。

2）企业融资规划

（省略）。

8.1.6　营销策略

1. 线上营销推广策略

按照我们的商业模式和APP推广时间进度表，线上营销的第一阶段将以网络平台的搭建为主，发展大量注册用户、扩大知名度、创造用户黏性、丰富分享内容、提供各种交易服务等活动，主要是采用口碑营销的方式来开展；第二阶段主要靠百度搜索和微信平台的搭建，以及其他各类社交网站的宣传；第三阶段将主打“网上商城”，提供整个智慧停车系统及其配件销售、升级等服务。若想这几个阶段顺利运行，则需要平台拥有足够的知名度，及大量的活跃用户。因此，平台推广是营销活动的重点。

1）企业网站营销推广策略

企业网站代表着企业形象，在项目实施的整个过程中起着极为重要的作用。为实现网络平台在运营前一阶段的推广目标，简洁明了、使用方便的网站主页必不可少。

在网站整体结构中，首页以及其他页面之间的内容链接要方便，网页要简洁，用户关注度高的信息要放在显著位置；返回、前进链接要考虑周全，关注用户需要，合理选择链接页面是否在弹出窗口中打开；尽可能不使用图片作为网页的标题，以使得搜索引擎更容易识别出页面的标题内容；网站的首页不要太花哨，减少图片和各种图片链接；将一些重要信息如广受关注的各类文体赛事置于首页明显的位置。

2）基于新媒体平台的口碑营销推广策略

本公司的主要服务对象为广大停车消费者以及停车管理机构、商业集团等。因此，本公司将选择时下国内最为流行的社交网站作为平台，并充分利用微博、抖音等新媒体平台对自己的网络平台进行宣传。以微博推广策略为例，随着微博用户的不断完善，微博用户群体逐渐稳定并持续保持增长。用户转发、评论、分享链接的行为多集中在8：00～11：00和21：00～24：00，我们可以在这两个时间段，利用微博账号发布各种停车场信息。

项目组开设以下几个微博账号。

第一，官方微博——微媒体。企业的微博必须是官方的，传播的内容也必须是官方的，内容较为正式，可以在第一时间发布企业最新动态，定时发布产品信息和活动，对外展示企业品牌形象，成为一个低成本的媒体。

第二，企业领袖微博——微传播。企业领袖微博是以企业高管的个人名义注册，具有个性化的微博，其最终目标是成为所在行业的“意见领袖”，能够影响目标用户的观念，在整个行业中的发言具有一定号召力。本公司的主要负责人和技术研发者将利用国内学术界积累的人脉，注册账号，再通过口口相传的方式增加粉丝。

第三，客户服务微博——微服务。通过客户服务微博与企业的客户进行实时沟通和互动，深度的交流，让企业在互动中提高产品服务的品质，缩短企业对客户需求的响应时间。我们设立客户服务微博，为用户解决使用“车停哪儿”APP 和应用智慧停车系统时遇到的各种问题，提供优质服务。

第四，产品微博——微公关。危机不仅仅带来威胁，如果处理得当，也是一次机遇。对于危机，我们设立微公关，实时监测和预警，出现负面信息后能快速处理，及时发现消费者对企业及产品的不满，并在短时间内快速应对。如果遇到企业危机事件，可通过微博对负面口碑进行及时的正面引导。

第五，市场微博——微营销。我们每天在固定的时间段通过微博发布信息，组织市场活动，打破地域人数的限制，实现互动营销。

3）即时通信（IM）工具营销推广策略

创意小组选择 QQ 的群功能作为推广手段，有针对性地查找目标客户人群，自建或者加入一些目标用户聚集的群。在此过程中，小组成员有意识地与群友建立良好的关系，加强沟通与交流，潜移默化地将创意项目软件向目标用户推广。

我们创建自己的微信公众平台，定时发布产品信息，为广大用户提供贴心服务，吸引用户关注。

4）信息发布类营销推广策略

（1）问答类推广。问答类推广是基于百度的“知道”及腾讯的“问问”等提问平台的推广策略。问答过程应根据网站的产品及服务的内容设计，提问者可直接将网站地址附在提问中，或采用自问自答的方式。

为了让客户更加了解本公司，我们会及时关注这些问答类平台，前期采用自问自答的方式来提高知名度。

（2）百科全书推广。百度百科、360 百科、维基百科等百科全书是一个创造性的网络平台，充分调动互联网所有用户的力量，汇聚其智慧，积极进行交流和分享，同时实现与搜索引擎的完美结合，从不同层次上满足用户对信息的需求。我们将“智慧停车系统”和“车停哪儿”手机客户端的名称注入百度百科和维基百科等知名网络百科全书，编辑词条，包括网站的基本信息和特色，优化关键词搜索，从而提高知名度和访问量。

5）搜索引擎营销推广策略

据最新统计，在了解新网站的途径中，超 70%用户是通过搜索引擎，高居其他途径之首。因此，关注搜索引擎已成为电子商务网站推广的重要方式。通过在搜索引擎上进行有效的推广，企业的网站就有更多的机会被广大的潜在用户访问。

从国内著名的搜索引擎来看，百度、360 所占据的比例是非常高的，其次是必应、搜搜、有道等。本公司将选取百度、360 作为推广平台，确定投放到各个搜索引擎广告中的费用，针对各个环节合理制定财务预算，避免出现财务问题。

6）网络广告营销推广策略

网络广告是一种收费的推广策略，其市场发展速度惊人，成为传统四大媒体（电视、广播、报纸、杂志）之后的第五大媒体。网络广告推广时需要选择合适的网站平台，有针对性地投放广告。前期由于知名度低，且资金有限，我们仅在流量大的网页投放广告，采用短小精悍、生动有趣的文字来吸引用户关注。

2. 线下营销推广策略

APP 手机客户端和智慧停车系统的线下宣传策略，主要有如下几点。

（1）在广播和电视上投放广告，宣传手机客户端和室内室外车辆管理系统。

（2）在报纸杂志、小区电梯以及户外广告牌上投放平面广告。

（3）在商业中心、人流量大的商圈附近发传单，赠送小礼品，传单上印有二维码供大家扫描下载 APP。

（4）在商场、办公楼、酒店等附近进行展架推广活动。

（5）与汽车之家、车友会、汽车美容装潢以及 4S 店进行合作，让他们代为宣传。

（6）在 60 个社区安装本公司的智能道闸，时间周期为 3 个月，找两家广告公司进行操作，每家广告公司负责 30 个社区。经过 3 个月的免费试用，向社区居民发放问卷，调查智能道闸的使用情况和居民好感度。

8.1.7 财务预测及分析

1. 资本结构的确定

进行财务分析之前，首先阐述本团队所设想的公司架构，公司的注册资本为 500 万元。其中，拟吸引风险投资入股的金额为 150 万，团队 23 名成员自筹资金 350 万，其中 5 名核心成员筹资 200 万，各核心成员所筹资金额由高到低分别是 100 万、30 万、30 万、20 万、20 万，其他 150 万由团队其余 18 名成员平均筹集。拟注册公司的主要资本结构如表 8-4 和图 8-2 所示。

表 8-4 拟注册公司的主要资本结构

项目	权益		
	风险投资	核心成员筹资	其他成员筹资
金额/元	1500000	2000000	1500000
占股比例	0.3	0.7	
合计/元	5000000		

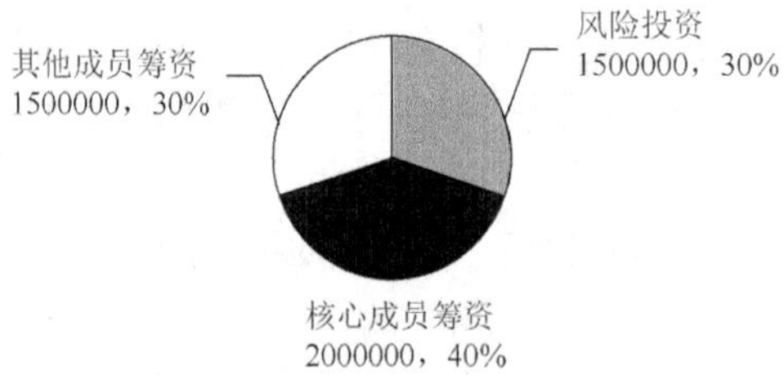

图 8-2 拟注册公司的主要资本结构分布图

2. 主要财务假设

本公司生产成本和各项费用测算及简式财务报表基于以下假设编制。

（1）因为本企业为技术型企业，主营业务成本主要是与技术研发以及有关产品相关的费用，而本企业的财务分析主要是以预测数据为基础的。

（2）各项收入与费用以企业现时可预测的数据为基础生成，不考虑营业外收入、营业外支出等。

（3）本企业可能会存在少量的销售业务赊销情况，因此本公司执行的销售政策为当年营业收入收现 80%，其余的 20%第二年收现。

（4）所有成本费用当年有 20%未付现，应付账款按照当年费用合计数的 20%来预测。

（5）固定资产折旧年限为 5 年，期末无残值，按直线法计提折旧。

（6）所得税率为 25%，按照净利润的 10%提取盈余公积。

以下所做的财务预算及分析是在以上假设的基础上，针对本公司的各项财务数据进行整合与处理而生成的。

3. 预计成本费用及说明

单就开发一款 APP 来说，资金问题只是小问题，但是与 APP 的使用以及推广相关的各项成本费用在资金的投入中也占了极大的比重。由于本项目主要依托于“车停哪儿”手机客户端、室内停车场管理系统、室外停车场管理系统三大核心技术产品为项目的主要盈利点，因此与本项目相关的成本费用也是围绕这三大核心技术产品的成本费用而产生。

如表 8-5 所示，其中主营业务成本主要包括室内外停车场管理系统成本、“车停哪儿”APP 开发费用以及技术人员工资薪酬等。需要说明的是，由于本企业属于技术型企业，技术人员在产品研发和创新方面起到了关键性作用，因而技术人员的工资薪酬作为主营业务成本处理，且所占比重最大。

表 8-5 成本费用的核算情况 （单位：元）

项目	第一年	第二年	第三年	第四年	第五年
主营业务成本	2972500	3520714	17809643	26283571	34888571
停车场管理系统成本	775000	930000	4340000	7440000	10540000
APP 开发费用	80000	80000	80000	80000	80000
停车场相关配置费用	917500	1310714	12189643	17563571	23068571
技术人员工资薪酬	1200000	1200000	1200000	1200000	1200000
销售费用	1468000	1768000	10068000	14168000	18368000
APP 推广费用	700000	1000000	9300000	13400000	17600000
市场人员工资薪酬	768000	768000	768000	768000	768000
管理费用	1227000	1227000	1227000	1227000	1227000
行政人员工资薪酬	480000	480000	480000	480000	480000
管理人员工资薪酬	720000	720000	720000	720000	720000
固定资产累计折旧	27000	27000	27000	27000	27000

4. 预计营业收入及说明

本项目的主营业务收入主要包括两个部分：一是停车位分成收入，二是停车场管理系统销售收入。具体而言，停车位分成收入是指通过与停车场的合作提高车库的饱和度，从而提高停车场的收益，并从中收取一定比例的分成收入，本项目的分成比例定为 0.3。

本部分收入预测的基础主要来自现阶段绿地赢海车库 APP 使用情况，具体如表 8-6 和表 8-7 所示。未来五年停车位的分成收入是结合产品的不断推广而形成的停车位的增长情况以及 APP 使用率的增长情况而进行估算的。停车场管理系统销售收入主要随着该系统的销售数量而增长，其中该系统的销售单价为 203000 元。

表 8-6　绿地赢海车库使用 APP 情况说明

属性	属性值
车位数/个	1546
停车单价/（元/h）	4
车库饱和度	0.7
分成比例	0.3
APP 使用率	0.5
APP 使用率达 100%时年收入/元	2844021.6
实际年收入/元	1422010.8

表 8-7　主营业务收入情况　（单位：元）

项目	第一年	第二年	第三年	第四年	第五年
主营业务收入合计	4234300.00	7196700.00	51444050.00	91790160.00	135953440.00
停车位分成收入	3219300.00	5978700.00	45760050.00	82046160.00	122149440.00
停车管理系统销售收入	1015000.00	1218000.00	5684000.00	9744000.00	13804000.00

由图 8-3 可知，本项目的主营业务收入的分布较为明显，停车位分成收入占有极大的比重。停车位分成收入的显著增加以及所占比例说明了本项目 APP 的推广效果显著，而停车场管理系统的销售情况与停车位 APP 的推广情况也是相互促进的。

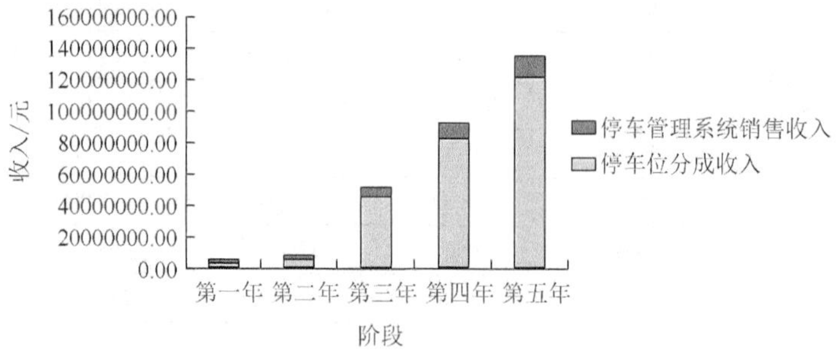

图 8-3　主营业务收入分布图

5. 预计简明利润表

本项目的预计简明利润表如表 8-8 所示。

表 8-8　预计简明利润表　（单位：元）

	第一年	第二年	第三年	第四年	第五年
一、营业收入	4234300.00	7196700.00	51444050.00	91790160.00	135953440.00
减：营业成本	2972500.00	3520714.29	17809642.86	26283571.43	34888571.43
销售费用	1468000.00	1768000.00	10068000.00	14168000.00	18368000.00
管理费用	1227000.00	1227000.00	1227000.00	1227000.00	1227000.00
二、营业利润	−1433200.00	680985.71	22339407.14	50111588.57	81469868.57
加：营业外收入	0.00	0.00	0.00	0.00	0.00
减：营业外支出	0.00	0.00	0.00	0.00	0.00
三、利润总额	−1433200.00	680985.71	22339407.14	50111588.57	81469868.57
减：所得税费用	0.00	0.00	5584851.79	12527897.14	20367467.14
四、净利润	−1433200.00	680985.71	16754555.36	37583691.43	61102401.43

6. 预计简明资产负债表

本项目的预计简明资产负债表如表 8-9 所示。

表 8-9　预计简明资产负债表　（单位：元）

项目			第一年	第二年	第三年	第四年	第五年
资产	流动资产	货币资金	5178640.00	4782802.86	16480459.64	32534373.71	49808427.71
		应收账款	846860.00	1439340.00	10288810.00	18358032.00	27190688.00
		流动资产合计	6025500.00	6222142.86	26769269.64	50892405.71	76999115.71
	非流动资产	固定资产	—	—	—	—	—
		固定资产原价	135000.00	108000.00	81000.00	54000.00	27000.00
		减：累计折旧	27000.00	27000.00	27000.00	27000.00	27000.00
		固定资产净值	108000.00	81000.00	54000.00	27000.00	0.00
		非流动资产合计	108000.00	81000.00	54000.00	27000.00	0.00
	资产合计		6133500.00	6303142.86	26823269.64	50919405.71	76999115.71
负债及所有者权益	流动负债	应付账款	1133500.00	1303142.86	5820928.57	8335714.29	10896714.29
		流动负债合计	1133500.00	1303142.86	5820928.57	8335714.29	10896714.29
	非流动负债	长期借款	0.00	0.00	0.00	0.00	0.00
	负债合计		1133500.00	1303142.86	5820928.57	8335714.29	10896714.29
	所有者权益	实收资本	5000000.00	5000000.00	5000000.00	5000000.00	5000000.00
		资本公积	0.00	0.00	0.00	0.00	0.00
		盈余公积	0.00	0.00	1600234.11	3758369.14	6110240.14
		未分配利润	0.00	0.00	14402106.96	33825322.29	54992161.29
	所有者权益合计		5000000.00	5000000.00	21002341.07	42583691.43	66102401.43
	负债及所有者权益总计		6133500.00	6303142.86	26823269.64	50919405.71	76999115.71

7. 财务分析

1）企业获利能力分析

由图 8-4 和表 8-10 可知，虽然第一年项目由于刚刚启动并未开始盈利，销售毛利率、销售净利率、投资报酬率都呈现出负数，但是从第二年开始便逐渐抓住了市场，形成了盈利的局面，盈利的势头非常可观。第三年开始企业的盈利能力显著增强，主要是由于前期 APP 的推广，APP 的覆盖领域从中部城市合肥拓展到一线城市北京、上海、广州、深圳，因而 APP 用户数量激增，从而带来了停车场车位分成收入的激增。同时，相应的停车管理系统的运用范围也更广，进一步提升了利润率。后两年随着业务的稳步拓展，盈利能力也呈现出稳步增长的态势，由此说明本项目具有良好的发展前景，获利能力较强。

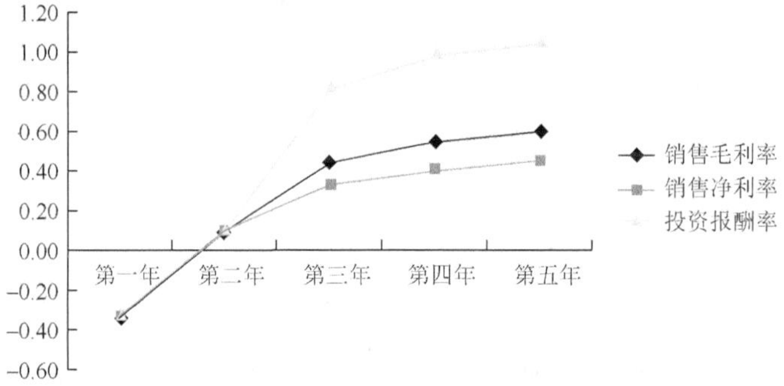

图 8-4　企业获利能力分析

表 8-10　企业获利能力分析表

项目	第一年	第二年	第三年	第四年	第五年
销售毛利率	−0.34	0.09	0.43	0.55	0.60
销售净利率	−0.34	0.09	0.33	0.41	0.45
投资报酬率	−0.23	0.11	0.83	0.98	1.06

2）企业成长能力分析

（省略）。

8. 投资分析

1）投资净现值

投资净现值（net present value，NPV）是反映投资方案在计算期内获利能力的动态评价指标，即投资项目投入使用后的净现金流量按资本成本率折算为现值减去初始投资以后的余额，该指标考虑了货币的时间价值，更好地利用现金流来衡量本项目的可行性。

本项目中股东回报率为 10%，不存在银行借款，因此把 10%作为资本成本率。投资 NPV 计算表如表 8-11 所示。

表 8-11　投资 NPV 计算表

	各年的净现金流量/元	资本成本（10%）	现值/元
第一年	4835040.00	0.909	4395490.91
第二年	1526388.57	0.826	1261478.16
第三年	13268273.93	0.751	9968650.58
第四年	28542973.71	0.683	19495235.10
第五年	45790027.71	0.621	28432004.59
未来现金流量总现值			63552859.35
初始投资			5000000.00
NPV			58552859.35

由表 8-11 可知，计算期内的 NPV 远远大于 0，投资盈利能力较好，故本项目具有很好的投资价值。

2）投资回收期

投资回收期（payback period）就是指通过资金回流量来回收投资的年限，可分为静态投资回收期和动态投资回收期。静态投资回收期是在不考虑资金时间价值的条件下，以项目的净收益回收其全部投资所需要的时间。本书将采用静态投资回收期作为衡量本项目投资可行性的指标。

投资回收期计算表如表 8-12 所示。

表 8-12　投资回收期计算表　（单位：元）

	各年的净现金流量	年末累计净现金流量	年末尚未回收的投资余额
原始投资	5000000.00		
第一年	4835040.00	4835040.00	164960.00
第二年	1526388.57	6361428.57	0.00
第三年	13268273.93	19629702.50	0.00
第四年	28542973.71	48172676.21	0.00
第五年	45790027.71	93962703.93	0.00

投资回收期=累计净现金流量开始出现正值的年份数–1+（上年累计净现金流量的绝对值/出现正值年份的净现金流量）

$$\text{预计投资回收期} = 2-1 + 164960.00/6361428.57 \approx 1.026\ \text{年}$$

从投资回收期来看，该方案也是非常可行的，1.026 年便可收回投资成本。该项目的投资回收期较短，主要是由于本项目实用性突出、创新性显著，具有巨大的市场占有力。

9. 财务分析小结

本部分在对基本的预测财务数据进行整合和处理的基础上，得到了以上的财务预测分析。以下对本公司的财务状况做总结。

（1）就企业的资本结构而言，自筹资金占 70%，所占的比例最大且平均每个团队成员的筹资额较为合理，容易实现，确保了初始投资额。而其中拟引入的 30%的风险投资有利于筹资，化解风险，并为日后公司上市及风险投资退出做好准备。

（2）就企业盈利能力而言，企业虽然第一年处于亏损状态，但第二年立刻扭转了亏损的局面，且第三年销售毛利率、销售净利率呈现了多倍的增长。本企业盈利能力较强，产品实用性与创新性兼具，有巨大的市场占有力。

（3）就公司成长能力而言，营业收入增长率、总资产增长率、净利润增长率都非常显著。对于项目启动初期来说，成长能力尤为重要。本项目发展前景较好，发展势头迅猛。

（4）本公司的投资 NPV 远大于 0，投资回收迅速，说明了本项目具有可行性，同时说明了未来公司若能持续获取充足的投资，项目在自身不断发展扩大规模的基础上将会给投资者带来极大的收益。

由以上总结可知，本项目作为创新型的项目具有合理的初始资本结构、较强的盈利能力和可预见的成长能力，作为大学生创业项目具有切实的投资可行性。

8.1.8 经营风险与对策

1. 主要风险

1）技术上已克服多数困难，功能基本实现，但技术商业化操作仍有巨大挑战

本团队虽然开发出“车停哪儿”的 APP 以及室内外的停车场管理系统，但是这些真正投入市场，需要经得起大量消费者的验证。另外，本项目产品在市场开拓方面，需要积极说服停车场的管理机构，使他们购买本系统，但是相关的管理机构类型多、数量多，给本团队的营销公关能力带来了巨大的挑战。

2）资金无法保证及时到位

本团队前期开发“车停哪儿”的 APP 以及室内外的停车场管理系统，已经投入数十万元，未来开拓市场，除了技术研发费，还需要增加大量的广告费、人力成本费、市场公关费以及其他相关的费用。另外，现有技术也要不断升级，后面的资金需求很大，迫切需要新的资金进行补充。

3）市场容量急剧扩张，导致供应不足

随着城市规模的不断扩大，新商厦（包括大型酒店）、新医院等建筑不断投建，未来停车场的数量会不断增加，对于停车位的有效管理以及降低停车场的管理成本，是一个非常重要的现实问题。由此可知，未来的市场容量还会继续增加，而现有的停车场数量已经非常多，但因为本团队的生产能力有限，无法满足日益增长的市场需求，从而可能导致停车服务的供应不足。

4）未能把握市场的进入时机和方式

国内已经有相关的 APP 以及停车场管理系统的同类竞争产品，比我们的项目产品更早进入市场，已经积累了一定数量的客户，并且获得了政府资金的支持。本团队未来进入市场，需要面临强劲的竞争对手，在一定程度上错过了最佳的市场进入时机。

5）关键部件选择与控制

本团队设计的相关 APP 与停车场管理系统，有大量的自主技术支撑和硬件设备，目

前专利正在申请中（已经受理），但是还没有拿到专利授权书，未来对于关键部件专利技术的掌控与自主保护，也是一个急需解决的问题。

6）团队内部保密性技术文件管控不力，导致相关信息泄露

本团队的内部保密性文件，如关键技术的资料或者文档，在没有获得专利保护的情况下，员工一旦泄露，可能会使竞争对手模仿，从而削弱自己的竞争力，丧失技术优势。

2. 风险应对

1）根据市场需求，加强对新技术产品的研发，保持市场领先地位

随着行业市场竞争性的日益增强，团队唯有通过不断创新，研发生产出符合市场需求的产品，才能在日益激烈的竞争中持续健康发展；只有打造符合自身特色的研发体系、构建产品研发维护的精益设计体系、创新研发管理模式、互利共赢的战略合作模式等策略，才能在竞争日益激烈的市场环境下保持领先地位。

2）卓越管理团队，回避风险

本团队目前的人员比例中，技术人员的比例过高，大部分核心成员都是理工科专业，缺乏市场营销、财务管理以及人力资源管理方面的专业人才。未来团队需要打造卓越的管理团队，依托专业人才的专业知识，规避未来创业过程中的各种经营风险。

3）分散风险，组合产品，联合生产

为了应对市场的不确定性，以及分散市场风险，团队未来会在现有的 APP 以及停车场管理系统的基础上，继续开发其他的衍生产品。另外，达到一定规模时，建立自有开发资源，建立线上、线下相结合的业务体系，组合团队的优势产品，从而降低已有的市场风险，增强竞争力。

4）风险信息管理平台

风险管理信息系统是管理信息系统中必不可少的系统，管理人员应用该软件可以认识并处理现实的或者潜在的风险，以抵御风险所产生的不利效应，降低风险成本。因此，本团队未来需要建立完善的风险信息管理平台，优化对团队未来风险决策的支持。

5）实时收集处理内、外部信息

为了提高团队内部的运行效率，及时了解市场的动态变化，我们需要加强自身的信息接收、处理能力，及时收集处理内、外部的信息资料，增加团队内部的信息互动，增强对外部信息进行反应处理的能力。

6）释放影响信息

该项目的影响对象包括管理层、员工、客户、市场伙伴、政府机关及供应商。

依托广告营销或者直接推介，积极影响市场合作伙伴，让其意识到互利共赢的重要性和战略合作的潜在价值，有助于与其达成合作；另外，需要强化管理层、员工对企业未来发展的信心，同时积极获得政府机关以及供应商的支持与帮助。

7）风险预警系统

外部市场环境预警：建立科学的外部市场环境预警体系，应对外部市场的波动变化；

内部财务系统预警：建立完善的内部财务预警系统，包括现金流、负债、现金成本流速及战略性销售成本等方面。

8）借助资金杠杆工具

团队充分利用天使投资、银行贷款等资金杠杆工具，满足资金需要，以及收益追求。

9）配备完善的公司监管系统

团队建立合理、完善以及科学的公司治理机构，构建完善的财务审核体系，配备完善的公司监管系统，加强对未来公司资金状况的监控。

8.2 专家点评

“停车难已经快到非要解决不可的地步了，此项目很好地解决了该痛点，并且该项目来自中国科学技术大学的技术团队，相信他们能做好此项技术。”首届中国国际“互联网+”大学生创新创业大赛评委、来自天使100的投资人这样评价“车停哪儿”项目。

然而，在招商引资和市场推广方面，团队却遭遇“滑铁卢”。出于成本考量，很多停车场不愿意投入资金安装配套硬件；而属于公共交通区域的停车位，需要政府“买单”。

中国科学技术大学管理学院刘志迎教授认为，面对推广应用难题，“车停哪儿”项目团队首先可以通过众筹方式融资，当APP下载量、安装量达到一定规模和活跃度时，采取股权筹资方式推广。大型房地产开发商项目多，团队可以考虑与他们合作，采取批量采购安装的方式进行推广。对于房地产商而言，新建房屋拥有“车停哪儿”智慧停车系统，也是一个很好的“卖点”。刘志迎教授表示，政府理应在这方面加大投入，在城区公共设施改造时，“车停哪儿”项目硬件配套可以作为政府公共产品供给加以安装，以缓解城市停车难和因停车造成的马路堵塞等问题。此外，团队还可以与地方设计院合作，在设计写字楼或住宅楼时，将该产品设计进去，以便于业主接受，从而也有利于产品推广。

8.3 创始人经验分享

成长不止：失败乃成功之母

创业无坦途，我在创业这条道路上并非一帆风顺，创业的过程中也曾遭遇过一些挫折，在与客户合作的过程中也曾发生过客户违背承诺的事情，令整个团队的利益受损。我一直觉得，创业从来都不是一件简单的事情，其关键在于找痛点—解决痛点—更高品质地解决痛点。创业之路需要斗智斗勇，斗心理，斗策略，和对手赛跑，和时间赛跑，要挨过无数个寝食难安的夜晚。创业很美好，但过程很痛苦，当付出和回报不成正比时会产生沮丧感，但是一定要尝试，一次两次可能会失败，也许第三次就成功了。真正的成功从来没有捷径可走，没有人能随随便便成功，经验来自不断地摸索和积累。即使第一次创业失败，但只要不忘初心，坚持不懈，终有一天胜利的曙光会降临到自己头上。当然，除了自身要做好心理准备外，创业过程中资金的支持、团队的扶持、政府的帮扶也十分重要。当前的社会竞争日趋激烈，就业形势不容乐观，创业成为越来越多青年学子的选择。但对于学生群体来说，他们在创业上面对无资金、无场地、无经验等一系列不利因素，创业成功的案例并不多见。所以创业需要支持，“三无”创业者更需要支持！拥有良好的创业资源和创业环境，才更能促进创业的成功。

第9章　挑战杯——徽派非遗赋新 逗留匠心有承

9.1　项目计划书样例

9.1.1　项目背景

2017年10月，党的十九大报告中提出了乡村振兴战略。2018年5月，中共中央政治局审议《乡村振兴战略规划（2018—2022年）》，提出“保护利用乡村传统文化，重塑乡村文化生态，发展乡村特色文化产业”。2022年，在百年变局的背景下，党中央更是提出要稳住农业基本盘、做好“三农”工作，接续全面推进乡村振兴，确保农业稳产增产、农民稳步增收、农村稳定安宁。在乡村振兴大道建设途中，安徽古村落非物质文化遗产（以下简称非遗）保护的坚定实施，是传承地区优秀传统文化的关键。非遗文化产品的创新开发不仅关系着非遗文化的保护传承，更对乡村发展特色文化产业、推动脱贫攻坚、实现全面发展具有重要意义。

然而，随着人们生活方式的改变和生活节奏的加快，很多非遗都面临着濒临失传的局面。乡村振兴战略也为非遗文化的传承和发展带来新机遇，青年一代更应抓住机遇、迎接挑战，积极投身到乡村振兴的建设中，为非遗文化的传承与发展出力。

9.1.2　项目简介

项目立足于非遗的保护与传承，紧跟时代的脚步，利用相关的专业知识，帮助非遗文化宣传与创新，使其重焕光彩，帮助非遗文化走向现代化的道路和传统建筑走入公众视野，为文化生态圈注入新的活力，让更多人了解非遗文化。

项目的特点在于以徽州非遗的现代化知识产权（intellectual property，IP）模式去让当代人了解、认识安徽非遗，并运用与非遗相关的知识去保护珍贵的历史文化建筑物。在此之上，团队更是在宣传模式上寻求创新，以手绘非遗地图和徽建地图为媒介，重点突出二者重合地区，将非遗文化与当地传统建筑结合起来，构造多元、集聚的文化生态圈。

同时，项目为非遗及其周边文化建筑等提供文创设计，如文化IP及系列周边，设计元素取自于当地非遗文化与特色景观，作为旅游文创，增加游客对当地非遗文化的兴趣与了解，进而潜意识地参与非遗文化的传播链。

项目也为非遗文化的传承人提供更加新颖的非遗文化产品设计，以及新的非遗宣传模式，如家装设计，工艺品销售等，将文创产品与数字时代结合，拓宽产品受众，针对不同消费人群提供多样化产品，为非遗文化提供可持续发展的可能性，使非遗文创产品时代化，更好地让非遗文化走入大众生活。

9.1.3　项目核心技术

1. 特色 IP 设计

将乡村文化元素形象化，同时可爱的动物卡通形象更容易得到当地民众与外地游客的关注与喜爱，如图 9-1 卢村乡（隶属安徽省宣城市广德市）特色 IP 形象——扬小鳄所示。

图 9-1　卢村乡特色 IP 形象——扬小鳄

特色 IP 形象的设计也为后续的产品包装设计和文创周边设计提供了依据，团队以特色 IP 为设计原点，开发了一系列相关产品，为乡村文化的特征化提供了视觉形象。如图 9-2 所示，以汤池原生 IP“汤小栗”为基础，而衍生出一系列被赋予文化特征的形象，为乡村文化的可视化和传播提供了有趣的现代化途径。

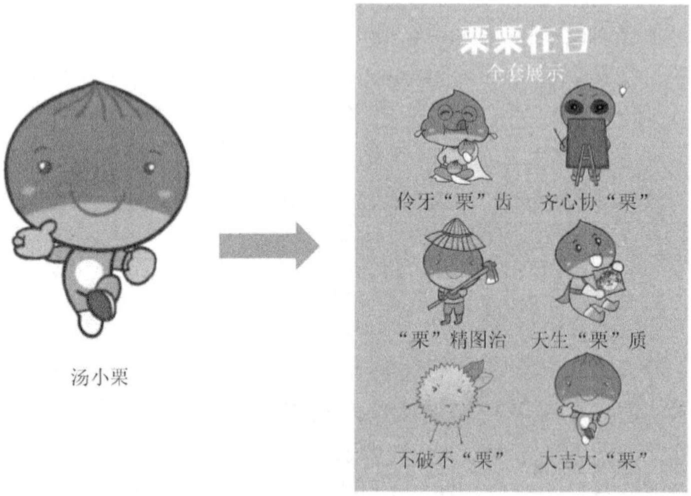

图 9-2　汤小栗及其衍生形象

2. 相关包装设计

针对不同的非遗售卖产品，我们设计了具有徽派特色的产品外包装，如图 9-3 以“汤小栗”形象为设计基础的产品包装所示。这是打造非遗文化 IP 的第一步，通过设计具有徽派特色的直观外包装，让购买者直观地了解购买物品的内容。

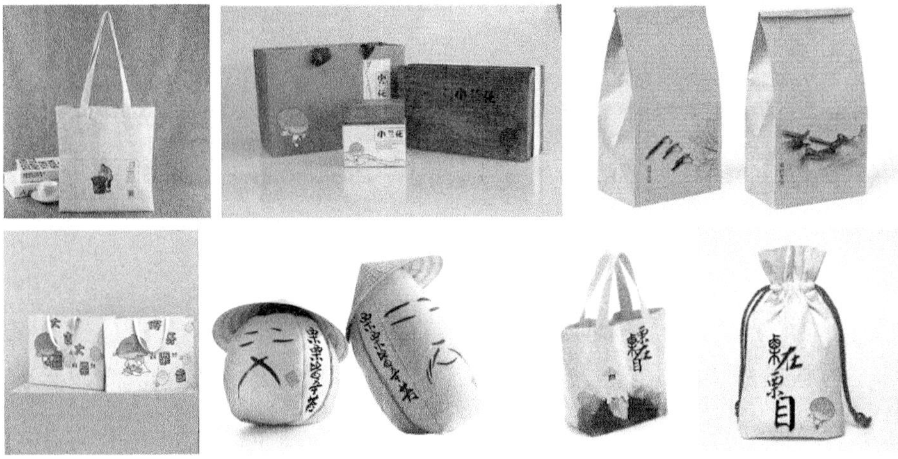

图 9-3　产品包装

3. 文创产品设计

打造标志特色 IP 形象的商品品牌，通过网络进行周边手工业产品和当地农作物销售，如图 9-4 竹元素文化衫所示。

图 9-4　竹元素文化衫

4. 打造特色 IP 旅游标识

特色 IP 的标识部分具有增强品牌的形象氛围感、引起游客共鸣的作用，因此作为特色 IP 线下支撑体系的重要一环，在村庄旅游体系的规划中，将标识装置分为介绍性标识、指引性标识以及宣传性标识，通过标识系统与 IP 形象的相互结合，形成一张独特的“视觉名片”，如图 9-5“扬小鳄”IP 旅游标识所示。

我们整理了安徽所有的国家级非遗名录，为其设计了第一版的非遗形象地图，希望这些珍贵的遗产可以更简单形象地被游客了解，吸引人们的注意，让人们保持对非遗的好奇心，以期达到带动地方旅游经济增长、非遗传承问题得到解决的目的。

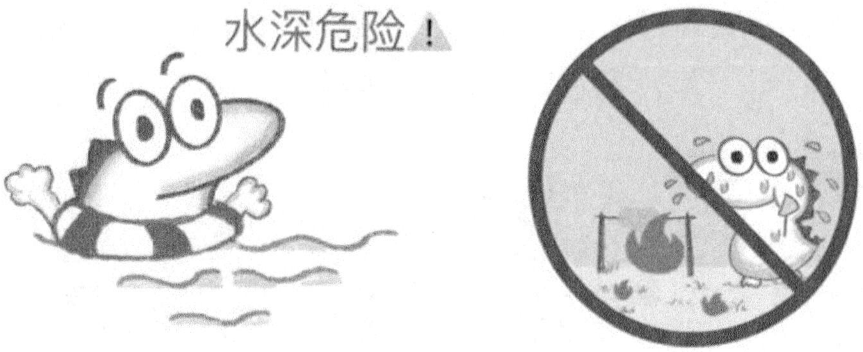

图 9-5　“扬小鳄”IP 旅游标识

5. 徽建拼图

从最熟悉的徽派建筑入手，我们整理了安徽的诸类保护建筑，将其制成大众熟悉的拼图产品，如图 9-6 徽建拼图所示，该类拼图老少皆宜，既能展示徽派建筑之美，又能提高游戏趣味，很适合作为景区伴手礼出售。

图 9-6　徽建拼图

6. 徽派室内设计

“粉墙黛瓦马头墙，高墙深院小窗户，肥梁瘦柱内天井，小溪流水青石板”。徽州建筑是中国传统建筑的重要组成部分，是民族文化的载体，其独特的建筑文化在中国建筑中独树一帜。然而，如今商业化日趋严重的设计环境使设计者对于徽州建筑文化的室内设计缺乏深层次的思考，仅仅是形式上的复古，无法创造出优美、独特的徽州文化环境，导致室内环境设计的雷同化、概念化、表面化。这些问题凸显了徽州建筑文化传承、创新的现实紧迫性。团队致力于将徽州建筑传统文化的精髓融入室内，并体现在空间特征、建筑装饰的艺术特征、色彩与材料特征等方面，对其“形”和“意”进行深化和创新。

凸显徽州建筑文化独特的地域性特征，可以为中国地域性文化在室内设计的传承与发展起到推动作用。

团队在室内设计中对徽州建筑文化的运用，不是简单形式上的模仿和堆积，而是在设计过程中充分发挥文化的精神意蕴，如图 9-7 徽派室内设计示意图所示，通过新材料、新方法做出符合时代的设计，对地域文化设计走向国际有着重要意义。

图 9-7　徽派室内设计示意图

9.1.4　团队介绍

1. 工作室概况

“逗，留”工作室成立于 2017 年 4 月 22 日。该工作室选取在学生群体中有影响力的学生，作为教师和学生之间沟通的桥梁，以朋辈帮扶为抓手，发挥学生的带动作用，通过学生间相互交流，提升学习、工作方法。在全面推进乡村振兴大背景下，通过发挥设计专业优势，致力于非遗文化的传播，参与乡村建设发展。

工作室取名为“逗，留”，“逗”取自安徽建筑大学校徽中的逗号，有学无止境之意。同时，希望团队能不断地发展进步。此外，“逗”也有逗乐、逗趣之意，旨在希望大家的校园生活能够充满乐趣，能以阳光积极的态度面对未来。“留”寓意着停留、留恋、封存，希望大学期间的生活能成为每一个同学心中美好的回忆，陪伴着大家继续前行。“逗，留”指中途短暂的停留，期望学子们能在此收获一份美好的祝福，收拾好行囊，笑对未来。

2. 团队宗旨

在乡村振兴战略背景下，非遗文化产品的创新开发不仅关系着非遗文化的保护传承，更对乡村发展特色文化产业、推动脱贫攻坚、实现全面发展具有重要意义。团队围绕产品生产、品牌打造、市场拓展和价值链与产业链延伸四个方面，以“文化性价值”为核心，打造特色非遗产品；拓宽目标市场，开发多样化系列产品，以市场为标尺，构建非遗个性品牌；注重价值链和产业链延伸，打造非遗衍生产品，进行非遗资源保护性开发，发展乡村特色文化产业。团队在非遗文化产品的研发、生产和管理过程中，重视树立现代创新理念和方法，加强队伍建设和提升，进行差异化和规范化管理。

9.1.5 组织与人事分析

1. 职能

（1）统筹团队运营，对项目运营情况进行监测、分析和管理；

（2）主导团队发展导向，制定策划方案；

（3）管理、整合并分配团队资源；

（4）制定人事架构，落实岗位职能及责任、人员等筹建工作。

2. 市场营销部门

（1）根据团队情况和市场情况制定有效的营销策略；

（2）开发宣传渠道，推广宣传方案；

（3）分析市场走向，按照实际情况制定未来的销售计划；

（4）策划并落实与其他团队的工作对接以及对外交流。

3. 设计研发部门

（1）负责产品设计标准化的制定，对产品研发的方向进行把控；

（2）落实设计项目，进行概念设计、方案细化、产品制作等步骤。

4. 财务管理部门

（1）根据公司资金运作情况，合理调配资金，确保公司资金正常运转；

（2）参与企业经营预测和决策；

（3）负责公司财务核算，参与公司的经营管理；

（4）负责企业的资产管理、债权债务管理工作，参与企业的各项投资管理。

9.1.6 市场营销

1. 营销思路

1）科学确定非遗文化产品的营销目标

与传统市场营销相比，非遗文化产品的营销目标是传递非遗文化而不仅仅是出售产品，只要消费者认同了产品中所蕴含的文化，那么销售产品是水到渠成的事情。

2）创新非遗文化产品的文化营销手段

一方面，要大力发展非遗文化中介机构，充分发挥中介机构在推销非遗文化产品和服务中的桥梁作用；另一方面，积极拓展文化电子业务，尤其是在新媒体时代，要综合利用微博、微信、网站、APP、传统媒体等渠道，着力突出非遗文化产品的文化内涵。

3）丰富非遗文化产品的内涵

非遗文化产品能提供给消费者的价值有两种：一种是产品的实际使用价值，另一种是能满足消费者精神需求的某种文化，有精神内涵和文化底蕴的产品才能令消费者爱不释手。由于非遗文化的内涵具有丰富性、民族性、地域性等多种特征，故不能在产品的设计、营销过程中仅局限于某一核心要素，而忽略其他文化内涵。

2. 营销策略

1）“病毒”营销

在新媒体时代，只要产品内容富有创意和价值，能够吸引人们的眼球，产品信息就会像“病毒”一样传播和扩散，传向数以万计的受众。而恰好非遗文创产品是同时具有创意和价值的产品，但是非遗文创产品在“病毒”营销过程中须有独特的创意，以及制定创意的策略，如制定一定的价格，让游客自己动手制作自己喜欢的非遗文创产品，可自行带走自己创作的作品，也可留下进行展示。

同时，我们需要对营销内容进行整体规划设计，合理设计信息来源和信息传播渠道，跟踪管理营销效果。首先，在微博、微信、论坛、抖音等平台定位非遗文创“易感”人群，寻找与当今热点话题有共性的非遗文创产品，抓住与目标人群的共同点，运用网络热点词或者巧妙新颖的沟通等方法吸引用户；合理运用大数据，有效探索互联网运用技术才是新时代非遗文创产品设计创新模式探索的主旋律，在中国非遗文创产品设计创新的路途上亟须大胆尝试和勇于探索的精神。其次，可采取与抖音、微博旅行相关贵宾账户（very important person，VIP）结合营销的方式，在线获取有效信息。如果想在“病毒”营销方式上打开一个缺口，就必须牢牢抓住用户见到该文创产品时的本能反应，将其创意融入营销策划中的各个环节，拥有粉丝量后，再抓住热点，不断推出创意新文创，使其以人传人的方式快速传播，在后期转化为很高的话题势能和消费势能。

2）社群营销

运用低成本、高效率的社群营销，精准定位目标人群，是打造非遗文创品牌的重要途径。把非遗文创爱好者或各个徽文化爱好者汇聚在一起，提供较好的粉丝体验，形成一个有价值的社群。非遗文创产品在社群营销中，一是要提供有价值的内容，如非遗文创的新品、非遗比拼过程、产品的创作特色以及群内粉丝的定制要求探讨等内容；二是要提高社群的互动效率，管理者要追踪时事热点，研发其他非遗文创产品，让群友思考，积极询问群友对某一产品的意见和建议，热情回答群员的问题，调节对话的氛围；三是增加社群的曝光率，让更多人知道并了解非遗文创产品社群，从而更容易吸引其成为其中一员。社群营销的核心指标应在于提升粉丝的活跃度，并要保持生命周期的延续，非遗文创群要使社群成员保持较高的活跃度，可以给群员设定景点拍摄、鲜人鲜事记录、文创灵感创作等各种目标任务，对达成目标的群友给予相应的奖励；可以开展新人进群送特殊纪念品、景点徽章等非遗文创产品的活动，宣传群规以及时段的产品活动优惠；可制定群内群友价日、免单日、种草日等各种福利日，推出非遗文创新品以及优惠抢购文创产品，以加深非遗文创产品在人们心中的印象，提升群友的凝聚力。

3）借势营销

常见的借势营销主要表现在企业借助大众关注的社会热点、娱乐新闻、媒体事件等，潜移默化地把营销信息植入其中，达到影响消费者的目的。非遗文创依靠借势营销首先要仔细分析被借势的事物是否正面，并且寻找共性关联，运用热点借势，追踪微博热门话题、百度搜索排行榜以及关注社交平台上的热点人物等，寻求符合制造非遗文创产品话题的热点推广营销；借助节日营销，如教师节、七夕节、国庆节、中秋节等节日，提前创意设计校园文化为主、节日为辅的非遗文创产品，描绘校园特色建筑，从爱国尊师、牛郎织女的情感等切入借势营销，让消费者在无形中认识产品、接受产品，节省时间成本和金钱成本，实现“1＋1＞2”的效果。通过借势营销，借助消费者自身的传播力，以顺势、造势、借势等方式，树立良好的非遗文创品牌形象，有效提升非遗文创的知名度，并促成产品的营销推广。

4）精确营销

精确营销，即剖析商品潜在用户，对于特殊人群采用特殊方法开展营销。向不同的人群推荐本团队推出的各种产品时，首先可以利用各大宣传平台的人群画像精确投放。例如，向学生人群推送帆布包、书签；向手工爱好者推送徽建拼图、非遗 DIY 等项目；对有装修需求的人群推送室内设计的项目；向旅游纪念品商店点对点推荐旅游纪念品；用邮件形式向家装全包公司推荐室内设计模板等。

9.1.7　市场分析

1. 市场现状

非遗技艺的传承与创新是实现文化自信的重要途径，手工技艺的世代相传亟须能够广泛传播的载体，旅游文创产品为景区售卖的实物，能够较好地承载非遗文化的传递。旅游文创产品一般是以文化、创意理念为核心，既满足实用的需求，又能够融入所属区域的旅游文化，其与信息技术、传播技术和自动化技术等的广泛应用密切相关。因此，不能单独将其与旅游纪念品等同。

随着国家乡村振兴战略的深入推进，传统村落的保护和传统村落文化的利用迎来了千载难逢的发展机遇。传统村落文化的文化价值、艺术价值、社会价值和科学价值也逐渐得到各级政府重视，民间对传统村落文化的传承样式和种类遗存、生活环境以及活态文化更为珍惜和重视，自我保护的意识也在不断增强，在这样的环境下，非遗技艺大有市场。在乡村振兴战略背景下，产业是支撑。以非遗工坊为代表的传统工艺，不仅是活态的文化传承，也是乡村振兴的题中之义。

安徽地区的民间存在大量非遗文化，对于传统的技艺或者风俗表演类的非遗，如何运用设计的方法结合当地的旅游产品进行创新设计，是一个值得思考的问题。近年来，以非遗文化为导向的旅游产品设计迅速发展起来，但同时也存在着一些问题。

非遗保护不力，传承人严重短缺，一些依靠口授和行为传承的文化遗产正在不断消失，许多传统技艺濒临消亡；大量有历史文化价值的珍贵实物与资料遭到毁弃或流失；随意滥用、过度开发非遗的现象时有发生，漆器髹饰技艺、青阳腔等正面临失传。其突出表现为，很多非遗传承人年龄偏大、文化水平偏低。这就需要我们去深入了解、挖掘、研究非遗文化，真正将非遗文化的精髓贯穿到现代社会生活中去。

然而，旅游景区中仍可见大量同质化的产品。将深厚的文化根植于文创产品的设计中，使旅游文创产品具有 IP，需从其产品设计源头抓起，运用数字化的方法结合非遗技艺展现旅游景区文创产品的主题性。

2. 市场前景

“文化性价值”是文化遗产的精髓。成功提炼和包装文化遗产的“文化性价值”是非遗产业开发成功的保证，也是保护与传承非遗的文化价值、保持其旺盛生命力和强大影响力的最好途径。目前，非遗的开发利用存在着简单化、庸俗化、雷同化的倾向，市场上充斥着诸多低层次、简单复制、粗制滥造的非遗产品，给非遗的保护与传承发展带来极大危害。因此，我们应坚持新时代背景下非遗的创造性转化和创新性发展，充分挖掘非遗文化项目中的深层内涵，尤其是在民间文学、传统艺术、传统手工技艺、特色建筑、民俗节庆等方面的符号意义和创意元素，创造具有鲜明人文价值内涵、品质优良的特色非遗文化产品，不断提升产品市场竞争力。

1）注重传承，提升传统产品品质

具有独特、高质量的品质是产品站稳市场、赢得竞争的不二法门。为此，必须拓展非遗传承人队伍，加强行业规范，利用现代管理手段，不断提高传承人和从业者的艺术素养和生产能力；引导传承人、从业者和生产主体坚守核心技术形态、质量和品格，采用传统内容、传统形式、传统材料，遵循传统手工艺的生产规律和运作方式，以传统生态展示方式进行开发利用；通过严抓质量，确保产品品质，保证产品正宗和高品质，实现非遗保护与文化遗产产业化开发的互利共赢；应进一步加强质量管理，在保持其原真性制作工艺的基础上进行规模化生产。

2）创新升级，研发适销特色产品

非遗之所以会衰落，主要在于其生产方式、产品审美样式、管理模式等方面与当下的城市化进程、社会发展已经不太相匹配，急需在传承非遗的图形、色彩之美，以及文化符号和手工技艺特征的同时，与当代设计、艺术和现代生活对接，通过改革和创新，适应当代人的审美观念和实用需求。我们要充分挖掘非遗文化资源的深层内涵与创意符号，借助内容和技术创新，扩展载体的丰度，从而突破载体局限，在民间工艺产品的各个方面注入时代气息，增强民间工艺的实用性、艺术性、审美性、现代感和市场性，最终实现从传统的单一文化产品向多元、现代、高科技转型升级。这不仅有利于拓宽非遗创意产业的覆盖面与内涵，还可以增加产品附加值与竞争力，促进可持续发展。具体可采用的方法如下。

（1）研发产品“技术＋”，将传统技艺与现代科技相结合。在坚守非遗核心技术和特定人文蕴涵、保持传统工艺美感的基础上，整合资源，优势互补，采用现代设计理念和生产技术进行产品研发设计。例如，长盛川青砖茶制作技艺注重产业创新，运用机械工艺提升生产效率；木活字印刷利用 3D 数字模拟进行产品研发，采用“私人订制”的创新模式，根据旅游景点、教育机构、私人收藏等不同客户的需求，创作各类不同款式的产品，大大提高产品研发效率和技术水平。

（2）开发产品“创意＋”，提高产品创意与艺术品位。创意是文化产业不竭的生命动力，只有立足创意才能打造出高端的文化品牌，提升产业核心竞争力。非遗创意产品的开发，需要充分研究与凝练出该类非遗核心技艺、文化符号以及精神内涵，并根据当代人的文化消费心理变化和市场需求进行创意设计和研发，通过更广泛的艺术和设计范畴或不同种类非遗之间的专业跨界，成功实现价值转换。

3. 目标市场

经济发展进程推动了社会阶层的分化，带来多层次、全方位的不同理念和不同需求，应根据产品特性和市场细分，针对不同人群设计定位不同的文化产品，不断开拓高、中、低端的多样化产品，以满足不同人群的需求。例如，传承人纯手工制作产品可走高端精品路线，用于展览展示或定制收藏；而大部分由机械化小批量制作的作品，因其成本控制和效率优势，可走中端路线；文化企业研发设计人员将非遗的色彩和图形进行提炼，借助创意，将传统手工生产方式与现代机器工业生产方式相结合，衍生研发出全新的非遗文创产品，可走低端路线。还有一些传统非遗产品可在优化产品审美能力、改良口味、价格、效果等方面进行改革，使之更“接地气”，贴近百姓日常生活。

9.2 专家点评

非遗的记录方式从传统的文字记录发展到影音图文相结合的多媒体记录方式。对非遗进行记录是非物质文化遗产保护中的基础工作，不仅能为非遗研究提供证据支持，更能为非遗的活态传承提供资源保障。项目立足于非遗的保护与传承，为文化生态圈注入新的活力，实践活动持续富有活力，基本实践方式得到保留，具有当代价值的文化精神得到弘扬，让更多人了解。

9.3 创始人经验分享

1. 紧跟时事，发掘痛点，研读规则，选择行业

不同的时代所需要解决的问题都不相同，每一个阶段都会存在“朝阳产业”和“夕阳产业”。社会在不停地进步发展，每一个行业都在不断地进行更新换代，紧跟当前行业变化趋势，发掘行业中存在的市场空白，寻找行业中急需解决的问题，这些都可以成为一个优质想法的来源。选对项目就是成功的一半，选择市场需求快速成长的行业，摒弃产能过剩的行业；选择有成长空间的行业，摒弃市场正在逐渐缩小的行业。国家政策变化、国家的发展规划等通常都会是一个好项目的重要依据，也是项目的实践背景和理论支撑，应当重点关注。例如，围绕当下乡村振兴、非遗传承的社会热点，可以发掘出不少的痛点。我们的项目从一开始单一的校园文化的创作到现在的徽派非遗文化多方发展模式，都是紧紧跟随时代进步的结果。而团队中每一位成员都有一定的优势或者其比较感兴趣的领域，通过各种查找方式挖掘当前行业概况等数据资料并进行整合，根据现有资料发现行业痛点、短板，团队成员相互交流、碰撞，才能形成有效的解决策略。

2. 高强度要求自己，聚拢各类人才，打造创业共同体

不要抱着创业可以轻松挣钱的想法，创业需要付出更多的心血，要给自己和整个团队做好计划，定好目标，严格要求自己，集中精力把时间投入创业中，在有价值的事情上投入自己的心血。一个好项目的诞生也离不开一个“志同道合，优势互补”的团队，比赛的成功凭借的是团队素质和项目与现实需求的结合度。一支好的队伍必须是一支拥有必胜信念的队伍，因为好的项目，是靠团队打磨出来的。团队中的每一个人都要有吃苦耐劳、任劳任怨、投入、踏实、坚持、合作的精神，绝不能让特立独行、故作聪明、以各种理由逃避备赛过程的同学混入团队中。同时，负责人应更加严格要求自己，起到顶梁柱的作用，帮助指导老师总揽全局，及时调整方向，跟随学校的节奏一步一个脚印走向成功。

3. 敢于尝试，钻研历年经典，学习助力提升

作为新时代的新青年，一定要勇于尝试。做好创业前的准备工作后，一定要去尝试创业，不试试怎么知道自己不会成功呢？现在互联网给予了我们很多创业机会，一定要好好利用。“以铜为鉴，可正衣冠；以古为鉴，可知兴替；以人为鉴，可明得失”，团队通过观看历届优秀比赛视频，学习如何撰写 PPT、如何路演、如何回答评委问题等整套流程，细节决定成败，通过反复研究修改，善用“互联网 + ”思维，将用户、平台、社会、战略、定位、流量等要素融会贯通，再通过一次次比赛的实践，项目会不经意间得到飞速提升。

参 考 文 献

蔡柏良. 2019. 创新创业实训[M]. 南京：南京大学出版社.

蔡立雄. 2018. 大学生创新创业基础[M]. 北京：北京大学出版社.

陈雄. 2019. 大学生创新创业实务[M]. 厦门：厦门大学出版社.

初长洲. 2017. 大学生创新创业基础与实务[M]. 北京：高等教育出版社.

邓维娜，杨俊杰，肖琳. 2018. 大学生创新创业基础与实务[M]. 大连：大连理工大学出版社.

迪一. 2016. 列特性玩改造——特性列举法[J]. 发明与创新（小学生），(9)：18-19.

杜彬，谢建平. 2018. 大学生创新创业基础[M]. 北京：中国农业大学出版社.

多维. 2005. 小故事妙管理[M]. 北京：地震出版社.

方法林. 2018. 大学生创新创业实训教程[M]. 北京：中国旅游出版社.

高文兵. 2015. 创业基础教程[M]. 北京：高等教育出版社.

郝宏伟. 2013. 大学生创业基础[M]. 广州：广东高等教育出版社.

侯东东. 2018. “新工科”背景下大学生创新创业教育及其支持体系的理论探讨与研究[M]. 成都：电子科技大学出版社.

黄必义. 2018. 大学生创新创业实训教程[M]. 北京：高等教育出版社.

黄颗颗. 2017. 大学生创新创业实训教程[M]. 北京：中国传媒大学出版社.

黄如. 2018. 创新创业教育论述[M]. 长春：吉林大学出版社.

黄兆信，王志强. 2013. 论高校创业教育与专业教育的融合[J]. 教育研究，34（12）：59-67.

霍福广，匡增意. 2019. 创新创业理论与实训[M]. 广州：华南理工大学出版社.

康桂花，姚松，罗剑波. 2020. 创新创业实务[M]. 北京：中国林业出版社.

冷天玖. 2016. 大学生就业指导与创业教育的多维度研究[M]. 北京：清华大学出版社.

李石华. 2007. 趣味营销学[M]. 郑州：郑州大学出版社.

李晓红. 2012. 大学生职业生涯规划[M]. 北京：北京邮电大学出版社.

刘洪宇. 2012. 经济数学[M]. 北京：中国人民大学出版社.

吕爽. 2020. 大学生创新创业实务指导[M]. 2 版. 北京：中国铁道出版社.

戚健，张雅伦，张丽丽. 2018. 大学生创新创业实训[M]. 北京：北京理工大学出版社.

邱章乐. 2009. 思维风暴：452 道思维名题及其解答[M]. 北京：东方出版社.

任永力. 2015. 高校创业教育与专业教育的融合路径研究[J]. 中国教育学刊，(S2)：53-54.

唐明生，裴晓敏. 2019. 大学生创新创业基础[M]. 武汉：武汉大学出版社.

汪涛. 2006. 学会幽默：幽默是一种富有魅力的人生[M]. 北京：海潮出版社.

晏杉，罗建华，周霞霞，等. 2019. 大学生创新创业实务[M]. 北京：高等教育出版社.

翟惠根. 2006. 职业素质教育论[M]. 长沙：中南大学出版社.

张广，董青春. 2014. 创业基础：学生用书[M]. 北京：北京师范大学出版社.

张铮，李雪英，潘钦锋，等. 2020. 论高校创新创业创造教育与专业教育的融合[J]. 高等建筑教育，29（2）：164-169.

周晓蓉，蒋侃. 2018. 大学生创新创业实训教程[M]. 武汉：华中科技大学出版社.

朱文章. 2018. 新工科人才创新创业能力培养——大学生双创实务[M]. 厦门：厦门大学出版社.

邹芳，赵辉. 2018. 创新创业实务教程[M]. 北京：现代教育出版社.